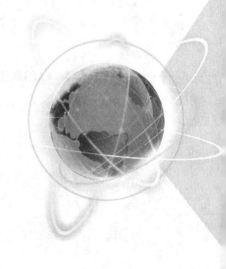

实用科技信息资源检索与利用（第四版）

主编 颜 惠 冯 进

编者 王亚凤 罗国锋 张 鑫

扫码加入读者圈
轻松解决重难点

 南京大学出版社

内容提要

本书为有关科技信息资源检索与利用方法的实用教程。全书以理工科大学生为对象,以培养信息意识、检索理念和检索技能为目的,以信息检索策略为主线,涉及检索原理、互联网信息资源、中外文科技文献检索、特种文献及其检索以及科技论文写作等内容。其第一版曾于 2009 年荣获华东地区大学出版社第八届优秀教材学术专著二等奖及中国大学出版社首届优秀教材二等奖。为紧跟信息检索系统及检索技术的发展和变化,本书曾于 2010 年推出第二版,并增添了文献信息资源免费共享一章。本次第四版除内容全面刷新以外,还增添了引文检索、学术指标分析、RSS 订阅服务、文献管理软件 NoteExpress、文献分析软件 RefViz 等内容,另外还利用了二维码技术加入了检索示例视频,读者可扫码免费观看,因此本版除可供本科生使用外,也可供研究生复习和提高之用。此外,由于书中介绍了收费数据库的免费使用方法,因此还特别适合工程技术人员使用。

图书在版编目(CIP)数据

实用科技信息资源检索与利用 / 颜惠,冯进主编
. — 4 版. — 南京:南京大学出版社,2018.12
ISBN 978 - 7 - 305 - 21394 - 6

Ⅰ. ①实… Ⅱ. ①颜… ②冯… Ⅲ. ①科技情报—信息检索—高等学校—教材 Ⅳ. ①G254.97

中国版本图书馆 CIP 数据核字(2018)第 291043 号

出版发行　南京大学出版社
社　　址　南京市汉口路 22 号　　　　邮　编　210093
出版人　金鑫荣

书　　名　**实用科技信息资源检索与利用(第四版)**
主　　编　颜　惠　冯　进
责任编辑　吴　华　　　　　　　编辑热线　025 - 83596997
照　　排　南京南琳图文制作有限公司
印　　刷　常州市武进第三印刷有限公司
开　　本　787×1092　1/16　印张 15　字数 384 千
版　　次　2018 年 12 月第 4 版　2018 年 12 月第 1 次印刷
印　　数　1～3000
ISBN 978 - 7 - 305 - 21394 - 6
定　　价　37.00 元

网址:http://www.njupco.com
官方微博:http://weibo.com/njupco
微信服务号:njuyuexue
销售咨询热线:(025) 83594756

扫一扫可免费
获取数据资源

序

就在 2007 年新年的钟声刚刚敲响的时候,我读到了江苏科技大学图书馆的老师们即将付印的教材《实用科技信息资源检索和利用》的样书,眼前豁然一亮。我与本书的一些作者曾经是同事,看到他们精心编写的教材,就像看到他们精心护理的婴儿终于长大一样,由衷地为他们感到高兴与骄傲。

随着社会信息化进程的不断加快,科学技术的日新月异和信息处理技术的突飞猛进,工程技术信息媒体的形式及其传递方式已经或者正在发生着巨大的变化。网络信息的飞速增长极大地改变了人们获取信息的方式,因特网已经成为我们学习、工作与生活中不可分割的重要部分。随着因特网技术的普及,近年来网络工程技术信息资源与日俱增,网络环境给工程技术人员展现了一个五彩缤纷的技术信息世界。然而,我们不得不看到另外一种情形:传统的信息检索理论和方法已经出现了很大的变化,在网络化和数字化时代,人们获取网络信息的能力与迅速发展的网络信息资源极不相称。数字化技术、全文检索技术、因特网技术、多媒体技术和软硬件的频繁更新换代使得即使有一定水平的专业人员也难以停留在原有知识的基础上。在网络信息的海洋中冲浪,需要不断更换新的工具、采用新的方法、获取新的知识和技能。面对浩如烟海却又纷繁复杂的网络工程技术信息资源,一个普通的工程信息用户要想全面准确地搜寻对自己有用的信息就会感到越来越迷茫,越来越无助。他们首先要解决的问题是:科学技术信息资源主要有哪些? 这些资源在哪里? 如何全面、准确、快速地检索到特定的信息? 江苏科技大学图书馆的老师们在这本书中就针对这些问题作出了全面的、系统的并且深入浅出的解答。

综观全书,人们不难看出,这本书从头至尾贯穿了一条主线,这就是结合理工科院校人才培养的具体需要,结合科技信息检索课程教学的实际,还结合了理工科大学图书馆所拥有的网络信息资源,体现了实用性这一特色。全书针对非图书情报专业教学对象而设计,不拘泥于文献的类型,无论是印刷版工具,还是馆藏数据库,或者是网络免费资源,只要与本书的宗旨相关,则都在本书收录与讨论之列。这本书中所介绍的信息检索工具和相应的运用方法都是高效率获取各类信息所应该掌握的。每个章节的作者都紧紧围绕着工程技术信息资源选材,这就在很大程度上拉近了作者与读者(这些读者中更多的是工程技术人员以及准技术人员)之间的距离。同时,该书的新颖性也十分明显。无论是信息资源的推荐,还是国外技术的介绍,作者都以最新的眼光去观察、去取材,许多章节都给人们以耳目一新的感觉。另外,书中大量的实例、练习题、思考题,反映了作者大量的信息检索的实践和实战的基础。只有凭借大量的检索实践操作的积累,并且始于实践又不止于实践的人,才能成为一个优秀的信息检索教员的候选人。而建立在操作实践基础之上的教材,也就更容易学习,更便于推广。还有,全书文笔简练,朴实无华,毫无造作痕迹,使人们读之很有亲切感,不易产生阅读疲劳,这也在很大程度上降低了读者阅读与自学的难度。相信这本书的出版,无论是对江苏科技大学的学生的信息检索课程的教学,还是对工程技术人员熟悉科技领域的信息资源,都是一种有意义的贡献。

自从国家教育部文件《关于在高等学校开设"文献检索与利用"课程的通知》发布后,二十多年来,我国高等院校的信息检索课程有了较快的发展。这对培养学生的自学能力、获取信息的能力、动手能力和创新能力,具有积极的作用。江苏科技大学自 1985 年春季学期起由图书馆负责向全校开设文献检索类课程,是当时国内较早开设这门课程的高校之一。多年来,他们结合本校具体的需求,结合本校的实际个案开设信息检索选修课、必修课,使得具有船舶工程技术特征的信息检索课程长盛不衰,使得数万名工程技术专业的大学生接受了信息素质的基本培训。如今,有了这本结合该校具体需求、结合该校科研教学方面具体实例的教材后,相信这门课程在江苏科技大学会得到更多的机会,取得更大的发展,获得更多的成果,并赢得教师与学生更大程度的认可与赞誉。

华薇娜
2007 年元月于南京大学

四版前言

2007年出版的《实用科技信息资源检索与利用》一书,自2010年2月再版以来,又已八年有余,国内外检索系统的面貌发生了很大变化,为了能与时俱进,我们组织相关老师进行了第4版的修订工作。借修订之机,我们也向使用本教材的各校同仁,征求了对本书的意见和修改建议,冀求能最大程度地满足各校师生的需要。

本书第4版沿用原2版的结构,但在内容上有所创新,其主要特点如下:

(1)彻底重写了原第1章信息检索基础知识的内容,详细介绍了三种数据库(数据型数据库、文献数据库、网页数据库)的结构;分别阐述了5种索引(整字段索引、英文全文索引、中文全文词索引、中文全文字索引、数值索引)的原理;突出了检索语法的概念,强调了项间逻辑算符和项内逻辑算符的区别。希望能在此基础上,适当提高教材的深度,帮助读者更好地领会各种检索系统的语法规则。

(2)彻底重写了原第2章互联网信息资源搜索的内容,详细阐述了搜索引擎的高级搜索语法,补写了网上参考资源一节,引入了网络个性化信息平台的概念。

(3)彻底重写了原第3章国内文献信息检索系统的内容,按照国内文献信息检索系统的最新面貌,详细介绍了维普、万方、CNKI的新工作界面和检索语法,以及引文分析、学术指标分析等最新功能。

(4)认真修订了第4章国外文献信息检索系统的内容,按照国外文献信息检索系统的最新面貌进行了修订,并从实用出发,删去了原CA on CD一节,补写了IEEE电子图书馆,即IEEEXplore一节。

(5)认真修订了第5章特种文献及其检索系统的内容,补充了关于优先权项、日本专利的介绍,并将原第7章中的文献辨识一节移入本章,重点介绍参考文献表中的外文特种文献的辨识方法。

(6)近年来国内公共图书馆在推进文献资源免费共享方面,取得了很大进展,我们尽量将这些变化收入新版第6章之中,以给工程硕士读者更多帮助。

(7)原第7章信息资源综合利用也做了较大程度的改动。随着各种文献管理和文献分析软件的出现,传统的手工操作多已可通过计算机来实现了,为此,我们删去了原2版的部分内容,换之为:利用NoteExpress软件进行文献管理、利用

RSS 订阅服务功能进行文献跟踪、利用 RefViz 软件进行文献分析等 3 节。

（8）由于新版增添了有关高级检索语法、引文检索分析、学术指标分析、计算机辅助文献管理、计算机辅助文献分析、RSS 文献订阅推送等方面的内容，因此能更好地满足研究生读者的需要了，教师可根据教学对象，灵活组织教学内容。

（9）为进一步提高本教材的可读性和趣味性，对于原来排在各章末尾的补白部分，增添了内容，分别插入有关章节之中，并给予小贴士、想一想、趣闻等小标题。

（10）利用二维码技术加入检索示例视频，读者可以免费扫码观看。

在此次修订工作中，得到了江苏科技大学图书馆领导及同仁们的关心和支持，苏州制氧机厂徐桢基高级工程师也积极提出修改建议并提供检索实例，在此一并向他们表示感谢。

我们也要感谢对本书历次改版工作给予帮助的南京大学出版社，是你们的关心、支持和推动，才使得本书能从 2007 年顺利地走到今天。

最后还要感谢采用本教材的兄弟院校师生连续多年的扶持，是你们一如既往的关心和指正，才使得本书能不断地改进和成长。

编　者
2018 年 10 月

目　录

第 1 章 信息检索基础知识

1.1 信息检索原理

1.1.1 信息检索的概念

1. 什么是信息检索?

信息检索能力是信息素质的重要构成成分,也是当代大学生必须具备的学习能力。如果不会使用计算机进行信息检索,就有可能陷入新文盲的尴尬境地哦!

那么,什么是信息检索(information retrieval)呢? 检索(retrieval)、搜索(searching)是一回事吗? 虽然检索与搜索常被等同混用,但严格地说,只有在已经有序存储的信息集合中进行搜索才是信息检索,如果是在杂乱的信息资料中随机查找,则仍然只是搜索,因此,用户如能知道一些信息存储的原理,对提高检索效率是会大有帮助的。

2. 信息检索大家族

现代信息检索已计算机化和网络化,按照所检信息的特征,一般可区分为:特定信息检索和信息资源检索两大类。特定信息检索又称为数据检索,它是一种确定性的检索,包括事实检索和数值检索,检索后立即获得所需的信息(事实或数值)。信息资源检索则是一种相关性的检索,其检索目标是与所需信息相关的信息资源。所谓信息资源即可被人们利用的信息集合,包括口传信息资源、实物信息资源、文献信息资源、网络信息资源等,常见的文献检索或网页搜索就属于信息资源检索的范畴,检索后,需阅读该资源的原文,才能获知其中所含的信息。

网页搜索的工具叫做搜索引擎。事实检索、数值检索、文献检索三者的工具则都是专门的数据库,故习惯上又把这三者统称为数据库检索,其中文献检索是本书讨论的重点。

1.1.2　文献信息资源

1. 科技文献的类型

科技界常把文献按照出版形式划分为以下十大类型:

(1) 图书(Book)

包括普通图书、专著(Monographs)、教科书(Textbook)、参考工具书(Reference Book)以及会议录(Conference Proceedings)等形式。其中,参考工具书是手工检索时代进行数据检索的主要工具,即使在现代,也仍有使用价值。参考工具书包括:词典(词汇)、手册(指南、大全)、名录(人名录、地名录、机构名录)、年鉴以及百科全书等,一般集中存放在图书馆的工具书室(或参考咨询室、检索室)里,可参考图 1-1 进行选择(图中专著、教科书只是参考书,不是工具书,故加了圆括号以示区别)。许多参考工具书在书末编有索引(index),如图 1-2 所示,可利用索引在工具书中快速定位。

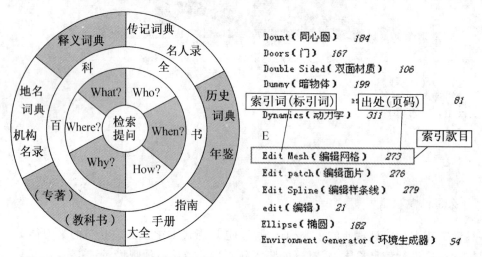

图 1-1　参考工具书选择方法示意图　　　图 1-2　《3D Studio MAX 速查手册》的书末索引

(2) 报刊

包括报纸(Newspaper)和期刊(Journal,Periodical,Serial),其中的科技期刊还可分为:学术性期刊、技术性期刊和科普性期刊。如果在刊名中可以找到高校(University,College)、研究院所(Institute,Institution)、专业学会(Society,Institute,Institution)等机构名称,并且可以找到"学报"(Acta)、"会刊"(Proceedings)、"会报"(Bulletin)、"汇刊"(Transactions)、"评论"(Review)等字样,则多半为学术性期刊。如果刊名只是某一技术领域名称(如 *Welding Journal*),则多半为技术性期刊。学术性期刊和技术性期刊是科技人员经常浏览和进行检索的对象,应特别加以关注。

(3) 会议论文(Conference Paper)

指在各种学术会议上发表的论文,它们有的出现在以图书形式出版的会议录(Proceedings)里,有的出现在以期刊形式出版的会议专辑里。会议论文的学术水平较高,而且发表及时,新颖性较强,因此和期刊论文一样具有较高的信息价值。

（4）学位论文（美国多称为 Dissertation,英国多称为 Thesis）

包括学士论文、硕士论文和博士论文,但作为传播、交流和检索对象的主要是后两种。学位论文不公开出版,只存放在学位授予单位和指定收藏单位中,如我国的国家图书馆和中国科技信息研究所。

（5）科技报告（Technical Report）

科技报告是科研人员从事专题研究取得部分或全部研究成果后,向科研资金资助单位提交的阶段性进展报告或总结报告。它一般单独成册,不公开出版,但经上级主管部门统一编号后可对外交流（军工科技报告需在解密后）。

趣闻

本可避免的昂贵支出

据说,美国在实施"阿波罗登月计划"中,曾付出数以百万美元的代价,来研究如何解决甲醇对钛的应力腐蚀问题。可是事后查明,早在 10 年前,就已有报告指出,只要在甲醇中加 2% 的水,即可解决此问题,而要获得这一信息,只需花费 15 分钟的信息检索时间。

还有一件可笑的事情,据说,美国有一家轧钢厂中的化学家,对该厂的图书馆工作人员讲,他们花费了 1 万美元,进行了大量试验,解决了一个关键问题。可是图书馆员却对他说,馆中正好有一份德国人的研究报告,研究的也是同样的问题,并且得到了相似的结论,而获取该报告,只需 5 美元。

（6）专利文献（Patent Literature）

包括专利说明书、专利局公报、专利证书等,它是国家实行专利制度下的产物,是重要的而且易于获得的科技信息资源。

（7）标准文献（Standard Literature）

包括技术标准、检验规程、建设规范或建造规范等,它是国家实行标准化制度的产物。

（8）产品资料（Product Literature）

包括产品目录、产品样本、产品说明书以及厂商情况介绍等宣传品,它们多由厂商自行印发,印刷精美、内容生动、数据比较可靠,但新陈代谢频繁、时效性强,同时也比较零散,难以收集齐全,故一般只作为信息来源,不作为论文的参考引用文献。

（9）政府出版物（Government Publication）

是由政府出版机构（如美国的政府出版局、英国的皇家出版局等）出版的文件、公告、法规、报告等资料,具有权威性和正式性,可从中了解到国家的方针政策、经济形势、科学技术发展水平等信息。我国政府需向社会发布的文件、法规等资料,由指定的出版社（如人民出版社、法律出版社等）出版发行。

（10）档案（Archives）

是政府机构、企事业单位或个人在从事各种具体工作中积累下来的原始文件、图纸资料和真实记录,有重要的参考借鉴价值,但一般只在一定的范围内向外界提供借阅,故获取困难。

此外,从实用的角度来说,亦可将文献简单地划分为图书、期刊和非书非刊的特种文献三大类;而从科技信息检索的角度来说,最常用的则是科技论文(包括期刊论文、会议论文和学位论文)、科技报告、专利说明书和技术标准4类文献。

　　从获取的难度来考虑,图书、期刊、会议录、汇编、专利公报、技术标准等公开发行、易于获得的文献,又可称为白色文献;学位论文、研究报告等内部发行或交流、较难获得的文献,称为灰色文献;处于保密状态的军工科技报告等从外部不能获取的文献,则称为黑色文献。利用现代的信息资源检索手段,可以获取大部分的白色和灰色文献,而要获取军工科技报告,一般要通过军工系统的内部专线,采用保密的检索手段,才能奏效。

　　最后,从文献的生成次序考虑,还可有一次、二次和三次文献之分。图书、期刊论文、会议论文等原创性文献被称为一次文献;图书目录、期刊论文索引等书本式检索工具被叫做二次文献;利用二次文献帮助,收集大量一次文献,综合写成的专题综述,或是手册、名录等参考工具书,则称为三次文献。

　　依此类推,又可划分出零次文献和高次文献。可想而知,零次文献就是还未进入信息交流领域的手稿、文稿、实验记录等原始文字;而高次文献则是在大量的一、二、三次文献基础上,通过信息分析、知识挖掘、知识发现等现代分析研究手段,生成的知识品位更高、知识内涵更深的新文献,例如,各种信息分析研究报告、可行性分析论证报告、新技术发展前景预测报告等。

2. 文献资源保障体系

　　文献信息资源是最宝贵的知识性信息资源,为保证文献资源的传播、交流、检索和传承,世界各国都高度重视文献资源的保存,建立文献资源保障体系。

　　我国的文献资源保障体系主要由各级图书馆(文献中心、信息中心)组成,拥有公共图书馆、高校图书馆和专业图书馆(如科学院图书馆及各行业信息研究机构中的文献馆)三大分支,我国部分文献资源保障单位见表1-1所示。

表1-1　我国部分文献资源保障单位的通信地址、邮编、电话及网址

单位名称	通信地址,邮编,电话,网址
中国国家图书馆·中国国家数字图书馆	北京市中关村南大街33号,100081,88545426,www.nlc.gov.cn
中国科学院国家科学图书馆	北京市中关村北四环西路33号,100080,82623303,www.las.ac.cn
中国社会科学院图书馆	北京市建国门内大街5号,100732,85195222,www.lib.cass.org.cn
国家农业图书馆·中国农业科技文献与信息服务平台	北京市中关村南大街12号,100081,68919892,www.nais.net.cn
上海图书馆·上海科技情报研究所	上海市淮海中路1555号,200031,64451207,www.library.sh.cn
天津图书馆	天津市南开区复康路15号,300191,23620082,www.tjl.tj.cn
重庆图书馆	重庆市沙坪坝区凤天大道106号,400037,65210822,www.cqlib.cn
南京图书馆	南京市中山东路189号,210002,84356000,www.jslib.org.cn
湖南图书馆	长沙市韶山北路169号,410011,84174121,www.library.hn.cn
四川省图书馆	成都市总府路6号,610016,86713056,www.sclib.org
广东省立中山图书馆	广州市文明路213号,510110,83810637,www.zslib.com.cn
中国科学技术信息研究所·国家工程技术数字图书馆	北京市复兴路15号,100038,58882584,www.istic.ac.cn/

续表

单位名称	通信地址,邮编,电话,网址
中国国防科技信息中心(北京文献服务处)	北京市阜城路 26 号,100036,66358416,http://www.cetin.net.cn/cdstic/
机械工业信息研究院·全球机械文献资源网	北京市百万庄大街 22 号,100037,68993980,www.gmachineinfo.com/
冶金工业信息标准研究院·冶金信息网	北京市灯市口大街 74 号,100730,65262739,www.metalinfo.com.cn
中国化工信息中心	北京市安定门外小关街 53 号,100029,64444120,www.cncic.gov.cn
电子科学技术情报研究所·科技文献与数据中心	北京市石景山区鲁谷路 35 号,100040,68667671,www.eisc.com.cn
中国船舶信息网络中心·中国船舶在线	北京德胜门外双泉堡甲 2 号,100085,64872211,www.shipol.com.cn
中国核科技信息与经济研究院·中国核信息网	北京市海淀区阜城路 43 号,100048,68410207,www.atominfo.com.cn
中国专利信息中心	北京市蓟门桥西土城路 6 号,100088,62056956,www.cnpat.com.cn
国家标准馆·国家标准文献共享服务平台	北京市知春路 4 号,100088,62377213,www.cssn.net.cn
上海市标准化研究院·上海标准化服务信息网	上海市长乐路 1219、1227 号,200031,64370807,www.cnsis.info
国家科技图书文献中心·国家科技数字图书馆	理工农医界联合共建的文献保障中心,总部在中信所,www.nstl.gov.cn
中国高等教育文献保障系统 CALIS·中国高等教育数字图书馆	国内高校联合共建的公共服务体系,总部在北京大学,www.calis.edu.cn

1.1.3 信息检索系统

信息检索系统由计算机、数据库及相关软件(数据采集程序、索引程序、检索程序)组成。它可能只拥有一个数据库,提供单库检索;也可能拥有多个数据库,既可进行单库检索,也可进行跨库检索。根据系统数据库所含信息的性质,可把检索系统划分为数据信息检索系统、文献信息检索系统、网页信息检索系统(网页搜索引擎),或兼而有之。例如,百度搜索引擎除网页搜索外,还可提供百度百科、百度知道等数据检索服务;谷歌的学术搜索则是典型的文献检索服务;而有的文献检索系统中,又包括了电子版参考工具书和企业信息数据库。

国内外常见的文献信息检索系统有:

- ➢ 维普期刊资源整合服务平台,本书以下简称:维普。
- ➢ 万方数据知识服务平台,本书以下简称:万方。
- ➢ CNKI 中国知识资源总库,本书以下简称:CNKI。
- ➢ Engineering Village,本书以下简称:EI。
- ➢ ScienceDirect,本书以下简称:SD。

1.1.4　信息检索数据库

数据库是信息检索系统在数据采集并有序存储后所生成的产物。一般有数据型数据库、文献型数据库和网页型数据库等几类。

1. 数据型数据库

数据型数据库的结构属于关系型数据库,整个数据库由若干条记录(Record)组成,每条记录则划分成若干个字段(Field),记录和字段之间保持类似于表格的二维关系。表1-2为数据型数据库实例(某产品信息数据库)的片段示意图,表中行为记录,列为字段,列首为字段名,"Rec."列为记录号字段,按先来后到顺序自动生成,其余各列中的字段内容(字段值)通过手工或计算机扫描等方法依次录入。

表1-2　某产品信息数据库的片段示意图

Rec.	Products	Company	Information	Pictures
34210	Radar sensors-VEGAPULS 61	VEGA Grieshaber KG	VEGAPULS 61 is suitable for applications in liquids in smaller vessels under easy process conditions.	
34211	Radar sensors-VEGAPULS 67	VEGA Grieshaber KG	Radar sensor for continuous level measurement of bulk solids.	
34212	Radar sensor-VEGAPULS 63	VEGA Grieshaber KG	Radar sensor for continuous level measurement.	
34213	FMCW MICROWAVE RADAR LEVEL SENSOR MWS-20RF-CH RANGE FINDER	Wire Automatic Device Co Ltd (WADECO LTD.)	State of the art, high performance FM-CW Microwave Radar developed for difficult, high temperature applications in Iron and Steel making… features Rotary Microwaves and advanced mWave Software package.	

2. 文献型数据库

(1) 文献型数据库的特征

文献型数据库(简称文献数据库)的结构与数据型数据库的结构相似,也属于关系型数据库,只不过文献的格式比较固定,因此其字段组成比较规范。文献数据库的字段相当于图书馆目录中的著录项,又叫做元数据(即关于数据的数据),例如,图1-3所示的某篇期刊文献,其元数据即为该文首页上用来描述文献数据特征的题名、作者、作者单位、摘要、关键词、中图法分类号、文献标识码、DOI编号以及文献出处等信息数据。

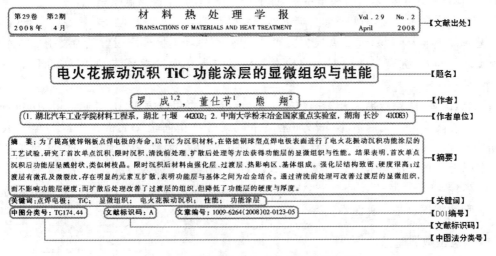

图 1-3 某期刊文献文首片段及其元数据

 小贴士

什么是文献标识码?

文献标识码用来标识文献的性质,其含义如下:

A:理论与应用研究学术论文(包括综述性论文);

B:实用性技术成果报告;

C:业务指导与技术管理性文章;

D:一般动态信息;

E:文件、资料。

什么是 DOI 编号?

DOI 是"Digital Object Identifier"的缩写形式,也译为文章编号,可用来揭示数字对象的位置,例如期刊文献的 DOI 格式就由 ISSN 统一刊号、(年)、期、起始页码、页数等组成,如图 1-3 所示的 1009-6264(2008)02-0123-05。

(2) 文献型数据库的类型

根据文献的收录对象和字段组成,文献数据库一般可分为:

① 目录数据库 目录(catalog)是对整本文献(如图书)外部特征信息的著录,目录数据库拥有记录号、书名、作者、出版地、出版社、出版年等字段,拥有目录数据库的检索系统又称为目录检索系统,例如各校图书馆的联机公共查询目录(Online Public Access Catalog,简称 OPAC)。

② 题录数据库(索引数据库) 题录是对析出文献(如期刊中的个别文章、图书中的个别章节)外部特征信息的著录,题录数据库拥有记录号、题名(标题、篇名)、作者(著者、责任人、专利权人)、作者单位(机构)、关键词、分类号、源文献出处(如期刊的刊名及刊期、书名及章节名称)等字段。题录数据库的主要用途是向用户指引析出文献的出处,实际上就是一种用来查找析出文献出处的索引(篇目索引),故国外习称之为 Index Database(索引数据库)。拥有索引

数据库的检索系统又称为索引检索系统,如上海图书馆的《全国报刊索引》。

③ 文摘数据库　文摘既著录文献的外部特征信息,也著录文献的内部特征信息(内容摘要)。题录加上摘要(Abstract)就成为文摘,题录数据库加上摘要字段就成为文摘数据库(Abstract Database)。拥有文摘数据库的检索系统又称为文摘检索系统,如国外的 Engineering Village。

目录数据库、题录数据库及文摘数据库又可合称为书目数据库(Bibliographic Database)。

④ 全文数据库　文摘数据库添加全文字段或者有指向全文的链接即成为全文数据库(Complement Text Database),例如,CNKI 的中国期刊全文数据库、维普的中文科技期刊全文数据库、万方的中国学术期刊数据库(原数字化期刊全文数据库)等。拥有全文数据库的检索系统又可称为全文检索系统。全文数据库因可直接提供源文献,故也被称为源数据库。同理,数据型数据库也是一种源数据库。

3. 网页型数据库

网页型数据库的结构有些特别。搜索引擎的网页采集器在访问网页时,先将网页中的文本格式符、图片、音频、视频等非文本信息过滤掉,然后以文本备份的形式存入搜索引擎的缓存(Cache)服务器中,这种网页缓存文本备份(Cached Copy)又叫做网页快照(Snapshot of Web Page),网页数据库实际上就是网页快照的集合,它没有严格的字段结构,但可以把其超文本格式源文件中被<title>……</title>标记包括的范围视为网页的 title(标题)字段,文本备份的文字内容视为 text(内文)字段,分别编制索引。

网页数据库因收录了原始网页的备份(网页快照),故也可视为全文数据库,但它只是纯文本备份,与真实的网页还有一定距离。

1.1.5　数据库的索引

1. 整字段索引

在数据库中查找数据的方法视数据库的大小而异。小型数据库可利用计算机直接扫描,例如,在 Excel 数据清单中利用计算机查找 radar sensor,可找出 Radar sensor,radar sensor,radar sensors……,可见,扫描时的规则是 letter by letter,即逐字母排比,不分大小写,也不用顾及词尾变化,前方一致即可。

大型数据库因扫描费时太多,都采用索引法,在索引中的搜索规则是 word by word,即一个一个词条进行比配。例如,索引中有词条 radar sensors,则查找 radar sensor 时,就不可能命中该词条,除非另加有截词算符或系统默认截词。

文献数据库都是大型数据库,故对库中某些字段甚至全部字段都分别建立了索引。建立了索引的字段称为索引字段或可检字段,而被选中的可检字段则称为检索字段,又称为检索入口或检索途径。检索词与索引词的匹配操作就在检索字段的索引中进行。

传统的索引均为整字段索引,其特征是抽取完整的字段值或子字段值作为索引词(此工作称为标引),所谓子字段即多值字段(如关键词字段、作者字段)中以分号隔开的部分。将索引词与对应的记录号(库中地址)组合起来,就形成了索引款目。由于取的是整字段值或整子字段值,故此法只适用于字段值较短的刊名字段或子字段值较短的主题词、关键词、作者或分类号等字段,表 1-3 展示了关键词整字段索引的建立过程,抽取的是关键词字段中的子字段值。

检索时,在索引中找到与检索词完全匹配的索引词后,即可通过记录号获知其在数据库中的位置。

表 1 - 3 某期刊文献题录数据库主库及索引的结构示意

a) 主库结构示意

记录号	篇 名	作 者	关键词	分类号	刊 名	年卷期
2004001	小水线面双体船的性能优势及其应用	杨松林;杨大明	小水线面双体船;发展史;航行性能	U674.9	造船技术	2000 年3 期
2004002	船舶航行性能优化的模糊遗传算法	张火明;杨松林	模糊遗传算法;船舶设计;航行性能;优化	U662.3 U661.3	中国造船	2002 年 43 卷 3 期
2004003	高性能船船型优劣评价方法探讨	杨松林	高性能船;船型;优劣评估	U662	造船技术	2002 年1 期

<table>
<tr><td colspan="2">b) 关键词标引示例</td><td colspan="2">c) 汇总排序后的关键词整字段索引示意</td></tr>
<tr><td>小水线面双体船</td><td>2004001</td><td colspan="2">船舶 65214;112304;1567203;2468310;3140236;……</td></tr>
<tr><td>发展史</td><td>2004001</td><td colspan="2">船舶设计 45060;2004002;2134051;3541002;5541023;……</td></tr>
<tr><td>航行性能</td><td>2004001</td><td colspan="2">船型 310202;2004003;3321054;4105111;4251321;</td></tr>
<tr><td>模糊遗传算法</td><td>2004002</td><td colspan="2">高性能船 2004003;2540012;2664123;4415621;6542113;</td></tr>
<tr><td>船舶设计</td><td>2004002</td><td colspan="2">……………………………………………………………</td></tr>
<tr><td>航行性能</td><td>2004002</td><td colspan="2">小水线面双体船 1025841;2004001;3450112;3541221;</td></tr>
</table>

2. 英文全文索引

20 世纪 90 年代初,国外出现了全文索引,它利用西方文字中的空格,将文中一个个字词(word)都抽取出来作为索引词,所建立的索引就叫做全文索引,从此,检索不再局限于主题词、关键词、作者等少数特性字段,而可扩大至题名、摘要,甚至全部字段或全文中进行了。全文索引的制作原理如图 1-4 所示。

在图 1-4 中,题名(title,代码 TI)、关键词(keywords,代码 KW)等字段中的每一个字

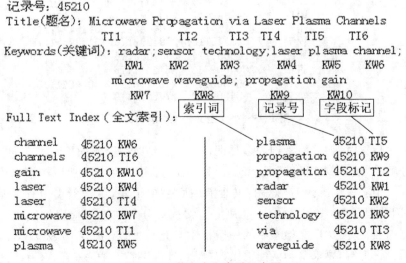

图 1 - 4 英文全文索引示意图

(word)都被打上了字段及序号的标记,然后逐字并连同记录号和标记一个一个抽取出来组成索引款目,最后将全部索引款目合并排序后即可生成数据库的总索引。例如,欲在题名字段中搜索词组 Laser Plasma Channels,如果在词组前后不添加半角双引号,一般将词组中的单词视为词素,空格视为"逻辑与"符号,在全文索引中搜索时,将不考虑字段标记中的序号,即不管这些词素出现在何处,只要处在同一记录或同一字段中就算匹配;而如果添加了半角双引号,则表示不许将词组拆解,必须严格按照词组方式检索,此时就要检查标记中的序号并进行组配,由于索引中有 laser 45210 TI4,plasma 45210 TI5,channels 45210 TI6,三者对应同一条记录号(45210)的同一个字段(TI),而且序号连续(TI4、TI5、TI6),因此记录号 45210 才被命中,这种检索方式就叫做词组检索,半角双引号叫做词组算符。

由上可见,英文全文检索的基本含义是:

① 检索对象全文化 所谓全文不一定指文章全文,根据需要,也可以只是指对个别字段中的全部文字进行抽词标引和检索。

② 匹配标准字面化 所谓匹配不一定是指字段值等同于检索词,根据需要,也可以只是指字段值中含有检索词,或是含有组成检索词的词素。

3. 中文全文词索引

中文数据库要建立全文索引,必须解决分词问题。由于汉语字字相连,无法直接拆解,从而出现了多种分词软件,常用的是一种基于词典的分词软件,该法编有一个庞大的切分词典,标引时,从字段文字中依次抽出一个个符合词典中的词素来作为索引词,所建立的索引就被称为中文全文词索引。目前,百度、谷歌、万方、CNKI 等中文检索系统,都采用词索引。

词典切分法抽取出来的词素都是一字词、二字词和三字词(绝大部分是二字词),其他超过三字的多字词均可视为是这几种词素的组合,在索引中以词素为索引词,如图 1-5 所示。

```
记录号: 2004002
题名: 船舶 航行 性能 优化 的  模糊 遗传 算法
      TI1 TI2  TI3  TI4 TI5 TI6  TI7 TI8

词索引:  索引词        记录号及字段标记
        船舶    1188456TI6,(2004002TI1),2577412TI3
        航行    1188456TI8, 2004002TI2, 3125444TI4
        模糊    1546245TI8, 2004002TI6, 2454213TI7
        算法    1145658TI4, 2004002TI8
        性能   (2004002TI3) 2512411TI6
        遗传    2004002TI7, 2789456TI9, 3014521TI5
        优化    2004002TI4, 2745211TI3
```

图 1-5 中文全文词索引示意图

在词索引中检索时,如果检索词为多字词,系统先将其拆解,例如检索多字词"船舶性能",系统先将其分解为"船舶"和"性能"两个词素,相当于"船舶 性能",然后在索引中,寻找在同一条记录或同一个字段中既含有"船舶"又含有"性能"的记录,由于索引中有 2004002TI1 和 2004002TI3,因此记录 2004002 命中。这种把检索词拆分为词素再检索的做法,在词索引中叫做模糊匹配(相当于英文全文检索中的一般检索),是百度、谷歌、万方及 CNKI 默认的匹配模式。如果不允许拆解,要求精确匹配检索词"船舶性能"时,在百度、谷歌、万方等数据库中,可以模仿英文全文索引中的词组检索,在检索词"船舶性能"字符串的前后添加半角双引号

（CNKI 另用他法），这样一来，由于 TI1 和 TI3 不连续，就不会检出记录 2004002。

  词典切分法抽词的精确度取决于其分词算法和策略，例如字符串"电焊和气焊"，按照顺向扫描匹配算法将切分成"电焊　和气　焊"，只有采取逆向扫描匹配算法才能正确切分为"电焊　和　气焊"。而字符串"转子发动机"，采取逆向扫描又会切分为"转子　发　动机"，只有顺向扫描才能正确切分为"转子　发动　机"。在标引时，检索系统究竟采用何种分词算法和策略，由于对外不公开人们无法得知，好在检索时系统会自动把检索词也按同样规则切分，故用户无需自行拆解，一切听凭系统处理即可。

4. 中文全文字索引

  基于切分词典的分词方法需要建立一个庞大的词典，而且还要耗费大量的人力对词典进行维护更新，因此还有一种最简单的分词方法就是逐字切分，把单个汉字切分出来作为索引词生成中文全文字索引，检索时再组配。采用这种单汉字切分法的代表是维普期刊数据库，此外，CNKI 数据库中的作者、导师、单位、刊名等字段也采用了字索引。利用字索引既可以检索单字，也可以检索词组，其原理如图 1-6 所示。

```
记录号：2004002
   题名： 船  舶  航  行  性  能  优  化  的  模  糊
        TI1 TI2 TI3 TI4 TI5 TI6 TI7 TI8 TI9 TI10 TI11
         遗  传  算  法
        TI12 TI13 TI14 TI15
  关键词： 模  糊  遗  传  算  法  船  舶  设  计
        KW1 KW2 KW3 KW4 KW5 KW6 KW7 KW8 KW9 KW10
         航  行  性  能  优  化
        KW11 KW12 KW13 KW14 KW15 KW16

  字索引：  索引词      记录号及字段标记
          舶   1186301TI5, 2004002KW8, 2004002TI2
          船   1186304TI4, 2004002KW7, 2004002TI1
          传   2004002KW4, 2004002TI13, 3413215TI15
          法   2004002KW6, 2001002TI15
          航   2004002KW11, (2004002TI3)
          糊   1586453TI6, 1988763KW6, 2004002TI11
          化   2004002KW16, 2004002TI8, 3413215TI10
          模   2004002KW1, 2004002TI10
          能   2004002KW14, (2004002TI6), 3413215KW2
          算   1186301TI8, 2004002KW5, 2004002TI14
          行   2004002KW12, (2004002TI4)
          性   2004002KW13, (2004002TI5), 3413215KW1
          遗   2004002KW3, 2004002TI12
          优   2004002KW15, 2004002TI7, 3526111TI14
```

图 1-6　中文全文字索引示意图

  图 1-6 给出了在记录号 2004002 一文中，从题名字段和关键词字段中，抽取单汉字并添加记录号及字段标记组成索引款目的过程示意。检索单字时，系统直接在索引中查找。检索词组时，系统在索引中按标记组配。例如欲在题名中检索"航行性能"时，检索系统先将其分解为"航、行、性、能"四个汉字，然后在索引中去检索索引词为航、行、性、能，并对应同一个记录号，字段标记均为 TI 且 TI 的序号规律也相符的索引款目集合，如：航 2004002TI3、行 2004002TI4、性 2004002TI5、能 2004002TI6，因此记录号 2004002 一文就被检出。若只检索"航"，虽也能检出 2004002 一文，但同时也会检出题名中含有"航海"、"航空"等一大堆可能无

关的文献,故一般情况下,不推荐以单字为检索词。

如上所述,当检索词是词组时,在检索过程中虽然会被拆解成单汉字,但在检索结果中仍会被恢复成词组,这种匹配模式实际上相当于词索引中的精确匹配。但在采用字索引的检索系统(如维普)中,精确匹配的称呼被用于"关键词"、"作者"、"第一作者"以及"刊名"等字段的整字段索引,故把全文索引的匹配模式叫做模糊匹配(字段值中含有检索词)。模糊匹配可以提高检全率,例如在关键词字段中检索"汽车",可以把关键词为"汽车"、"汽车配件"、"汽车构造"等的记录全都给检出来,当然,也会检出"汽车驾驶"、"公交汽车线路"等可能与检索需求无关的记录;同样,检索作者"马芳",除了检出"马芳"以外,也可能会检出"马芳菲"、"司马芳"、"司马芳菲"等多人。而选择精确匹配(字段值等同于检索词)时,就只能检出与检索词完全相同的记录。

字索引与词索引比较起来,字索引的优点是制作方便,易于实现,但其检准率较差,例如检索"民法",会检出"……人民法院……",检索"成分"会检出"……原子合成分子……"。但它既可以按词检索,也可以按字检索,在特定情况下比较灵活。而词索引就不适宜按字检索,因为视上下文及分词算法,文中的单个汉字有可能被列入索引,也有可能因为被视为二字词的组成部分而不单独抽出列入索引,故检索词若为单个汉字,容易造成漏检。

5. 中文数值索引

中文数值索引用于中文数据库中的分类号、专利号、标准号等字段。在这些字段中,字段值由字母、数字组成,以这种字母、数字字段值为索引词建立的索引就叫做数值索引,其检索特性与英文索引相同,例如可以采用截词运算技术。

 小贴士

如何判断检索系统采用的是字索引还是词索引呢?

在 CNKI 数据库的题名字段中模糊检索"船舶下水",可检出如下题名的文献:

船舶采用气囊下水工艺的船台压力计算初探

题名中,"船舶"和"下水"分列两处,并不是紧挨在一起,说明检索词被拆解了,这就是词索引的检索特性,故可知 CNKI 检索系统采用的是词索引。

1.2 信息检索语言

现代信息检索是一种人机交互过程,双方的对话通过输入检索命令(检索表达式)或填写检索表格(检索表单)来实现,在表达式或表单中使用的语词(检索词)即信息检索语言。检索用户和检索系统双方必须使用同一种语言,要不然,检索就无法进行了。

1.2.1 主题检索语言

主题检索语言是根据信息资源所含内容的主题特征抽取的检索用语,其形式上为各种中、英文词汇或专业术语。视检索字段的性质,主题检索语言常见以下几种:

1. 主题词

检索主题词字段时,主题词为检索词。主题词(subject terms)又称为叙词(descriptors),是一种受主题词表(例如《汉语主题词表》)或叙词表(如 EI 的《Thesaurus》)规范的人工受控语言。主题词能准确表达文献主题概念,曾经是手工检索时代的主流检索语言,但标引主题词非常费力,而且词表更新不及时,故随着计算机全文检索的兴起,现代文献数据库已较少保留主题词字段了。

 小贴士

主题词不给力之一例

在本书版权页的"图书在版编目(CIP)数据"中,Ⅰ为书名标引项,Ⅱ为作者标引项,Ⅲ为主题词标引项,Ⅳ为中图法分类号标引项。

本书的主题词标引项为:"科技情报—情报检索—高等学校—教材",为什么不是:"科技信息—信息检索—高等学校—教材"呢? 这是因为《汉语主题词表》很多年没有修订了,词表中没有"科技信息"和"信息检索"的词条,故只好使用词表中含义相近的"科技情报"和"情报检索"来代替。

2. 关键词

关键词(keywords)也能表达文献主题概念,但无词表限制,标引比较自由,故目前文献数据库多用关键词字段来取代主题词字段,且建库时关键词字段的取值,多直接录自作者在论文文首列出的关键词(作者关键词 author keywords)。由于无词表限制,作者关键词并不规范,用户在关键词字段中检索时,除了考虑各种可能出现的术语以外,也可以用相关专业论文中出现过的关键词作为参考。

3. 文中词

文中词即文中自由词(free terms in text),直接取自数据库字段中的部分文字,无词表限制,完全自由,而且对于采用全文检索技术的数据库,几乎在所有字段(题名、关键词、摘要、作者、作者单位等)中,都可以用该字段中的部分文字作为检索词进行检索,因此,文中词已成为现代信息检索语言的主流。

使用文中词进行检索时,应该遵从作者的行文习惯,不能杜撰,如果同一事物在不同文献中可能出现多种叫法时,应该都选作检索词。

在使用文中词进行外文检索时,还应避开系统规定的禁用词,例如 Google 规定 a,an,and,are,be,by,com,for,from,I,is,of,to,was,with,www 等为禁用词,EI Village 规定 an,and,by,for,from,of,the,to 和 with 等为禁用词,这是因为这些词或是太频繁,或是另有他用。有的中文检索系统也会把一些虚词、连词或叹词规定为禁用词。

1.2.2　分类检索语言

分类检索语言是根据信息资源所含内容的分类特征抽取的检索用语,其形式上为各种分类法所制定的分类号。常见的分类法有：

> 《中国图书馆图书分类法》,简称《中图法》,广泛用于国内各图书馆及文献检索系统。

> 《中国标准文献分类法》,简称《标准法》,用于国内标准文献检索系统。

> *International Classification for Standard*,即国际标准分类法,简称 ICS,用于国际标准检索系统。

> *International Patent Classification*,即国际专利分类法,简称 IPC,用于国内外各种专利文献检索系统。

同一个事物在不同的分类法中会有不同的分类号,故用户在进行分类检索选择分类号前,首先应知晓该数据库采用何种分类法,并了解该分类法的分类体系。为了熟悉最常用的《中图法》,读者可从网上免费下载《中图法》第四版的电子版,利用该电子版查询分类号。另《中图法》第五版电子版已出版,但目前尚未提供下载。

1.2.3　作者检索语言

作者检索语言即在作者字段中进行检索时所用的语词,亦即作者姓名或姓名中的部分文字。在中文数据库中,作者姓名以文章署名为准,但单名作者在姓和名之间不留空格。在外文数据库中,曾经流行姓前名后、名用缩写、姓和名之间加半角逗号的格式,但近来也逐渐趋向于保留作者署名的格式,且由于外文检索系统已普遍采用全文检索技术,故不知西方作者姓名格式时,也可以用作者的姓为检索词,然后在检索结果中再甄别之。

1.2.4　代码检索语言

代码检索语言用于各种具有代码或编号特征的检索字段,例如,国际统一书号(ISBN),国际统一刊号(ISNN),科技报告的报告号,技术标准的标准号,专利说明书的公开号、公告号以及专利号,化学物质登记号,数字文献标识码(DOI)等字段。在输入代码编号时,要注意原代码编号中有无空格,例如标准号的字母和数字之间就有空格,如果输入的检索词(标准号)忽略了这个空格,也许就会检索不出来了。

1.3　信息检索语法

如今的全文检索系统拥有各种特定功能,如字段限定检索、布尔逻辑检索、词位限制检索、截词处理、日期限制等,此外,还可对检索结果提出各种排序要求,但要实现这些技术,用户必须熟练使用检索系统所采用的语法规则,正确书写检索表达式或填写检索表单,才能让系统懂得你的检索需求,发挥这些检索技术的特长。由于具体的检索语法,各家检索系统各有其特点,此处只能介绍其一般概念,详情请参见后续各章中的有关介绍。

1.3.1　检索词书写规则

1. 大小写

英文单词不分大小写,例如输入 CAD 或输入 cad 效果均相同,分类号 TG4 也可写成 tg4。

2. 单复数

国外个别检索系统(如 SD、EBSCO)单、复数兼容,例,输入 Network,返回检索结果中除 Network 外,也会出现 Networks。

3. 上下标

数据库中不接受上、下标等文本格式符,检索词中若有上、下标的应改写,例如,H_2SO_4 可写成 H2SO4,C^3I 可写成 C3I。

4. 特殊符号

特殊符号可用半角双引号括起来,例如 C^{++} 原应写成 C++ ,但符号＋会与逻辑算符＋混淆,故应写成"C++"。

1.3.2　字段限定算符用法

在全文检索技术支持下,虽然可以在全部字段中进行检索,而且只要字段中包含了检索词,就有可能被检出,非常灵活,但是这样一来,也有可能会造成误检,例如,当检索词为"船舶设计"时,就可能会检出作者工作单位为"××船舶设计研究院"的文献,而这篇文献的内容却不一定是讨论船舶设计的。

全文检索系统在抽词标引时,对抽出的字词均赋予了字段标记,故可以在检索词前或后添加字段算符,指定在哪一个字段中进行检索,这种检索技术就叫做字段限定检索,或简称为字段检索,字段算符由字段名(或代码)与连接符组成,例如:

➤ 搜索引擎欲在网页标题(title)字段中检索"机床",可表述为:"intitle:机床"。
➤ 万方检索系统欲在文献题名(title)字段中检索"机床",可表述为:"TI:机床"。
➤ 维普检索系统欲在文献题名(title)字段中检索"机床",可表述为:"T＝机床"。
➤ ScienceDirect 欲在 title 字段中检索 radar,可表述为:"title(radar)"。
➤ EI Village 欲在 title 字段中检索 radar,可表述为:"(radar) Wn TI "。

以上各例中的"intitle:"、"TI:"、"T＝"、"title( )"、"( )Wn TI"等即为字段算符,Wn 为 Within 之意。

表 1－4　常用的字段名称和字段代码举要

字段名称		字段代码		
英文	中文	EI	维普	CNKI
title	题名、篇名、标题	TI	T	TI
keywords	关键词	KW	K	KY
abstract	摘要	AB	R	AB
title＋keywords	题名＋关键词		M	
title＋keywords＋abstract	题名＋关键词＋摘要			SU
classification code	分类号	CL	C	CLC
author	作者、著者、责任人	AU	A	AU
first author	第一作者		F	FI
author affiliation	作者单位、单位、机构	AF	S	AF
source,journal name	文献来源,刊名	ST	J	JN
all fields,full text	所有字段,全文	ALL	U	FT

注:表中 M 和 SU 为复合字段,要求在所规定的几个字段中进行搜索。

当缺省字段算符时，有的系统如万方默认在全部字段中检索，有的系统如维普默认在复合字段 M 中检索，有的系统如 CNKI 则不允许缺省字段算符，如缺省即会报错。

1.3.3　词组/短语算符用法

词组或短语算符（半角双引号）用于英文全文检索系统。检索时，若检索词为词组或短语，则其中的空格一般会被理解为逻辑"与"算符，例如，检索 communication satellite 时，不仅可检出…communication satellite…，还可检出…communication…，…satellite…或是…satellite…，…communication…等结果，英文系统的这种一般检索方式实质上是一种模糊匹配，虽可扩大检索结果，但也容易产生检索误差，故必要时可添加成对的半角双引号作为词组或短语算符，这时词间空格就不会视为逻辑"与"算符，而将严格按照词组或短语的形式进行精确搜索。例如，在 EBSCO 数据库中检索"computer process control"，检出结果高达 6382 篇，若添加了词组算符，则词组检索结果精确为 54 篇。

词组或短语算符还可用于检索词中包含特殊字符（如标点符号等）的场合，全文检索系统在抽词标引编制全文索引时，标点符号均会被忽略而作为空格处理，一般检索时，检索词中的标点符号也会被忽略，作为空格处理。例如检索词为 x-ray 时，系统理解为 x ray，而且 x 和 ray 中间的空格又会被当作是逻辑"与"算符，因而可能会检出："x ray"、"x-ray"、"x. ray"、"…x…ray…"、"ray x"、"…ray…x…"等多种结果，但若是在检索词 x-ray 的前后添加了半角双引号进行词组检索时，虽然连字符"-"仍然会被视为空格，但不会被当作是逻辑"与"算符，只能检出："x ray"、"x-ray"、"x. ray"等少量结果，甄别工作量大大减少了。

中文检索时，也会遇到检索词中含有特殊字符的场合，例如，化学品 Freon-22、N-酰基苯丙氨酸，这时，无论是万方还是维普，都可利用英文词组算符的这个功能来解决。

1.3.4　精确匹配算符用法

中文全文检索系统提供模糊和精确两种匹配模式，但含义并不统一。

在采用中文全文词索引的检索系统（例如万方、CNKI、读秀、百度、谷歌等）中，由于检索词可以被系统拆解成词素，检索特性与英文全文检索系统相似，因此其模糊检索即相当于英文全文系统的一般检索，不需使用算符，而其精确检索的含义是检索词不拆解，相当于英文全文系统的词组检索，因此万方、读秀、百度、谷歌等系统的精确匹配算符与英文词组算符相同，都采用半角双引号，只有 CNKI 在字段算符中用不同的关系算符来表示不同的匹配模式，例如在CNKI 中：

TI％船舶下水　　关系算符％表示模糊匹配，检索词"船舶下水"可拆解。

TI＝船舶下水　　关系算符＝表示精确匹配，检索词"船舶下水"不拆解。

而在采用中文全文字索引的检索系统（如维普）中，其模糊匹配的概念（字段值中含有检索词）与上述词索引中的精确匹配（检索词不拆解）实际上是一回事，维普系统把精确匹配的概念赋予了整字段索引（字段值等同于检索词），其精确匹配算符为半角方括号。但此算符只能用在关键词、作者、第一作者、刊名和分类号这 5 个拥有整字段索引的检索字段。例如在维普中：

K＝柴油机　　模糊匹配，可检索出以下关键词：柴油机；柴油机配件；低速柴油机……。

K＝［柴油机］　　精确匹配，只能检出关键词：柴油机。

1.3.5 逻辑运算算符用法

1. 项间逻辑运算

(1) 检索项与检索式

将检索字段、检索词和匹配模式三者结合起来就构成了一个检索项,可以表达一个基本的检索需求了,而几个检索项的逻辑结合则构成了一个检索式,用于表达一个复杂的检索需求。例如,KW:"模糊模式识别",是一个检索项,而 KW:"模糊模式识别"and AU:张小平,则是一个检索式,表示要在数据库中搜索作者张小平所著的关键词精确为模糊模式识别的文献。当然,仅有一个检索项的检索式也是有的,这可看成是最简单的检索式。

(2) 项间逻辑运算符

在信息检索中,检索项间的逻辑运算关系有逻辑"与"、逻辑"或"、逻辑"非"及逻辑"异或"4种,分别用 and、or、not(或 and not)和 xor 为运算符,算符前后应留空格,逻辑"与"算符 and 也可用空格代替。个别检索系统如维普,则使用"＊"、"＋"、"－"来代表逻辑"与"、"或"、"非","＊"、"＋"、"－"的前后不留空格。万方检索系统项间逻辑算符使用"and"、"or"、"not"或"＊"、"＋"、"∧"、"＋"、"∧"的前后留不留空格均可。

全文检索条件下的逻辑组配只是字面上的组配,例如,客船 AND 货船,只意味着对检出文献的要求是,文中既含有"客船"字符串,并且也含有"货船"字符串,并不意味着检出文献的主题一定是"客货两用船";而客船 OR 货船,也只表示对检出文献的要求是文中含有"客船"字符串,或者是含有"客船"字符串,或者是两者都有;至于客船 NOT 货船,则表示检出文献中含有"客船"字符串,但不含"货船"字符串。

而且,信息检索中的布尔逻辑运算只是记录号集合(简称为集)之间的运算,运算结果仍是记录号的集合,如图 1-7 所示,图中 A 表示文中含有 A 的文献记录号集合,B 表示文中含有 B 的文献记录号集合,阴影部分为逻辑运算结果,其下方为各集合中的记录号。

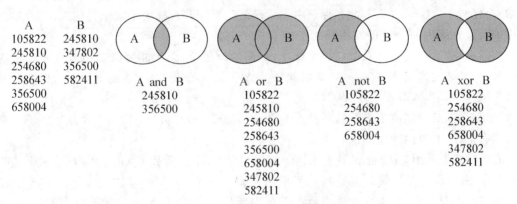

A	B
105822	245810
245810	347802
254680	356500
258643	582411
356500	
658004	

A and B
245810
356500

A or B
105822
245810
254680
258643
356500
658004
347802
582411

A not B
105822
254680
258643
658004

A xor B
105822
254680
258643
658004
347802
582411

图 1-7 四种布尔逻辑运算示意图

(3) 复合字段检索

有的检索系统提供的复合字段检索,就是利用了逻辑"或"的运算关系。例如,维普数据库用 M 代表题名(T)和关键词(K)两个字段,CNKI 数据库用 SU 代表题名、关键词和摘要三个字段(称为主题),ScienceDirect 用 TAK 代表 Title-Abstract-Keywords 三个字段。在复合字段中,只要其中某一个字段含有检索词即告命中。

例如，在维普数据库中检索：M＝神经网络，相当于检索：T＝神经网络＋K＝神经网络。

（4）逻辑运算顺序

系统默认的运算顺序多是先"非"后"与"最后"或"，或是从左至右，为此，遇有要优先运算的逻辑"或"运算时，应该用半角圆括号作为优先算符把"或"运算括起来。例如，欲检索碳酸二甲酯的合成或制备方法，若检索式为：碳酸二甲酯 and 合成 or 制备，就会产生误检，因为无论系统采用哪一种逻辑运算顺序，都会检出非碳酸二甲酯（例如碳酸二丁酯）的制备方法出来，如图 1－8(a)所示。

正确的检索式应该是：碳酸二甲酯 and（合成 or 制备），其检索结果如图 1－8(b)所示。

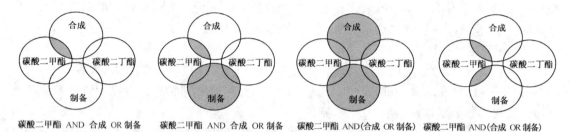

（a）运算顺序：先 and 后 or　　　　　　　（b）运算顺序：先括号内后括号外

图 1－8　优先算符在文献检索系统中的运用

2．项内逻辑运算

（1）合并同类项

为了简化检索式，可以将具有相同检索字段的几个检索项合并为一个检索项，例如，二项检索式：AB＝合成 or AB＝制备，可以合并为一个检索项：AB＝（合成 or 制备）。

（2）项内逻辑运算符

有的检索系统项间逻辑算符和项内逻辑算符相同，例如，维普的项间和项内逻辑算符均为不留空格的"＊"、"＋"、"－"，欲在标题中检索碳酸二甲酯并在摘要中检索合成或制备方法时，可以编写检索式为：T＝碳酸二甲酯＊R＝（合成＋制备）。

注意：维普的项内逻辑式必须保留括号，如果不加括号，由于其项间逻辑算符前后也不需留空格，而且又允许缺省字段符（缺省时默认为 M），系统会将"R＝合成＋制备"理解为"R＝合成＋M＝制备"，从而产生误检。

又如万方，其项间或项内逻辑算符均为"and"、"or"、"not"或"＊"、"＋"、"∧"，由于算符前后可能有空格，其项内逻辑式也必须保留括号。

有的检索系统其项间逻辑算符和项内逻辑算符不同，例如 CNKI，其项间逻辑算符为"and"、"or"、"not"（算符前后留空格），而项内逻辑算符为"＊"、"＋"、"－"（算符前后不留空格），两者有明显区别，故项内逻辑式就不需添加括号了，如上例可写成：TI＝碳酸二甲酯 and AB＝合成＋制备。

1.3.6　词位限制算符用法

词位限制检索技术是对逻辑"与"检索技术的改进，但只有英文全文索引和中文全文词索引才支持词位检索，而采用字索引的维普检索系统就不支持词位检索。

在逻辑"与"运算中，只限定了两个检索词必须同时出现，却没限制这些检索词在记录或字

段中的位置,由于英文全文索引和中文全文词索引中的索引词(词素)具有字段及序号标记,故可以允许用户对检索词作出如下说明:

①　同段检索　两个检索词不仅位于同一记录中,而且必须位于同一个字段(Field)中。

②　同句检索　两个检索词不仅同段,而且必须位于同一个句子(Sentence)或是同一个子字段(Subfield)中。

句子指摘要字段中两个句号之间的字符串,子字段指关键词字段中两个分号之间的字符串。当然,要支持同句检索,系统必须在抽词标引时,给句子或子字段也做上标记。

③　相邻检索　指两个检索词不仅同段、同句,而且必须相邻,并且可以规定词距不能超过(小于)多少个词,词序允不允许颠倒。

相邻检索在词位检索中最为常见。例如,在 ScienceDirect 检索系统中用词位算符 w/n 表示两词词距不超过 n 个词,词序可变;用词位算符 pre/n 表示两词词距不超过 n 个词,词序不变,因此:

> 检索:air pre/1 bearing
> 可命中…air bearing…,亦可命中…air foil bearing…。

又如在 CNKI 数据库中用词位算符/NEAR n 表示两词词距小于 n 个词,词序可变,用词位算符/PREV n 表示两词词距小于 n 个词,词序不变,例如:

> 检索:船舶 /PREV 2 下水
> 可命中:…船舶下水…,…船舶的下水…,…船舶纵向下水…,但检索不出:…船厂下水船舶…。

1.3.7　截词算符用法

外文检索系统中常用"?"作为有限截词算符,可代替一个字符,用"＊"作为无限截词算符,可代替多个字符,例如检索词"fib?? glass"可代表"fibreglass"和"fiberglass"两个拼写方法不同的检索词,检索词"acid ＊"可代表"acid"、"acids"、"acidic"和"acidicty"4 个词根相同的检索词。在词尾使用无限截词算符(右截断或称为前方一致)时,要尽量多地保留词干(词根)中的共用字母,以防带出与检索无关的词汇。

中文检索系统在数值索引中也采用了截词处理技术,但算符形式可能不同,例如,中国国知局网站使用半角的"?"为有限截词算符,但使用半角的"％"为无限截词算符。又如,维普分类号模糊检索因默认右截断,故不需再添加无限截词算符,倒是对于不进行截词处理的维普分类号精确检索要添加精确匹配算符(半角方括号)。

1.3.8　检索条件限制语句

检索时除了通过检索项或检索式来表达检索需求外,必要时还可在检索式后面添加一些附加的检索限制条件,但这些限制条件只起辅助作用,不能单独构成检索需求。常见的限制条件有:文献出版或发表年限(Publication year)的限制、文献类型(Document types)的限制、文献语种(Languages)的限制、检索结果的排序要求(Sort By,Order By)等方面。其形式有的类似于检索项,如 Date:2000-2005(文献发表年限),Languages ＝EN(语种为英文);有的则仅仅是一条语句,如 order by relevance(按相关度排序)。

1.3.9 检索表单中的语法规则

1. 检索表单的概念

目前,检索系统均提供专家(专业)检索和高级(经典)检索两种检索方式。专家检索依靠检索表达式来表达复杂的检索需求,而检索式中各种难记的运算符号及规则又极大地阻碍了信息检索的普及。高级检索依靠检索表单,一样可以表达复杂的检索需求,而由于避免了难记的运算符号和规则,使操作变得大大简单,信息检索也就越来越"傻瓜化"了。

所谓检索表单实际上是一种图形化、表格化的检索需求表达界面,由一张或数张选项卡构成。选项卡用来切换检索方式,而在每张选项卡中则分布着由单选框、复选框、下拉选择框(下拉菜单)、文本输入框、图标、链接、按钮等控件组成的选项,用户在这些控件的引导下,只要通过一些简单的点击、选择或填充操作,即可完成检索需求的表达,如图1-9所示。

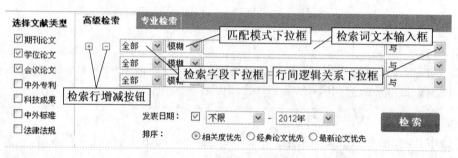

图1-9 典型的检索表单界面

图1-9拥有"高级检索"和"专业检索"两张选项卡,图中打开的是"高级检索"方式下的选项卡,但点击"专业检索"选项卡的标签即可切换至专业检索方式。高级检索方式选项卡中即为检索表单,其主体是检索条件区,由若干检索行组成,但可通过点击左上角的增减按钮 ➕ 或 ➖ 来增加或减少检索行。每个检索行从左至右依次为检索字段下拉框、匹配模式下拉框、检索词文本输入框、行间逻辑关系下拉框4个控件。图中左侧和底部环绕检索条件区的是检索条件限制区,提供了选择文献类型(即选择数据库)用的复选框、选择文献发表年限用的下拉框和选择检索结果排序规则的单选框。右下角为检索(或搜索、Search、Go)按钮,点击后即开始进行检索。

2. 检索表单中的语法规则

检索表单的优点是用简单的图示方法来代替复杂的语法规则,凡是能用控件解决的就不再需要使用运算符号了,但在缺少相应控件或是无法提供控件的地方,仍然是要利用有关算符或是要遵守相应语法规则的,现将有关事项说明如下:

➤ 每个检索行即一个检索项,包括了检索字段下拉选择框、匹配模式下拉选择框及检索词输入框3个要素,无需再使用相关算符,只在缺少某个要素时,才需用相关算符来补充,例如,新版维普的检索表单中取消了匹配模式下拉菜单,当要求精确匹配时,就可添加半角方括号来表示。

➤ 如果匹配模式下拉选择框位于检索区底部,表示对各个检索行内的检索词均有效。

➤ 如果检索词输入框足够长,也可输入检索式,其中的逻辑算符遵循系统对项内逻辑算符的规定,例如,维普、CNKI使用"*"、"+"、"-",万方使用"and"、"or"、"not"或"*"、"+"、"∧"均可。

➤ 检索表单中的逻辑运算顺序一般为先行内、后行间(由上至下),相当于在检索行内添加了优先运算符,但个别检索系统(如万方旧版)只简单执行由上至下(行间为逻辑"与")的运算顺序,因此行内的检索运算顺序式就应添加优先算符(半角圆括号),否则就会出现差错。CNKI 由于采用双检索词输入框,特地在检索表单每一行的前后,都事先添加好圆括号,保证了先行内、后行间的运算顺序。图 1-10 为维普、万方旧版、CNKI 三家检索系统检索表单填写方法比较之实例,读者可用心揣摩。

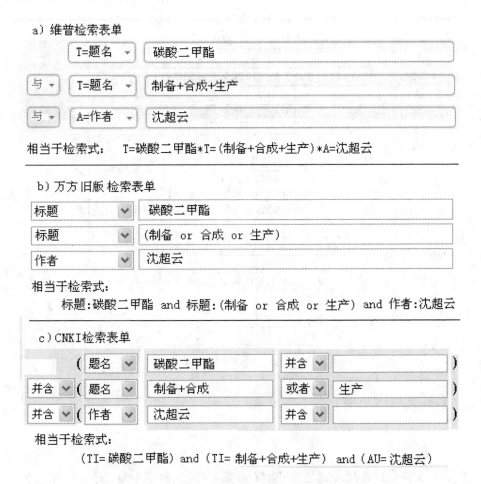

图 1-10 维普、万方旧版、CNKI 检索表单填写法比较

➤ 检索表单中的附加限制条件,一般采用单选框、复选框、下拉菜单等形式分布在检索区的周围,在点击检索按钮之前,务必要检查一遍,充分利用之。

1.4 信息检索策略

1.4.1 信息检索策略的内涵

1. 狭义的信息检索策略

狭义的信息检索策略指的就是检索表达式。

2. 广义的信息检索策略

广义的检索策略指的是在检索前制定的整套检索方案,包括选择检索系统和数据库、选择检索途径、拟定检索词、构建检索式等方面,在检索过程(如图 1-11)中,还应根据检索结果及时作出调整。

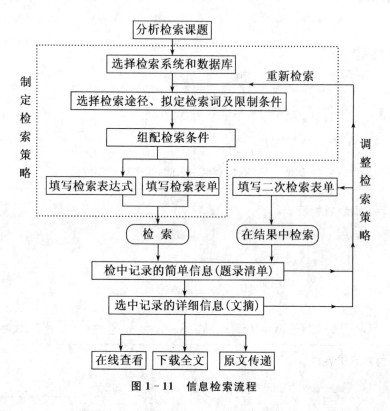

图 1-11 信息检索流程

1.4.2 信息检索策略的制定

1. 积木式检索策略

积木式检索策略是最常用的也是最基本的检索策略,其制定步骤如下:

(1)分析检索课题

在制定检索策略之前,一定要认真分析检索课题、吃透检索需求。要注意的是:不要把研究课题直接当作是检索课题,导师布置的研究课题往往是一个研究方向,而检索课题则是开展某项研究所需要的历史背景知识和技术参考资料,或者是欲了解和探讨的某种新知识,或是有关某种新技术、新材料和新设备的解说。分析时除了搞清楚检索课题的概念及流行的术语以外,还要了解该检索课题属于什么学科范围:是基础理论性研究,还是产品开发、工艺改造等应用性研究;需要什么类型的文献;是要广泛地调研发展现状(要查全),还是要解决什么具体技术问题(要查准);有没有什么已知线索……

(2)选择检索系统和数据库

选择检索系统和数据库时,要综合考虑以下 5 个因素:数据库覆盖的文献类型;数据库收录的文献范围(国别、语种、起始年);数据库更新的速度;能不能提供在线阅读、全文下载或原文传递;检索及全文下载传递所需的费用。

（3）划分检索概念组面

检索概念即用来表达检索需求的语词,一个复杂的检索概念可以由几个简单概念组成,每一个简单概念就是一个概念组面,划分检索概念组面是制定检索策略的重要步骤。

① 利用分析法划分概念组面

分析法常用于主动发生的检索行为,用户凭借熟练的专业知识,通过分析,依次列出检索课题的研究对象,对象的属性,要解决的问题,为解决问题所需采用的方法、手段或设备,研究工作所依靠的理论、基本原理,该研究的应用领域和研究的时空范围等要素,从而提取出几个主要的概念作为检索课题的概念组面。例如,某渔船制造厂,为了解决渔船出海逾期淡水供应困难的问题,欲开发供渔船配套用的海水淡化设备,经过分析,提取出:海水淡化设备、结构、小型等几个检索概念组面。

② 利用切分法划分概念组面

切分法常用于被动发生的检索行为,用户凭借已知的检索课题,通过文字切分并删除无用、无关的文字后得出检索概念组面。例如有检索课题:"超声波在污水处理中的应用",可切分为:

超声波 | 在 | 污水处理 | 中 | 的 | 应用 |

删去无检索意义的"在、中、的、应用"等词后,得:超声波、污水处理两个概念组面。

切分法还可以用来将分析法得出的复杂概念组面进一步切分为简单概念,例如将"海水淡化设备"切分为"海水淡化"和"设备",检索结果会从 27 篇文献记录增至 35 篇。但切分应有限度,例如,本例若切分为"海水"、"淡化"和"设备",则检索结果增加有限,如果彻底切分为"海"、"水"、"淡"、"化"、"设"、"备",检索结果虽然还可增加一点点,但是切分太细,语义丢失,误检的风险也会大大增加。如果检索系统采用的是词索引,则可以选择模糊匹配模式,让检索系统自行切分(拆解)。

注意:对于转子发动机、直线电机、空气轴承等这样字序不能颠倒的复杂概念不能切分,否则会丧失原意,造成误检。如果检索系统采用的是词索引,还必须选择精确匹配,以防被系统拆解。

检索实例

检索课题:基于 Web 的分布式协同工作环境技术

划分概念组面:Web　分布式　协同工作环境

③ 如何在外文检索时划分概念组面

在外文数据库中检索时,可以先用汉语习惯划分概念组面,提取出中文检索词以后,再译成英语。在这过程中,首先要避免杜撰成中国式英语。例如,数控不能译为:number control,正确译法是:numerical control;搅拌摩擦焊不能译为:stir friction welding,正确译法是:friction stir welding。

其次,要注意到同一个概念在英语中可能有多种表述法,最好兼而用之(用逻辑"或"组配)。例如:电网可译为 network 或 power network 或 electric network;目标可译为 target 或 object;分析可译为 analysis(英式英语)或 analyses(美式英语);环境信息系统可译为 environment information system 或 environmental information system;材料可译为 material 或 materials。为了简化操作,可用截词检索技术将检索词合并。

如果对英文术语不熟悉,可以勤查词典,勤读外文专业文献,或先查中文文献,然后在其英文摘要中查看作者给出的英文关键词。

（4）扩展检索用词

每一个检索概念都可以把初拟的检索词作为基本检索词,然后遵守同义、近义、反义等原则,扩展出一些逻辑相"或"的扩展检索词。例如,将"设备"扩展为"（设备 OR 装置）",检索"海水淡化 AND（设备 OR 装置）"的结果可从原来的 35 篇扩大至 254 篇。

扩展检索用词的方法有:

➤ 同义扩展,如:设备→装置;干冰→固态二氧化碳;电力系统→电网;信息→资讯;投资基金→单位信托。

➤ 近义扩展,如:automobile→cars,sedans,saloons。

➤ 反义扩展,如:粗糙度→光洁度;污染→环保。

➤ 同位扩展,如:外圆磨床→内圆磨床→平面磨床→齿轮磨床。

➤ 下位扩展,如:焊接→摩擦焊→搅拌摩擦焊;机床→数控机床→数控车床。

➤ 上位扩展,如:渔船→小型船舶。

➤ 隐显扩展,如:绿色汽车→环保汽车→节能汽车→低排放汽车。

例如上述检索课题"基于 Web 的分布式协同工作环境技术"中的概念组面"Web",就可扩展出几个同义的检索用词:Web→3W→万维网→环球网。

（5）选择检索途径

选择检索途径就是选择检索字段。选择时,应先从已知条件出发。例如,查找某某人写的文章,可选择作者途径;查找已知标准号或专利号的文献原文,应选择文献编号途径;若无已知条件,仅是从内容出发,查找某个技术课题或研究方向的参考资料,则应遵循最专指字段优先的原则,选择题名、关键词、摘要等途径,或其组合如 CNKI 中的主题途径（题名＋关键词＋摘要）。

一种常见的错误是,不管什么情况都选题名途径。当然,题名中出现的语词肯定反映文献的主题,但是能反映文献主题的语词,并不见得都会出现在题名之中,因此还要考虑可能性。例如,某文的题名是:"$Sm_{0.8}Ca_{0.2}AlO_{3-\delta}$ 固体电解质的合成及其导电性能"。由于该电解质是用于燃料电池的,故作者在关键词中,还列有"燃料电池"一词。如果我们欲检索用于燃料电池的固体电解质的研究现状时,若检索表达式为"TI＝燃料电池 and TI＝固体电解质",则该文就必然漏检,因为题名中根本没有"燃料电池"这个词。但如果采用以下各种检索式,则该文就可能检出:

KW＝燃料电池 and TI＝固体电解质　　　（CNKI）

AB＝燃料电池 and TI＝固体电解质　　　（CNKI）

SU＝（燃料电池 * 固体电解质）　　　　　（CNKI）

M＝（燃料电池 * 固体电解质）　　　　　（维普）

又例如上述检索课题"基于 Web 的分布式协同工作环境技术"的检索途径,维普可选择 M（题名＋关键词）,CNKI 可选择 SU（题名＋关键词＋摘要）。

（6）初步构建检索表达式

将每个检索概念组面添加字段算符和匹配要求以后,就构成了一个检索项,再将检索项用逻辑算符连接起来,就可得到检索表达式的雏形,整个过程可以比喻为制作积木块和搭积木块,因此又叫做积木式检索策略,搭好的积木如下所示:

（7）正式构建检索表达式或填写检索表单

按照系统规定的检索语法将其转化为正式的检索式，例如上例在 CNKI 中可写成："SU＝Web＋3W＋万维网＋环球网 and SU＝分布式 and SU＝协同工作环境"。

或者在 CNKI 的检索表单中填写如下：

	主题	Web＋3W	或含	万维网＋环球网	精确
并含	主题	分布式	或含		精确
并含	主题	协同工作环境	或含		精确

2. 两步法检索策略

当对检索课题的含义不清楚时，不要先忙着划分概念组面，而应先上网用搜索引擎查一下与检索课题有关的背景知识，或是在文献检索系统中先检索一两篇有关的综述文献，待头脑中有了清晰的认识以后，再来划分组面搭积木。例如，欲检索"难加工材料的绿色切削加工技术"，如果直接用检索式：难加工材料 and 绿色切削加工，检出结果一定很少，甚至为零，为此应分两步走：

第一步（准备工作）　查阅手册、上网或检索综述文献，找出检索词"难加工材料"的同义词和下位词（难切削材料、不锈钢、钛合金、高温合金……），找出检索词"绿色切削加工"的下位词（干式切削、低温切削、冷风切削、微量润滑……）。

第二步（制定策略）　（难加工材料 or 难切削材料 or 不锈钢 or 钛合金 or 高温合金）and（绿色切削加工 or 干式切削 or 低温切削 or 冷风切削 or 微量润滑）。

3. 迂回式检索策略

如果直接检索有困难，还可以从旁边绕行。例如，听说 2006 年国际海事组织（IMO）发布了有关船舶涂层的新规范，可是在现有的标准检索系统中一时检索不出，考虑到新规一旦出现，有关报刊必然会做报道，改查 2006 年以来的船舶报刊，果然获得有关该新规的内容要点。

1.4.3　信息检索策略的调整

在实际的检索工作中，经常是先进行试检，然后对检索结果进行阅读和分析，评价检索结果准不准、全不全，或者新不新，并找出调整检索策略的方向。

检索策略的调整不外乎扩检、缩检和换检几条思路。如果觉得检索结果太少不能满足，可减少逻辑相"与"的检索词，或是增加逻辑相"或"的检索词，来实现扩检；如果觉得检索结果太多无法取舍，则可减少逻辑相"或"的检索词或增加逻辑相"与"的检索词，来实现缩检；如果是由于检索词不准而造成检索结果不准,则应更换检索词进行换检。

许多检索系统在检索结果的界面上都提供有"在结果中检索"和"重新检索"的按钮。此时可在输入框中重新填入检索词,若点击"在结果中检索"(或"二次检索")按钮,则在输入框中重新填入的检索词与原来的检索式保持相"与"的逻辑运算关系,因而可用于缩检。如果要进行扩检或换检,则应重新构建和输入新的检索式,然后点击"重新检索"按钮重新进行检索。

检索策略调整是一项灵活机智的脑力活动,下面结合实例提供一些思路供参考:

检索实例 1

若检索式:"船舶 and 箱体零件 and CAPP"的检索结果太少,可舍弃一些检索词。式中,CAPP(计算机辅助工艺规程设计)是主体概念,不能舍弃,而 CAPP 的具体实施主要与零件外形特征有关,因此"箱体零件"也不能舍弃,而"船舶"只是一种应用场合,船舶中的箱体零件与汽车中的箱体零件并没有本质上的差别,而且在文献中也不一定会出现"船舶"两字(也许这正是造成检索结果较少的原因),因此可以将它舍弃,最后只保留检索式:"箱体零件 and CAPP"即可。

检索实例 2

若检索式:"高速船舶 and 推进装置"的检索结果很少,可用下位扩展法添加逻辑相"或"的检索词扩展后再检,即修改检索式为:

$$(高速船\ or\ 高速艇\ or\ 水翼船\ or\ 气垫船)and\ 推进装置$$

检索实例 3

若检索式:"曲面 and 数控加工"的检索结果太多,可根据具体情况适当添加"凸轮"、"连杆"等检索词,限定其加工对象,进行缩检。例如,修改检索式为:"曲面 and 数控加工 and 凸轮",或"曲面 and 数控加工 and 连杆"。

检索实例 4

若检索式:"张力释放机构"检出很少,可将检索词"机构"转换为"装置"后再检。

检索实例 5

若检索课题"近 3 年国际××学术会议信息"使用检索词"近 3 年"检不出,可改为将检索年限限制在"2011-2013"后再检(假设今年是 2013 年)。

检索实例 6

若检索课题"面向制造业的非传统加工技术"检出很少,可将检索词"非传统加工技术"转换为"特种加工技术"后再检。

对检索结果进行细读,常能得到与检索课题相关的一些术语,可用来扩大检索词的选词范围,有时甚至还能得到意想不到的发现,例如发现有更恰当的分类号,可改用分类检索。

1.5　电子文献阅读

1.5.1　常用的电子文献阅读器

1. PDF 格式文件阅读器

常用的 PDF 格式文件(＊.pdf)阅读器有:Adobe Acrobat Reader(简称 Adobe Reader)和 Foxit Reader(福昕阅读器),前者功能完善,后者功能基本齐备,但占空间极小。

2. CAJ 格式文件阅读器

CAJ 格式文件(＊.caj、＊.nh、＊.kdh)阅读器名为 CAJ Viewer,用于 CNKI 检索系统。该阅读器也可打开 PDF 格式文件。

3. PDG 格式文件阅读器

PDG 格式文件(＊.pdg)阅读器 SSReader 用于超星数字图书馆。

4. Apabi 格式文件阅读器

Apabi 格式文件(＊.ceb、＊.cebx)阅读器 Apabi Reader 用于阿帕比数字图书馆。

1.5.2　将 PDF、CAJ 文件中的图形块转换为文本

PDF 或 CAJ 文件按照其创建过程可以分为以文本形式保存或以图片形式保存的两种保存格式。当单击"选择文本"按钮如 🔲 或 🔲 后在文字区域中拖动时,如果拖动区域反白,表示该区域是以文本形式保存的,复制出去后能够接受文字编辑;如果拖动区域不能反白,无法选择文本,则说明该区域是以图片形式保存的图形块,即使能复制出去粘贴,也不能进行编辑。当我们想引用某篇论文中的内容时,自然希望复制出去的内容能够进行编辑,这样就需要利用 OCR(光学字符识别)功能。幸运的是,CAJ Viewer 阅读器自带有 OCR 功能,当使用 CAJ Viewer 打开 CAJ 或 PDF 文件后,如发现用工具栏中的"选择文本"按钮 🔲 无法选择文本时,可改用"选择图像"按钮 🔲 在文中选择欲复制的文字,这时该文本区虽然没有反白,但只要继续点击"文字识别"按钮 🔲 ,就会立即打开"文字识别结果"对话框(如图 1－12),校核无误后,根据需要选择"复制到剪贴板"或"发送到 WPS/Word"即可。

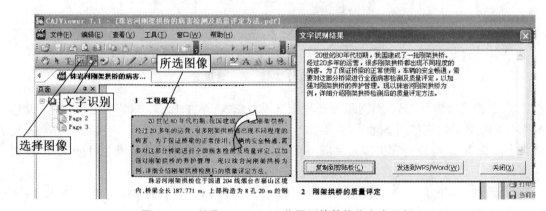

图 1－12　利用 CAJ Viewer 将图形块转换为文本示例

练习与思考 1

1. 某生的毕业设计课题是"船舶行业的电子采购研究",在开题调研时,用检索式"船舶行业 and 电子采购"在 CNKI 中文期刊数据库中进行检索,检出记录数仅为 1,请分析原因并设法解决之。

2. 根据图1-13所示的某检索系统输入表单的内容写出相应的检索式。字段限制符为（Search Terms）wn TI，（Search Terms）wn AB，（Search Terms）wn KW ……这样的格式。

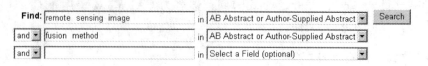

图 1-13　练习与思考 1 第 2 题用图

3. 根据图1-14所示的维普资讯《中文科技期刊数据库》（全文版）高级检索界面写出相应的检索式，并分析这样的输入有无问题？（提示：两个以上的输入行其运算规则是由上至下）

图 1-14　练习与思考 1 第 3 题用图

4. 根据图1-15所示的万方数据知识服务平台旧版经典检索界面写出相应的检索式，并分析其输入有无问题？（提示：万方旧版两个以上的输入行其运算规则是由上至下，行间逻辑运算关系为逻辑"与"）

标题	碳酸二甲酯
标题	制备 or 合成 or 生产
作者	沈超云

图 1-15　练习与思考 1 第 4 题用图

5. 由于氟里昂破坏臭氧层，对地球环境带来不良影响，早在1985年和1987年，24个发达国家就分别签署了限制使用氟里昂的《维也纳公约》和《蒙特利尔议定书》，请你编写一个有较高查全率的检索式，在题名和关键词字段中检索关于我国研究代替氟里昂制冷技术新进展的相关文献。（假设"题名和关键词"字段的前缀限制符为："M＝"）

6. 请下载一篇包含文字、图形或表格的 PDF 文档，并将文档中的文字以文本格式，将文档中的图形或表格以图片格式保存在 Word 文档中。

第 2 章　互联网信息资源搜索

The Knowledge is of two kinds: we know a subject ourselves, or we know where we can find information about it.

——Samuel Johnson

知识有两种,一种是你已经掌握的,另一种是你知道可以在哪里找到它。

——塞缪尔·约翰逊

2.1　网络信息搜索概述

互联网从产生之初应用于军事领域起,短短几十年中已发展成为人类最大的信息集散地,成为人们获取信息的主要渠道。

作为开启网络信息资源宝库的搜索引擎,伴随着网络信息资源的迅速壮大而不断地发展,取得了惊人的进步。首个真正意义的搜索引擎 Lycos 起家时,库容量不过区区 5 万网页,而如今几乎所有的搜索引擎,其处理的网页数量均以亿计。1998 年诞生的第二代搜索引擎 Google,就以庞大的几十亿网页索引数量及全面的搜索结果排序技术而成为搜索引擎的老大。近 20 年来,新的搜索引擎层出不穷,仅就中文搜索引擎,就百花纷呈,热闹非凡:2000 年,"天网"搜索引擎课题组成立,2001 年"百度"中文搜索引擎正式发布,2004 年搜狐推出"搜狗",2005 年新浪推出"爱问",2007 年网易推出"有道",其他还有慧聪国际集团的"中搜",腾讯集团的"搜搜",下载软件迅雷的"狗狗",就连 360 也推出了 360 搜索+(www.360sou.com)。

在搜索功能上,如今许多搜索引擎都既有目录服务频道,又有网页全文索引服务频道,此外还有新闻、图片、音乐、视频、地图等专业搜索功能频道。同时,搜索引擎也不甘心于仅在 3W 即万维网的范围内搜索,继 ftp 搜索引擎以后,印刷版的图书、期刊、专利、标准等文献资料也逐渐成为搜索引擎的搜索目标。在扩大搜索范围的同时,搜索引擎也在扩充其功能,许多综合性的搜索引擎都开发了翻译、计算器、单位换算、天气预报等实用工具。在搜索技术上,也从简单的关键词匹配,加入了相关检索、拼写纠错、多语言搜索、搜索结果聚类整合、用户参与咨询、采用自然语言的问答式搜索(百度知道 zhidao.baidu.com、谷歌问答 wenda.google.com.hk)等初步的人工智能元素。2011 年 10 月,慧聪国际集团对外宣布,称其已推出了第三代搜索引擎平台。

近 20 年来,网络用户的搜索技能也不断提高,上网搜索已成为网络用户解难释疑的自觉行为,因此,网络信息的一般搜索方法在此不再赘述。

2.2　网络信息高级搜索

2.2.1　搜索引擎的搜索语法

使用索引型搜索引擎时,一个重要的环节是如何清晰地描述你的检索需求。由于目前搜索引擎还不能很好地处理自然语言,因此,在输入查询词(即检索词)时,通常要借助运算符(operators)来描述查询词的属性,或是用运算符来规定两个查询词之间的关系,这种由查询词及运算符构成的人工语言叫做搜索语言(即检索语言),运算符及其使用规则叫做搜索语法(即检索语法)。常用搜索引擎百度、谷歌的搜索算符(即检索算符)见表 2-1 所示。

表 2-1　搜索引擎百度、谷歌的常用算符及用法举例

	算符名称	百度	谷歌	举　例
布尔逻辑检索	逻辑"与"算符	空格	空格	ship cad
	逻辑"或"算符	|	|　OR	Antennas|Aerials Antennas OR Aerials
	逻辑"非"算符	—	—	Energy －Nuclear
	强制搜索运算符	＋	＋	＋LA jobs
	英文同义词运算符		～	～auto
	数字区间运算符		..	笔记本电脑 报价 2000..3000
词组检索	词组/短语运算符	" "	" "	"Active Noise Control"
	作品名称运算符	《　》		《金陵十三钗》
范畴检索	标题范畴运算符	intitle:	intitle:	intitle:免费数据库
			allintitle:	allintitle:球面车床　回转工作台
	URL 范畴运算符	inurl:	inurl:	inurl:math
			allinurl:	allinurl:math edu
限制检索	网域限制运算符	site:	site:	李响 site:news. sina. com. cn
	文件类型限制算符	filetype:	filetype:	焊接机器人 filetype:pdf

2.2.2　常用搜索算符的深入解析

1. 布尔逻辑运算符

(1)逻辑"与"运算符

在搜索引擎中,逻辑"与"运算符 AND 一般均用空格代替,只在雅虎、AltaVista 等少数搜索引擎中仍同时保留 AND 的形式。

(2)逻辑"或"运算符

逻辑"或"运算符 OR 在个别搜索引擎(如谷歌、百度)中用竖线"\|"代替,但谷歌仍可同时使用 OR 的形式。雅虎、AltaVista 等搜索引擎中的逻辑"或"运算符仍使用 OR。

（3）逻辑"非"运算符

在搜索引擎中，逻辑"非"运算符 NOT 一般可用减号"－"代替，注意减号前需留空格，减号后则不能留空格。搜索引擎 AltaVista 的逻辑"非"运算符为 AND NOT。

（4）强制搜索运算符"＋"

谷歌、百度的强制搜索运算符"＋"其性质相当于逻辑"与"运算符，但主要用于常规下会被忽略而现在又需搜索的禁用词或标点符号。例如，想搜索美国洛杉矶地区的招聘信息，本来应该输入查询式"LA jobs"，但因为 LA 除了可代表洛杉矶地区外，它还是法语中的冠词，常规下会被忽略，故在谷歌和百度中提供了强制搜索算符"＋"，来强调该算符后面的查询词不能忽略，即应该输入"＋LA jobs"。

（5）英文同义词算符"～"

谷歌的同义词算符"～"是逻辑"或"的自动扩展，例如查询式"～auto recall"，等同于查询式"auto|automobile|car recall"。

（6）数字区间运算符".."

谷歌的数字区间运算符".."是逻辑"或"的另一种自动扩展，例如查询式为"报价 2000..3000"，等同于搜索在 2000 至 3000 数字区间中的任一报价。

（7）逻辑运算顺序

百度、谷歌、雅虎均优先进行"或"运算，故不再需要添加优先算符，即："Antennas|Aerials"和"Antennas OR Aerials"均等同于"（Antennas OR Aerials）"。

2. 词组/短语运算符

由于空格被默认为逻辑"与"算符，因此当输入的检索词为英文词组或短语时，检索词会在其空格处被自动拆分，如不许拆分，务必要添加成对的半角双引号" "，以标明其为词组或短语。例如，席琳·迪翁的圣诞歌中有一段歌词是"And so this is Xmas"，如果以此作为查询词来搜索时：

搜索：and so this is xmas	可获得	16 100 000 条结果
搜索："and so this is xmas"	可获得	216 000 条结果
搜索：celine dion "and so this is xmas"	可获得	16 000 条结果

利用英文版 Google 搜索词组或短语时，还可以插入通配符 ＊ 来代替一个不确定的单词，若输入几个 ＊ ，则可代替几个不确定的单词。例如在上例中，如果忘记了是 this，that 还是 it，则可用如下检索式：celine dion "and so ＊ is xmas"

中文网页虽然在字词中间没有空格，但是中文搜索引擎遇到长检索词时，也会主动地把长检索词拆分成几个短检索词，以获得更多的搜索结果，这种功能叫做模糊搜索，如果不许拆分，也可使用词组或短语算符，进行精确检索。

3. 标题范畴运算符

范畴的含义类似于文献数据库中的字段，但网页的标题（title）范畴只是网页超文本格式源文件中被＜title＞……＜/title＞标记包括起来的部分，也就是出现在 IE 浏览器标题栏中的文字，而并不一定就是网页正文的标题。标题范畴算符有"intitle:"和"allintitle:"两种前缀形式。

① "intitle："

前缀"intitle："只能限定其后紧跟的一个检索词。如果要限定两个以上的检索词,例如要搜索网页中同时含有"蛟龙号"和"马里亚纳海沟"时,就必须采用如下的检索式:

> intitle：蛟龙号 intitle：马里亚纳海沟　或　intitle：(蛟龙号 马里亚纳海沟)

② "allintitle："

前缀"allintitle："只能用在在谷歌中,它可以限定其后紧跟的所有检索词。例如,上例在谷歌中就可以使用检索式:

> allintitle：蛟龙号　马里亚纳海沟

4. URL 范畴运算符

URL 范畴运算符"inurl："用于在网页的 URL(即网址)中搜索该算符后面紧跟的那一个查询词,例如,"inurl：edu"用于查询美国各大学的网址,"inurl：edu. cn"用于查询中国各大学的网址。"allinurl："的使用规则与"allintitle："类似。

5. 网域限制运算符

网域(site 或 domain)是指具有同一域名的网页集合。使用网域限定符 site：可将搜索范围限制在某一个网域之内,以提高搜索的精度。在网域限制算符 site：后面只需指定域名,site：和域名之间不要留空格,不要带 http：//,也不要带分隔符/,域名可以只保留右起部分。例如:

➤ 搜索：姚明 site：www. sina. com. cn　　表示在域名为 www. sina. com. cn 的网域中搜索有关姚明的网页。

➤ 搜索：姚明 site：sina. com. cn　　　表示在所有以 sina. com. cn 为父域名的子域(即所有中国新浪网站,如 sports. sina. com. cn,nba. sports. sina. com. cn,2008. sina. com. cn,等等)中搜索有关姚明的网页。

➤ 搜索：姚明 site：com. cn　　　表示在所有以 com. cn 为父域名的子域(即中国商业网站)中搜索有关姚明的网页。

 小贴士

想去美国康奈尔大学留学吗?

你可以上 Google 搜索　　admissions site：cornell. edu
就可以知道有关的入学申请事项了。

6. 文件类型限制运算符

早期的搜索引擎只能搜索 html 超文本格式的网页,后来经过不断改进,现在已能搜索网页中的许多非 html 格式文件了,例如 Microsoft Office 的 DOC,RTF,XLS,PPT 文件,Adobe 的 PDF 文件,Shockwave Flash 的 SWF 文件,PostScript 的 PS 文件等,都可以识别,只要在查询式中加入文件类型限定符"filetype："及文件扩展名(如：doc,rtf,xls,ppt,pdf,swf,ps),就可以把搜索范围限定在该类格式的文件之中。注意：查询词和"filetype："之间必须留空格,"filetype:"和文件扩展名之间则不能留空格。例如：

　　搜索：人脸识别 filetype:pdf　　　表示搜索有关人脸识别的 pdf 格式文档。

2.2.3　网络信息高级搜索实例

　　检索实例 1　某焊接专业大三学生，被学习小组的同学推荐，在下周的讨论课上演示"弧焊电源"的教材内容，需搜索相关参考资料。

　　该同学的需求是为了准备讨论课的演示稿而搜索可供参考用的现有课件。一般而言，大学生对于如何制作课件并不很熟悉，因此，如果能搜索到现成的"弧焊电源"课件作为参考，就可大大提高效率。

　　(1) 析出关键词

　　弧焊电源（属于复合专业名词，不宜进一步切分）

　　(2) 构建查询式试检

　　filetype:ppt　弧焊电源

　　(3) 搜索

　　找到相关结果约 26 800 个，其中首页的第 7 条结果如图 2－1 所示。

图 2－1　"弧焊电源"试检结果片段

　　(4) 优化查询式并再次搜索

　　通过上步检索，所得结果虽然是 PPT 文档，但由于没有对检索结果出现的位置进行限定，也没有禁止拆解查询词，从而检出了正文中分散含有"弧焊"和"电源"的内容，而该同学所需的参考资料仍然淹没在 26 800 条结果中，因此需加限制条件，例如添加标题范畴算符和短语算符，优化后的检索式为：

$$\text{filetype:ppt intitle:"弧焊电源"}$$

　　优化后，检索结果降至 41 条，提高了检索精度，其中的片段如图 2－2 所示。

图 2－2　"弧焊电源"优化检索结果片段

检索实例 2　检索关于"主动噪声控制"的英文学位论文。

在西方发达国家发起的"开放存取活动"的推动下,世界上很多的著名大学和研究机构的学位论文均通过互联网向网络用户提供免费使用,这些学位论文可以通过多种渠道获取,本处通过 Google 检索。

(1) 析出检索词

主动噪声控制、学位论文

(2) 转换为检索系统所接受的英语检索词:

主动噪声控制→Active noise control

学位论文→Theses,Dissertations(为文献类型特征词,在检索式中加特征词,可提高检准率)

论文格式→pdf

(3) 构建检索式

filetype:PDF intitle:"Active noise control" Theses OR Dissertations

(4) 检索结果

所得检索结果共 25 条,前 2 条记录如图 2-3 所示:

[PDF] Multiple Reference Active Noise Control

scholar.lib.vt.edu/**theses**/available/etd-52597-0349/.../etdlast.PDF

文件格式: PDF/Adobe Acrobat

作者: Y Tu - 1997 - 被引用次数: 3 - 相关文章

Multiple Reference Active Noise Control by. Yifeng Tu. Thesis Submitted to the Faculty of the. Virginia Polytechnic Institute and State University in Partial ...

[PDF] Active Noise Control Using Glow Discharge Plasma Panels

ssl.mit.edu/publications/**theses**/SM-2001-MerchantChris.pdf - 翻译此页

文件格式: PDF/Adobe Acrobat - HTML 版

作者: CA Merchant - 2001 - 被引用次数: 2 - 相关文章

Active Noise Control Using Glow Discharge Plasma Panels by. Christopher Ali Merchant. B.S. Engineering Physics. University of Oklahoma, 1998. Submitted to ...

图 2-3　学位论文检索结果片段

在图 2-3 中通过单击"Multiple Reference Active Noise Control"或"Active Noise Control Using Glow Discharge Plasma Panels"等题名链接,均可打开并下载全文,图 2-4 所示为单击"Multiple Reference Active Noise Control"链接后所显示的 PDF 格式全文,该文共 108 页,通过单击翻页按钮即可逐页进行阅读。

Multiple Reference Active Noise Control

by

Yifeng Tu

Thesis Submitted to the Faculty of the
Virginia Polytechnic Institute and State University
in Partial fulfillment of the requirements for the degree of

MASTER OF SCIENCE
IN
MECHANICAL ENGINEERING

图 2-4　学位论文全文检索结果

 策略研究

利用谷歌中国查找 10 所中国台湾地区大学图书馆的网址

方案 1　搜索　台湾大学图书馆　　　　　　　　　　　获得 4 070 000 条结果

讨论：命中范围太大，应该加以改进。

方案 2　搜索　inurl：tw edu library OR lib　　　　获得 14 000 000 条结果

讨论：由于算符 inurl：只能作用于其后紧跟的一个查询词，故查询词 edu，library 和 lib 的位置实际上没受到限制，与方案 1 相比，命中范围更大。

方案 3　搜索　inurl：tw inurl：edu inurl：library OR inurl：lib　获得 7 700 000 条结果

讨论：此式构造合理，与方案 2 相比，命中范围显著缩小，但查询式构造复杂，不便操作。

方案 4　搜索　allinurl：tw edu library OR lib　　　获得 7 700 000 条结果

讨论：此式与上式属性相同，结果相同，但构造简洁。不过进一步推敲，此式虽限制了在 URL 中要出现 tw，但却无法限制 tw 在 URL 中的位置，而只有处在顶级域名位置的 tw 才能代表台湾地区，而处在域名中其他位置的 tw，也可能是大陆大学中的团委或其他机构，故此式仍需改进。

方案 5　搜索　allinurl：edu. tw library OR lib　　　获得 1 540 000 条结果

讨论：此方案将 tw 和 edu 捆绑为 edu. tw，故较方案 4 的搜索精度有显著提高，但命中范围还能不能进一步缩小呢？

方案 6　搜索　intitle：大学图书馆 inurl：edu. tw　　获得 741 000 条结果

讨论：方案 5 只是限制在 URL 中必须含有 library 或 lib，并不能限制网页的内容，故命中范围仍偏大，本方案改为在标题中搜索"大学图书馆"，可进一步缩小命中范围。

方案 7　搜索　intitle：大學圖書館 inurl：edu.tw　　获得 324 000 条结果

讨论：此方案在查询词中改用繁体，命中范围更为缩小，看来是最佳的搜索方案了，取其第 1~10 条搜索结果即可完成任务。

怎么样，你想不想如法炮制亲自体验一下呢？

2.3　网络学术文献搜索

2.3.1　谷歌学术搜索

2004 年 10 月 Google 启动了数字图书馆计划。该计划启动的初期，推出了 Google Print 图书搜索（books.google.com）和 Google Scholar 学术搜索（scholar.google.com）两项服务，2006 年 12 月 13 日又正式推出 Google Patent Search 专利搜索服务。Google Print 由于版权问题，引发了 Google 与多国出版界的对抗和诉讼，使上线初期野心勃勃的计划遇到了不小的挫折。专利搜索服务上线后，因为没有得到用户的积极响应，终在 2012 年上半年关闭，专利搜索内容被整合到 Google 的主搜索服务中。学术搜索则由于广泛的文献覆盖范围、方便的检索技术、不断改进的输出结果，受到越来越多科研人员的青睐，Google 学术搜索成为众多科研人员首选的检索工具。

1. 搜索范围

Google 学术搜索可检索文献的确切数量目前没有相关报道，Google 凭着无可匹敌的网页数据库以及和各大数据库生产厂商、专业学会等组织的强强联合，收录范围在强手如林的文献搜索引擎中名列前茅。它可以搜索的文献类型包括期刊论文、学位论文、图书、技术报告和美国专利等，搜索的数据库范围大致包括以下内容：

➢ Google 网页数据库中的文献；
➢ Google Print 中的图书；
➢ 网上开放存取学术资源数据库；
➢ 国内三大数据库生产商：CNKI、万方和维普等提供的文献资源；
➢ 国外著名全文数据库生产商提供的数据库：ScienceDirect，SpringerLink，IEEE Xplore Digital Library，Wiley Online Library 等书刊文献资源；
➢ Google 图书馆链接计划中的合作图书馆提供的学术资源数据库。

2. 搜索界面

Google 学术搜索的首页近期已改版，新的界面更加清新简洁，如图 2-5 所示。

图 2-5　Google 学术搜索首页

新版首页寥寥数字,字字珠玑,集成了学术搜索的基本搜索、高级搜索、功能设置和快讯服务。通过点击文本输入框中的"▼"箭头可弹出高级搜索界面(如图 2-6),在高级搜索输入框中,用户可以完成学术文献的精确搜索。

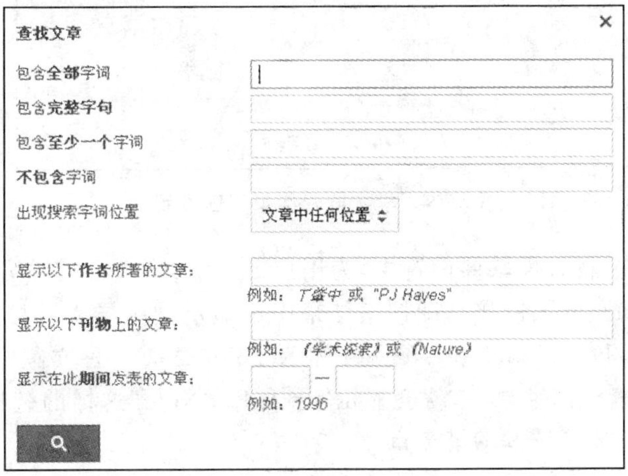

图 2-6　Google 高级学术搜索界面

点击图 2-5 右上角的"✉ 快讯"链接,可进入快讯设置界面,注册用户登录后,通过在快讯界面上添加所关注的某个主题、某个作者、某种期刊的动态信息后,系统就会随时自动搜索相关新记录,并发送到用户注册时所指定的邮箱中,如图 2-7~图 2-8 所示。图 2-7 为创建快讯的结果示例,所需的快讯服务为主题(intitle:"学科服务")和作者(黄如花)两项,图 2-8 为 2012 年 7 月 7 日上午收到的 Google 推送信息。

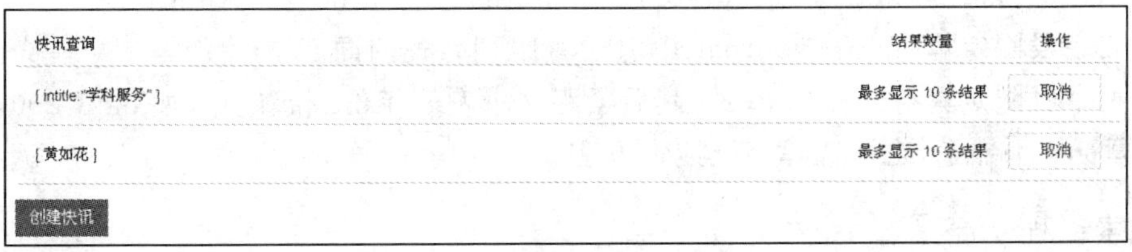

图 2-7　创建快讯结果示例

| | Google 学术搜索快讯 | » | 学术搜索快讯 - [黄如花] | 08:40 |
| | Google 学术搜索快讯 | » | 学术搜索快讯 - [intitle:"学科服务"] | 08:40 |

图 2-8　快讯邮件通知

点击图 2-5 右上角的"⚙设置",可打开搜索结果设置界面。和常规搜索设置不同的是,为顺应图情文献检索技术的潮流,该界面上,增加了"参考书目管理软件"的设置,如图 2-9 所示。

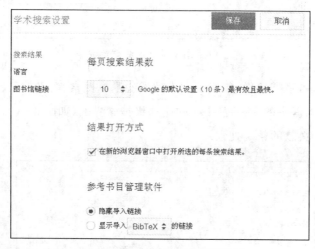

图 2-9　学术搜索结果页面设置

在图 2-9 的参考书目管理软件设置中,为用户提供了"隐藏导入链接"和"显示导入链接"两个单选项,默认为"隐藏导入链接",即搜索结果中不显示文献导入链接。若选择"显示导入链接",系统提供了 BibTex,EndNote,ReMan 和 RefWorks 等 4 种文献管理软件供选,例如,选中"EndNote",在搜索输出结果中,就会显示"导入 EndNote"这样的链接(如图 2-10)。有关文献管理软件的介绍请参见本书第 7 章。

3. 搜索方法

谷歌学术搜索的方法与一般搜索相同,但其功能有所增加,可在指定的文献字段中进行搜索,所用字段算符如下:

➤ 题名字段限定算符——"allintitle:",其后紧跟题名查询词。

➤ 作者字段限定算符——"author:",其后紧跟作者查询词。

例如,要查找 Donald E. Knuth(唐纳德・E. 克努特)撰写的文献,可以尝试输入如下查询词:author:"donald e knuth",或:author:"de knuth",或:author:"d knuth"。

➤ 刊名字段限定算符——"journal:",其后紧跟刊名查询词。

➤ 日期字段限定算符——"date:",其后紧跟文献发表年份或起讫年,如 date:2000-2010。
以上算符如不熟悉,也可选择高级搜索方法。

4. 搜索实例

例 1:搜索 2012 年有关"弧焊电源"的中文学术文献。

采用高级搜索方法,输入查询词"弧焊电源",选择"位于文章标题",发表期间为 2012,搜索结果为 15 篇,去掉包括专利和引用的勾号后,余下 14 篇,如图 2-10 所示。用户如有来源数据库的全文下载权限,就可根据搜索结果中的链接指引,直接进入相关数据库下载全文。

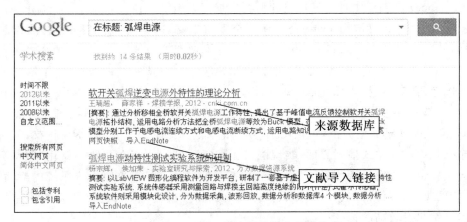

图 2-10　Google 中文学术搜索结果片段

例 2:搜索有关"GenSpace graphs"的外文学术文献。

检索式 allintitle:"GenSpace graphs",搜索结果共 5 条,如图 2-11 所示。

图 2-11 中的 5 条记录,从所提示的来源数据库可知,第 2 条来自于 Elsevier(ScienceDirect)数据库,第 3 条来自 SpringerLink 数据库,有权限的用户可点击标题链接,直接进入数据库下载全文,第 4 条记录点击右侧网址(uregina.ca)链接(或点击题名链接),可直接进入www2.cs.uregina.ca 网站,打开免费 PDF 全文,直接浏览或下载。

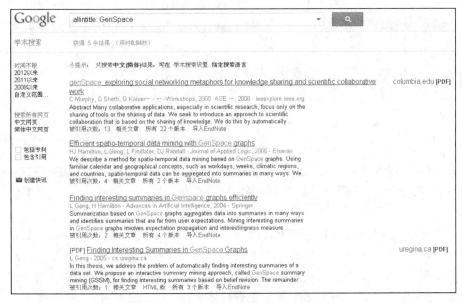

图 2-11　Google 外文学术搜索结果片段

结果中还提供了图情界非常关注的学术评价指标"被引用次数"(Cited by),并按此排序;此外,还提供有相关文章(Related articles)、所有版本(All versions)等链接,可供扩展检索之用。

2.3.2　Scirus

　　Scirus(www.scirus.com)是由著名的荷兰 Elsevier(中译名爱思唯尔)科学出版公司(Elsevier Science)2001 年 4 月 1 日推出的科技文献搜索引擎。在起始阶段仅涵盖 Elsevier 公司自己的信息数据库,随后,Elsevier 公司从两个渠道丰富 Scirus 的资源:一是搜索网络科技信息网页,截至 2012 年 7 月,Scirus 集成了 14 亿个科技信息网页;二是广泛地和提供科技文献信息的公司合作,邀请将其所有的数据库纳入 Scirus 可以搜索到的范围之内,目前 Scirus 可以搜索 38 个著名文献检索系统(详见 http://www.scirus.com/srsapp/aboutus/)的记录,从而使用户能够精确地找到普通搜索引擎找不到的免费或者访问受限的科学信息资源。

　　Scirus 覆盖的文献类型广泛,包括图书、期刊论文、预印本、科技报告、学位论文;为用户提供了 38 个数据库的一站式检索界面,实现网络文献资源检索和全文获取一体化(免费资源直接下载,付费资源通过密码认证后下载);Scirus 充分吸收了传统的文献检索系统的检索技术,可从出版物的类型、文件格式、检索时域、数据库范围和学科类型等多个角度对检索结果进行限定,使检索结果有较高的查准率。

2.3.3　SciVerse Scopus

　　SciVerse Scopus(www.scopus.com)检索系统(国内简称 Scopus)于 2004 年 11 月正式推出,是 Elsevier 公司开发的同行评审文献和高品质网络资源的文摘与引文数据库。该库涵盖来自 5 000 多家国际出版商超过 18 000 多种同行评审期刊的摘要和参考文献。系统提供单篇文献、来源出版物、作者、机构和主题等途径的智能化引文分析功能和图形化的显示方式,可为学术评价提供依据;系统对检索的结果还设置了多种输出格式,可以和流行的 RefWorks, EndNote 和 ProCite 等文献管理软件实现无缝链接;此外,还可为用户提供文献跟踪服务,因此,SciVerse Scopus 是集学术文献检索、全文浏览、管理、引文分析和跟踪于一体的新型检索系统。

2.4　网络参考信息资源

2.4.1　概述

　　参考资源(reference sources)起源于传统的供快速查找知识之用的参考工具书(reference books),包括词典(词汇)、手册(指南、大全)、名录(人名录、地名录、机构名录)、年鉴以及百科全书等。

　　在搜索引擎成功运作的启示下,网上逐渐出现了许多具有工具书功能的网站,如各种在线的词典网站、百科全书网站等。它们或是将工具书中的内容转换为数据库,或是自己动手搜集资料提炼成数据库,然后用类似于搜索引擎网站的界面供用户进行检索和阅读,事实上,有一些提供产品、公司信息的工具书网站更像是垂直搜索引擎(专业搜索引擎)。这种工具书网站虽然也可叫做网上工具书,但其实已经不再是书了,流行的称呼便是网络参考资源或网络参考源。

　　利用网络参考资源进行的检索叫做数据检索(Data Retrieval),其使用的数据库叫做数据型数据库,包括事实数据库(Factual Database)和数值数据库(Numerical Database)两类(或总称为事实数据库)。

2.4.2　常用中外网络参考资源

　　网络参考资源种类繁多,无法一一列举,下面只能略举数例,其中有的可以免费使用,有的则要付费成为合法的用户后,凭用户名和密码登录后使用,如果本校图书馆购买了数据库使用权,则只要在校园网内上网并点击图书馆提供的链接访问,就可自动登录自由访问。

　　各种网络参考资源的使用方法大同小异,一般都提供有类似于搜索引擎的全文搜索和目录搜索两种搜索方式,如在其主页上见有明显的搜索框,即可输入查询词进行全文搜索;如见有类似于搜索引擎的分类目录,则可层层点击通过浏览进行查询。有了搜索引擎的基础,用户应该可以自己揣摩了。

　　以下列举一些与产品信息或经济管理有关的网络参考资源网站:

1. MatWeb(网址 www.matweb.com)

　　MatWeb 全称为 The Online Materials Information Resource,是一家专门收集材料信息并供用户免费查阅的网站,目前数据库内已有各材料商提供的 78 000 种金属、塑料、陶瓷及复合材料的产品信息。打开其主页(如图 2-12)后,可进行三类搜索操作,即:

　　① Quantitative Searches(定量搜索)　可从物理性能、合金成分等途径搜索相关材料信息,或选择高级搜索(Advanced Search)方式进行搜索。

　　② Categorized Searches(目录搜索)　可从材料类型、制造商名称、商品名称、UNS 编号等途径搜索相关材料信息。

　　③ Text Search(文本搜索)　直接在搜索框中输入查询词搜索相关的材料信息。

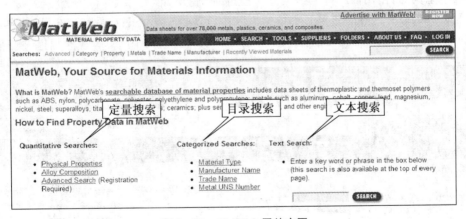

图 2-12　MatWeb 网站主页

2. IC MASTER(网址 www.icmaster.com)

　　IC MASTER 的前身为印刷版的 IC 元件指南,现为一家电子元件特性数据的免费搜索网站,数据库内已拥有 1.5 亿个有关半导体、无源或有源元件、光电子元件、电子机械元件及各种互连元件的产品信息,可按元件编号、元件参数、供应商等途径进行搜索,图 2-13 为其主页。

图 2 - 13   IC MASTER 网站主页

3. ThomasNet(网址 www. thomasnet. com)

ThomasNet 网站的前身是美国托马斯出版公司创建于 1898 年的托马斯北美制造商名录 (Thomas Register of American Manufacturers),2006 年以后印刷版名录停刊,改为可免费使用的 ThomasNet 网站,其主页如图 2 - 14 所示。该网站致力于工业产品制造商、销售商与买主之间的信息沟通,使用前最好点击主页右上角的"Sign Up"链接,进行免费注册,成为会员以后可享受更好的服务。在主页的顶部的检索区中,可选择 Product/Service(产品/服务),Company Name(公司名称),Brand(商标名),CAD Drawings(CAD 图纸)等检索频道进行搜索,必

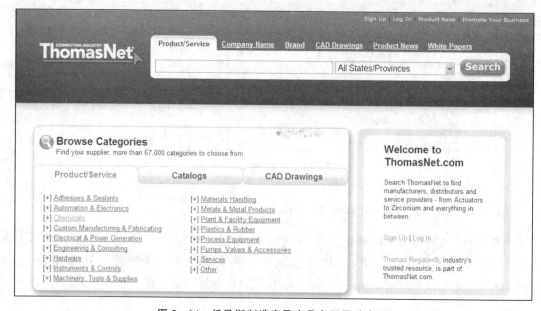

图 2 - 14   托马斯制造商及产品名册网站主页

要时还可在下拉菜单中限定制造商所在州名。此外,还可在"Browse Categories"(分类浏览)栏内,点击＋号,展开分类类目,层层浏览。

托马斯公司还建有全球工业产品制造商名录网站,网址为 www. solusource. com。

4. 全球产品样本数据库(网址 gpd. sunwayinfo. com. cn)

全球产品样本数据库(Global Product Database,简称 GPD)由科技部西南信息中心下属的重庆尚唯信息技术有限公司研制开发,是我国第一个上规模的、深度建设的产品样本数据库。其内容包括:企业信息、企业产品目录、产品一般性说明书、产品标准图片、产品技术资料、产品 CAD 设计图、产品视频/音频资料等。该库计划收录全球 10 万余家企业的产品样本数据,已收录 1 万余家企业 50 余万件产品样本,其中欧美企业产品样本达 35 万余件,世界工业500 强企业产品样本收全率达到 80％以上。图 2－15 为 GPD 网站首页。

图 2－15　全球产品样本数据库(GPD)网站首页

5. 国研网(网址 www. drcnet. com. cn)

国研网是国务院发展研究中心信息网的简称,创建于 1998 年 3 月,是中国著名的专业性经济信息服务平台。国研网全面汇集整合国内外经济金融领域的经济信息和研究成果,已建成:《国研视点》、《宏观经济》、《金融中国》、《国研数据》、《行业经济》、《企业胜经》、《区域经济》等十一个大型的事实或数值数据库,成为经济研究、管理决策过程中的重要辅助工具。

国研网采用付费会员制,合法用户登录后,点击主页(如图 2－16)导航栏中的"国研数据"频道,即可按照需要查询宏观经济、区域经济、金融、行业、工业统计等方面的数据。

图 2－16　国研网主页

6. 中国资讯行(网址 www. infobank. cn)

中国资讯行(China InfoBank)是香港专门收集、处理及传播中国商业信息的高科技企业，其中文数据库建于 1995 年，除香港本部站点外，还在北京设有镜像站点。北京镜像站点提供中国经济新闻库、中国商业报告库、中国统计数据库、中国企业产品库、中国大陆上市公司文献库、香港上市公司文献库、中国法律法规库、中国人物库等 14 种主要数据库的镜像服务。

中国资讯行数据库非常适合经济、工商管理、财经、金融、法律等专业使用，但属于收费数据库。国内部分高校已购买了该数据库的使用权，可通过校内图书馆主页上的链接进行访问。图 2－17 为其网站首页。

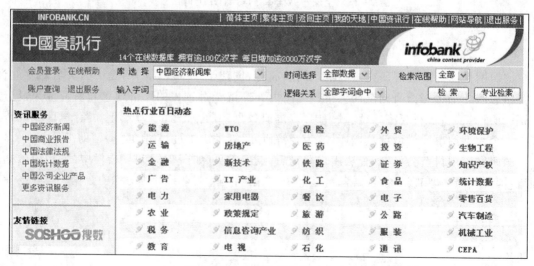

图 2－17　中国资讯行网站主页

2.4.3　产品信息搜索实例

1. 检索课题

某企业因发展需要,欲引入或自行开发太阳能光伏连接器,按照产品开发的一般程序,前期应对欲开发的产品进行调研论证,其中一个环节是搜集有关的产品信息。

2. 检索策略分析

产品信息搜索课题涉及几个方面的信息:目前的生产商和价格,产品外观信息,产品样本等。

关于产品的生产商和价格,获取的渠道较多。在电子商务已趋成熟的时代,商家为了推销自己的产品,大都会充分利用电子商务平台宣传自己的产品,如“世界工厂”、“环球经贸网”、“007商务站”等平台,通过这些平台均可搜索到“光伏连接器”的生产商和价格。

关于产品的外观信息,除在商务网站检索外,另一个比较直接的途径是在通用搜索引擎的图片子引擎中搜索,例如百度图片库、谷歌图片库等。

狭义的产品样本通常指产品宣传资料,广义的产品样本则内容比较广泛,包括:产品宣传资料、产品说明书、产品设计图纸、产品外观照片或图片、产品技术白皮书等。产品样本因从多个角度描述同一产品,故反映的科技信息较为详尽,对于产品开发来说,具有较大的参考价值,但产品样本信息搜集困难,公开免费网站上比较完整的产品样本信息非常有限,需寻求专业化产品数据库的支持,因此,有条件时,本题的产品样本信息可到收费网站“全球产品样本数据库”中进行试检。

3. 进行检索

在商务网站和百度图片库、谷歌图片库中的检索请有兴趣的读者自行完成,在“全球产品样本数据库”的检索界面及其结果如图2-18所示。

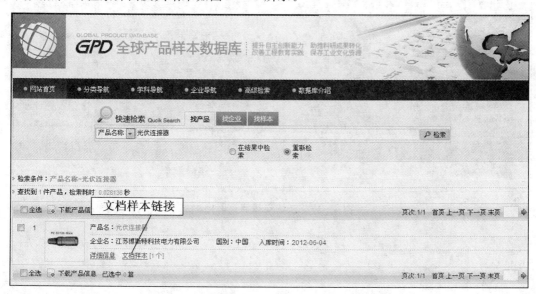

图 2 - 18　“光伏连接器”检索及结果界面

从图 2-18 可知检索到的"光伏连接器"记录 1 条,生产单位为"江苏博斯特科技电力有限公司",点击图中的"文档样本"链接,可得如图 2-19 所示的样本信息。从图 2-19 中可见,产品样本中包含了独特的光伏连接器外观图、产品尺寸和技术参数等信息,为产品开发提供了重要参考。

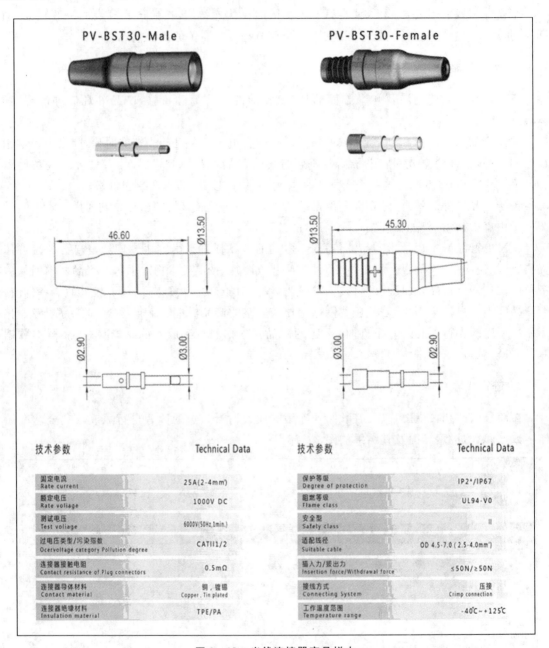

图 2-19   光伏连接器产品样本

2.5　网络个性化信息平台

2.5.1　概述

　　搜索引擎经过近 20 年的发展,已悄然从广泛搜索的时代进入个性化搜索和主动发现的时代。例如百度、360 浏览器等网站都可接受用户定制(或自动生成),将经常访问的网站地址或服务项目置于首页之上,从而可为用户打造一个快速便捷的信息平台(即用户个性化首页)。

　　百度为顺应搜索技术的发展潮流,多年来秉持"一人一世界"的发展理念,致力于打造面向用户的个性化服务平台。在 2009 年 10 月 30 日,即推出了百度个性化首页(my. baidu. com)正式版,2011 年 9 月 7 日,百度世界 2011 大会上,百度 CEO 李彦宏隆重发布了百度新首页。随着百度新首页(www. baidu. com)的发布,my. baidu. com 停止服务。新首页除集成了 my. baidu. com 中的个性化服务内容外,还增加了智能推荐等服务,即基于用户行为、兴趣建模,通过算法和数据分析,准确识别用户需求,向用户智能推荐相关网站,李彦宏将此项技术称为百度首页"迄今为止最重大的改变、最重要的创新"。

2.5.2　百度个性化首页的创建

　　欲在百度建立个性化信息平台需先进行注册(免费)。注册用户登录后,在百度首页右上角会出现用户名,鼠标指向用户名即会出现下拉菜单,点击下拉菜单中的"首页设置"链接,即可打开如图 2-20 所示的设置界面。

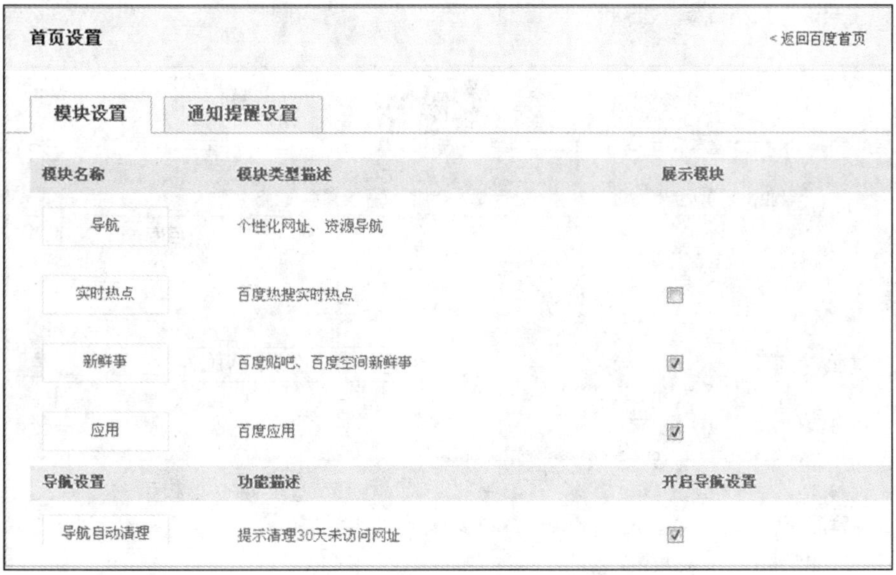

图 2-20　百度首页设置

首页设置包含"模块设置"和"通知提醒设置"两张选项卡。

1. 模块设置

包括导航、实时热点、新鲜事和应用等四个分模块,后三个模块用户可以根据需要勾选,第一个导航模块的内容则从以下三种途径添加：

① 百度主动添加　百度记忆用户的搜索状态，将用户经常登录的网站自动添加在导航栏中。

② 百度预置内容　点击百度首页"＋添加"按钮进入，百度预置内容包括常用网站网址、影视、音乐、小说和游戏等，用户可在预置的内容中勾选。

③ 自定义添加　用户可根据自己的需要，将自己的各类常用网站加入导航模块。方法是在百度预置内容页面中，点击"自定义添加"链接，在打开的输入框中输入网站名称和网址。

2. 通知提醒设置

此模块中的内容具有交互特性和动态特征，设置后，百度会随时检测用户设置的服务是否有新的信息，并及时将新的信息通知用户。设置方法如下：

点击图 2-20 中的"通知提醒设置"选项卡，打开相关的设置页面，该页面的通知信息包括百度贴吧、百度空间、百度消息和百度知道等产品。还有大众用户关注度较高的新浪微博、人人网、163 邮箱、126 邮箱等 26 个第三方网站，用户可根据需要设置需要提醒的服务，设置后系统将需要提醒的服务显示在导航栏中，用户可在导航栏查看是否有新的信息，例如在图 2-21 中，图标 126邮箱3 通知用户在 126 邮箱中有 3 个新邮件。

通过简单设置后，用户即可在一个页面上集中管理自己的信息，进行资讯浏览、网络办公及娱乐休闲等活动。无论用户在哪台终端计算机上网，都可以用百度个性化首页作为上网入口，无需键入网址，不会因为更换上网场所，致使捆绑在某台计算机"收藏夹"中的网址无法使用，也不会因为记录在浏览器地址栏中的网址因清除历史记录而消失，为上网用户带来很多方便。

图 2-21　百度个性化首页设置结果实例

练习与思考 2

1. 构造一个检索式,使之能够检出 10 所美国的大学图书馆的网址。

2. 互联网信息资源庞杂海量,请问采取何种策略可以比较准确地通过搜索引擎在互联网上搜索到学术论文。

3. 国际会议是工程技术人员了解本专业发展动向的重要渠道,某工程师欲了解近两年将在何时、何地召开有关工业工程的学术会议的信息,请你:

① 制订利用搜索引擎检索的策略;

② 将检索策略中的某个检索式进行相应转换,并填入图 2-22 所示的检索表单中:

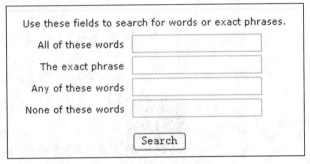

图 2-22　练习与思考 2 第 4 题用图

4. 美国无人自主潜水器(Autonomous Underwater Vehicle,缩写 AUV)技术全球领先,曾在伊拉克战争中,用"超级海盗"遥控潜水器对可疑目标进行识别,并在波斯湾清除了 50 多个锚雷。2012 年 7 月 14 日,美国媒体报道:海军正将数十艘无人(自主)潜水器派往波斯湾,帮助发现并摧毁水雷。请制定跟踪美国 Autonomous Underwater Vehicle 发展的策略,并实施之。

5. 百度个性化首页为网络用户建立个人上网门户提供了简易操作平台,请试建立之。

第3章 国内文献信息检索系统

如果说我看得更远,那是因为我站在巨人的肩膀上。

——艾萨克·牛顿

3.1 读秀学术搜索

扫码可见本章检索示例

3.1.1 读秀系统概述

随着数字图书馆的兴起,数字图书搜索引擎也应运而生,"读秀学术搜索"(简称"读秀")就是由北京超星信息技术公司开发和维护的一家数字图书搜索引擎,它以超星数字图书馆为依托,再加上与 CNKI、万方、ScienceDirect 等全文检索系统的合作,已成为集中外图书、期刊、报纸、学位论文、会议论文等学术文献资源信息为一体的大型学术搜索引擎。

读秀主站网址为 http://www.duxiu.com,凡是由学校购买了使用权的高校师生,可在校园网上网,点击图书馆主页数字资源中的"读秀"链接,即可凭 IP 地址自动登录,免费访问。

读秀首页如图 3-1 所示,选择好搜索频道后,即可以用书名或图书页面中的字词为检索词,并使用逻辑检索算符 AND、OR 和 NOT(AND 可用空格代)。读秀采用全文词索引,默认模糊匹配(检索词可拆分),如需精确匹配,可在检索词前后添加半角双引号。

图 3-1 读秀学术搜索主页

3.1.2　读秀知识搜索

　　读秀知识搜索即图书全文搜索。选择知识搜索频道，以所找知识的关键词语为检索词，搜出书中出现这些知识点的所在位置，阅读后即可获取所需知识。例如，欲获取如何利用神经网络进行智能诊断的知识，可用神经网络和智能诊断为检索词，检索结果如图3-2所示。点击链接"阅读"，可打开书中部分章节在线阅读；点击 PDF下载 按钮，则可下载书中部分文字内容（PDF格式）。

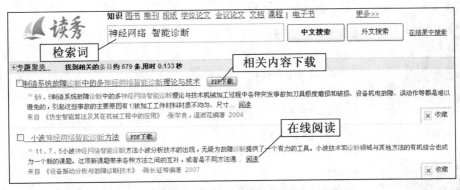

图3-2　读秀知识搜索结果页

3.1.3　读秀图书搜索

　　选择图书搜索频道，可在书名字段、作者字段、主题词字段或全部字段中搜索整本图书，其搜索结果页如图3-3所示。

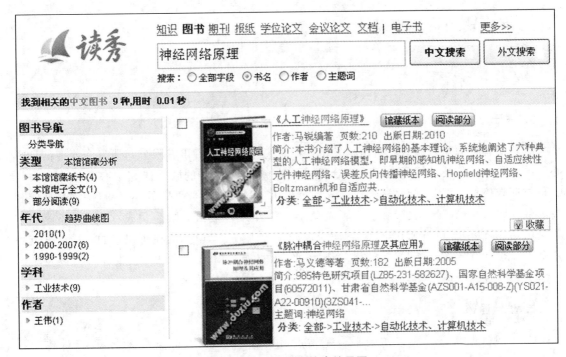

图3-3　读秀图书搜索结果页

若图书搜索结果页上有 〔馆藏纸本〕 按钮,表示本校图书馆收藏有该书,点击按钮会显示该书的索书号及借阅信息。若见有 〔阅读部分〕 按钮,则可在线阅读起始部分内容。若见有〔包库全文〕 或 〔图书下载〕 按钮,则包库单位用户可在线阅读全文或下载。此外,还可点击书名链接,打开如图 3 - 4 所示的图书详细信息页,点击 〔图书馆文献传递〕 按钮,并在文献传递申请单中,填写申请传递的起讫页码(每次不得超过 50 页)和用户的 E-mail 邮箱地址,即会由图书馆参考咨询中心通过 E-mail 快速准确地将所需要的资料免费发送到用户的邮箱。

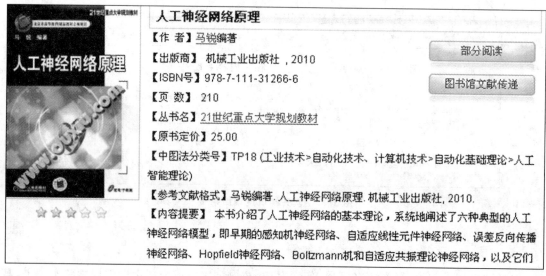

图 3 - 4　读秀图书搜索详细信息页

3.2　维普期刊资源整合服务平台

3.2.1　维普系统概述

1. 关于维普

维普期刊资源整合服务平台由科技部西南信息中心维普资讯有限公司研发。西南信息中心的前身是中国科技情报研究所重庆分所,从 1989 年起,该所的数据研究中心就致力于中外文科技期刊信息数据库的开发研究,并先后推出中文科技期刊数据库的题录版(中文科技期刊篇名数据库)、文摘版、全文版和引文版光盘。1993 年维普资讯有限公司成立,2000 年建立维普资讯网,提供中文科技期刊全文数据库的网上检索服务。其后,又在所积累的海量文献资源基础上,于 2010 年推出了期刊资源整合服务平台,将期刊检索、引文检索、指标分析以及学术搜索引擎整合为一体。

2. 访问通道

① 公网注册用户　直接访问平台主站点(lib. cqvip. com),可免费检索题录,付费下载全文。

② 校园网用户　在校园网上机,点击图书馆主页上的维普数字资源链接进入镜像站,凭主机 IP 地址登录,可免费检索和下载全文。

③ 国家图书馆实名制注册用户　登录国家图书馆网站,以国家图书馆读者身份访问维普,可免费检索和下载全文(详见本书第 6 章)。

3. 资源概况

主要为中文科技期刊,前后已收录 1989 年以来(个别期刊已回溯到 1955 年)的中文期刊 12 000 余种,文献总量 3 000 余万篇,学科范围囊括自然科学、工程技术、农业科学、医药卫生、经济管理、教育科学及图书情报等,部分涉及社会科学。

4. 服务平台

维普期刊资源整合服务平台由期刊文献检索、文献引证追踪、科学指标分析及搜索引擎服务 4 个平台组成,首页默认打开的是期刊文献检索平台的基本检索方式。

3.2.2　维普检索方式(如图 3 - 5)

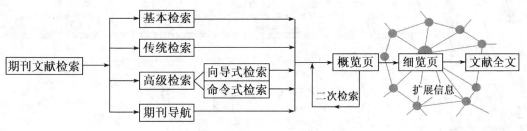

图 3 - 5　维普期刊检索方式及流程

1. 基本检索方式

维普期刊资源整合服务平台首页上的检索界面即为基本检索方式(如图 3 - 6)。

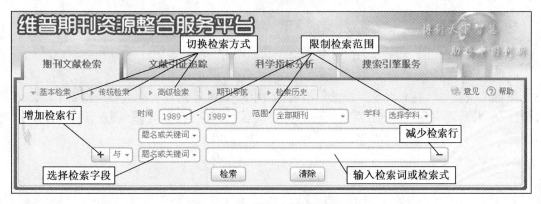

图 3 - 6　维普期刊基本检索方式

2. 传统检索方式

传统检索方式的检索界面分为检索、导航、概览及细览四个区(如图 3 - 7),且这四个区均位于同一个页面之中,便于上下对照,不需频繁翻页。

①检索区　位于顶部,只有一个检索行,故只能进行单字段检索。检索行上部的"同义词"复选框供扩展检索词用,"同名作者"复选框供筛选同名作者用,一旦勾选,则当输入检索词并点击检索按钮后,就会弹出对话框,供用户选用。检索行中的"检索入口"下拉菜单供选择检索字段用,其余控件与基本检索类似。

②导航区　位于左侧,可用来限定检索范围。

③概览区　位于右侧上部,在此区列表显示检中文献的简单信息(题录)。

④细览区　位于右侧下部,点击概览区文献题名后,在此处会显示详细信息(文摘)。

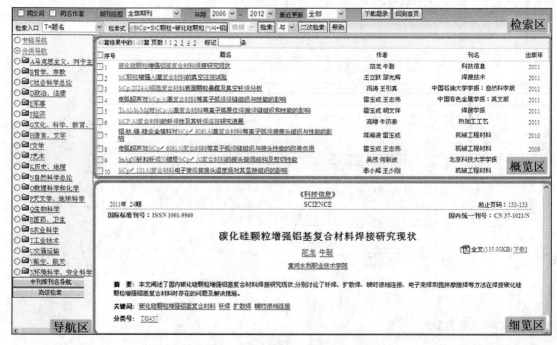

图 3-7　维普期刊传统检索方式

3. 高级检索方式

高级检索界面由上至下分为向导式和命令式两个分界面。

(1)向导式检索分界面

向导式(表单式)界面由 5 个检索行组成,如图 3-8 所示。每个检索行的检索字段都可自由选择,根据所选字段的属性,在检索行右侧还会提供同义词、同名作者、查看分类表等扩展功能。

图 3 - 8　维普期刊高级检索的向导方式

在表单下方可添加文献发表时间、专业范围和期刊范围等限制条件。在期刊范围限制条件中可选择核心期刊或被著名数据库收录的高学术性期刊,其中:

- EI——美国工程索引(Engineering Index);
- SCI——美国科学引文索引(Science Citation Index);
- CA——美国化学文摘(Chemical Abstracts);
- CSCD——中国科学引文数据库(Chinese Science Citation Database);
- CSSCI——中文社会科学引文索引(Chinese Social Sciences Citation Index)。

 小贴士

什么是核心期刊?

　　核心期刊的概念由英国文献计量学家 S.C. 布拉德福于 1934 年提出。其含义是:"针对某一学科主题,若将期刊按其刊载该学科的论文数量,以递减顺序排列,则可划分出一个高载文量的核心区和与核心区载文量相等的随后几个区,且核心区与相继各区的期刊数量成 $1:n:n^2:\cdots$ 的关系。"换句话说,人们只要获取少量的核心期刊,即可获取大量的专业论文,因此核心期刊是科技人员进行文献跟踪的最佳选择。我国对核心期刊的评定工作现已列入国家社会科学基金项目,具体由北京大学图书馆等单位主持,一般每四年进行一次评定,并出版《中文核心期刊要目总览》和《国外科学技术核心期刊总览》两书,《总览》中的核心期刊表可在网上搜索下载。

(2) 命令式检索分界面

检索命令即检索表达式,其界面如图 3 - 9 所示,适用于对维普检索语法比较熟悉的用户。

图 3 - 9　维普期刊高级检索的命令方式

4. 期刊导航方式

维普期刊导航(如图 3 - 10)可通过期刊名或 ISSN 号码检索整本期刊,或是利用刊名字顺导航、期刊学科分类导航、核心期刊导航等工具,定位到某一期刊,然后即可按期次查看刊内的收录文章,或是查看期刊评价报告,获得期刊影响因子等多个指标的详细统计,以助于选择阅读对象。

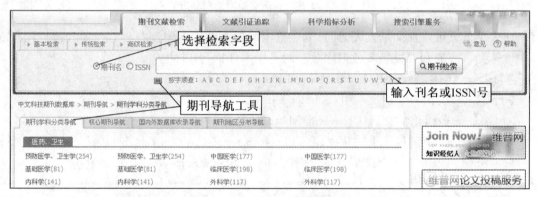

图 3 - 10　维普期刊导航方式

 小贴士

什么是期刊影响因子?

期刊影响因子(impact factor)是在 20 世纪 60 年代,由美国情报学家加菲尔德提出的一种评价期刊学术地位的指标。其值为:某刊前两年发文在统计当年的被引用总次数除以该刊前两年的发文量。影响因子大于 1.105 的为高因子类期刊,影响因子在 1.105 到 0.422 的为中因子类期刊,影响因子小于 0.422 的为低因子类期刊。

3.2.3　维普检索语法

维普采用全文检索技术,支持字段检索和逻辑检索,但不支持词位检索。

1. 字段限定算符

维普支持字段检索技术,字段算符格式为:"字段代码＝",后面紧跟检索词,例如"t＝雷达"，各字段的代码可在表单式检索界面中点击检索字段下拉菜单查询。代码字母大小写均可，等号"＝"的前后不留空格。如果缺少字段算符，系统默认为 m＝，即在题名或关键词字段中搜索。

2. 精确匹配算符

维普采用中文全文字索引，默认模糊匹配，其含义是检索结果中含有检索词，而对于由字母、数字组成的分类号字段，模糊匹配就相当于词尾无限截词了。而关键词、刊名、作者、第一作者及分类号这 5 个字段还建有整字段索引，故除了模糊匹配以外，还可以选择精确匹配模式（检索结果等同于检索词），精确匹配算符为半角方括号，例如：

> 检索词：k＝雷达　　为模糊检索，表示欲检索关键词中含有"雷达"的记录
>
> 检索词：k＝［雷达］　为精确检索，表示欲检索关键词为"雷达"的记录
>
> 检索词：C＝tg2　　为模糊检索，表示欲检索分类号为 TG2 及其全部下位类的记录
>
> 检索词：C＝［tg2］　为精确检索，表示欲检索分类号为 TG2 的记录

如有"模糊/精确"匹配下拉菜单，选择精确匹配后就不再需要添加精确匹配算符。

3. 布尔逻辑算符

维普资讯使用半角的"＊"、"＋"和"－"代表"AND"、"OR"和"NOT"三种逻辑运算，在"＊"、"＋"和"－"的前后都不能留空格。例如：T＝敏捷制造＋T＝敏捷供应链，表示检索题名中含有"敏捷制造"或含有"敏捷供应链"的记录。相同检索项可合并，例如上式亦可写成：T＝（敏捷制造＋敏捷供应链），但不能写成：T＝敏捷制造＋敏捷供应链，因为这样写的含义将是：T＝敏捷制造＋M＝敏捷供应链。

如果检索词中含有"＊"、"＋"和"－"这类符号，可以添加半角双引号使之作为词组处理。例如，欲搜索C++编程语言，可输入"C++"。欲在题名中搜索绿色水基切削液添加剂 N －酰基苯丙氨酸合成方法的文献，可输入检索式：T＝（"N －酰基苯丙氨酸"＊合成）。

维普用半角圆括号来表示优先运算。而在检索表单中，由于维普检索表单的逻辑运算顺序为先行内后行间，相当于行内已添加了半角圆括号优先算符，故不再需要添加括号了。

3.2.4　维普期刊文献检索实例

现以一个实例来说明维普期刊文献检索的方法。

1. 检索课题

国内关于 SiC 颗粒增强铝基复合材料连接方法的研究现状。

2. 检索策略

➢ 此课题属于调研性质，应在查准的基础上，尽量扩展检索词，力求查全。

➢ 铝基复合材料中的增强相 SiC 有颗粒状和晶须（纤维）状两种形态，为了查准，应保留"颗粒"作为检索词。从工业术语中还知道"碳化硅颗粒"的符号可表示为"SiCp"（p 表示 particle 颗粒之意），故为了查全，宜并用"碳化硅颗粒"、"SiC 颗粒"和"SiCp"三个检索词。

➢ 在科技文献的行文中，"铝基"也常常直接用"Al"来表示，为了查全，可将铝基复合材料

分解为：“铝基”或“Al”，以及“复合材料”三个检索词。

➤ 复合材料的连接方法主要是焊接，已知的就有电弧焊、氩弧焊、等离子弧焊、等离子弧原位焊、闪光对焊、电子束焊、激光焊、钎焊、扩散焊、储能焊等多种方法，而具体到一篇论文，则可能只涉及其中一种方法，故为了查全，应尽量将所有相关的词语都选上。

➤ SiC 颗粒起的就是增强作用，选了“SiC 颗粒”就无需再选“增强”作为检索词了。同样，“研究”是泛义词，无需用作检索词。“现状”在文献标题中不一定会出现，只要把检索年限限制在近五六年（例如 2007-2013）就可以了。

➤ 为了查准，可选择最专指的题名字段为检索字段。

➤ 初拟检索式为：

T＝(SiCp＋SiC 颗粒＋碳化硅颗粒) * T＝(Al＋铝基) * T＝复合材料 * T＝(连接＋焊接＋电弧焊＋氩弧焊＋等离子弧焊＋等离子弧原位焊＋闪光对焊＋电子束焊＋激光焊＋钎焊＋扩散焊＋储能焊)

➤ 逻辑算符太多容易出错，故应简化检索式。鉴于维普采用全文字索引，允许用单汉字“焊”来代替众多带焊的检索词，可将检索式简化为：

T＝(SiCp＋SiC 颗粒＋碳化硅颗粒) * T＝(Al＋铝基) * T＝复合材料 * T＝(连接＋焊)①

或：T＝((SiCp＋SiC 颗粒＋碳化硅颗粒) * (Al＋铝基) * 复合材料 * (连接＋焊))　　②

3. 实施检索

在高级检索的命令式界面中输入检索式①或②，或者在向导式界面中，选择 4 个题名检索行，分别输入式①中的 4 个检索项，执行检索以后，共检出相关文献 130 篇，如图 3-11 检索结果概览页所示。

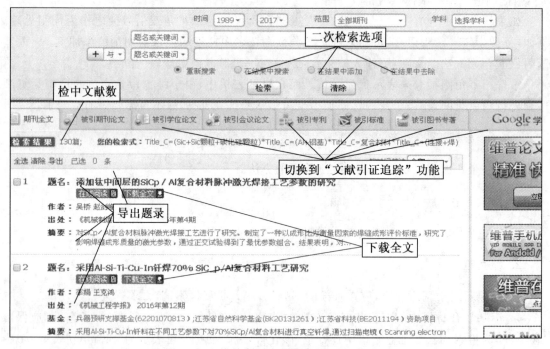

图 3-11　维普期刊文献检索结果（概览页）

4. 后续处理

（1）概览页

在概览页（题录页）上可进行导出题录、下载全文、二次检索等操作，还可切换到被引期刊论文、被引学位论文等文献引证追踪功能；导出的题录可以选择纯文本、参考文献或 NoteExpress 等文件格式保存为文件。

（2）细览页

在概览页中点击文献题名，即可打开该文细览页（文摘页），如图 3－12 所示。细览页不仅提供文献的详细信息，还可进行：全文下载、知识扩展（点击细览页中的作者、关键词、分类号等蓝色链接）、文献引证追踪（点击本文的参考文献题名、引证文献题名或相似文献题名等蓝色链接）、科学指标分析（点击本学科高影响力作者、高影响力机构、高影响力期刊或高被引论文等按钮）。

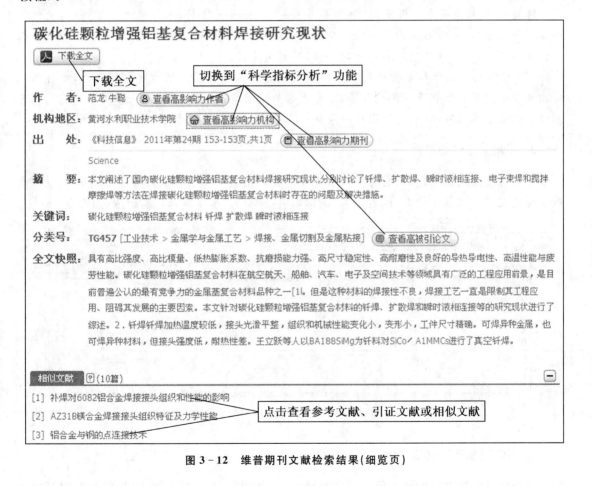

图 3－12　维普期刊文献检索结果（细览页）

3.2.5　维普文献引证追踪

1. 文献引证基本术语

① 当前文献　指当前正在进行引文分析的对象文献。

② 参考文献　指当前文献作者在撰写论文时所引用或参考的,并在文末参考文献表中列出的文献,它反映了当前文献作者研究工作的背景和依据。

③ 二级参考文献　指参考文献的参考文献,可进一步反映当前文献作者研究工作的背景和依据。

④ 引证文献　指引用当前文献来作为佐证的文献,它反映了当前文献作者研究工作的继续、应用、发展或评论。

⑤ 二级引证文献　指引证文献的引证文献,可进一步反映当前文献作者研究工作的继续、应用、发展或评论。

⑥ 被引文献　即被引证文献所引用的参考文献,通俗地说即被他人引用的文献。

⑦ 被引量　即被他人引用的次数,每年达到的被引量又叫做被引频次。

⑧ 同被引文献　指被同一篇引证文献所引用的两篇(或几篇)参考文献。

⑨ 耦合文献　指共同引证同一篇参考文献的两篇(或几篇)引证文献。

注意:(1)从当前文献出发,检索其参考文献、二级参考文献、三级参考文献……,就叫做回溯性引文分析,或叫做回向追踪。而从当前文献出发,检索其引证文献、二级引证文献、三级引证文献……,就叫做展望性引文分析,或叫做前向追踪。

(2)同被引与耦合都是指两篇(或几篇)文献通过另外一篇文献所建立的联系,都可以反映出文献之间的联系程度和结构关系,在引文分析中经常使用,以寻求进一步开展研究的工作基础。但由于术语不统一,同被引文献与耦合文献在不同的书刊中可能都被叫做共引文献。

2. 文献引证追踪平台

要进行文献引证追踪(引文分析),首先要搜集一批被引量大的高质量文献,所以,维普文献引证追踪平台由基本检索、作者索引、机构索引及期刊索引4张选项卡组成(如图3-13)。

图3-13　维普文献引证追踪平台

3. 引证追踪基本检索实例

维普文献引证追踪的基本检索方式与期刊文献检索的基本检索方式界面相同,但是所得检索结果却是依被引量的高低排序的,以便于发现高影响力的论文,展开引证追踪工作。图3-14为在题名或关键词字段中检索复合材料所得的结果(概览页),利用该结果可做的工作如图3-14中的标注所示。

		题名	作者	年代	出处	被引量
☐	1	开发成功高性能聚酰亚胺树脂　显示文摘▼	无	2006	粘接2006，27，2：20-20	0
☐	2	树脂基复合材料及其在汽车冲模上的应用　显示文摘▼	苏文斌	1999	客车技术与研究1999，21，2：21-23	0
☐	3	碳纤维复合材料制备及其乙苯氧化脱氢性能　显示文摘▼	袁华 刘洪阳 刁江勇 谷献模 苏党生	2013	新型炭材料2013，28，5：336-341	0
☐	4	2种C／C材料高温熔渗制备C／C-SiC-ZrC复合材料的显微组织　显示文摘▼	房啸 苏哲安 黄启忠 杨鑫	2013	粉末冶金材料科学与工程2013，18，6：899-905	0
☐	5	中空玻璃微珠改性PP泡沫复合材料的发泡效果和力学性能　显示文摘▼	李少华	2014	机械工程材料2014，38，1：42-46	0
☐	6	风电叶片用创新材料纵览　显示文摘▼	朱金凤	2011	电气制造2011，，7：38-39	0

检索结果 58579篇 您的检索式：题名或关键词=复合材料

对其他类型的有价值文献做析出
对勾选文献做引证追踪
打开细览页

图 3-14　维普文献引证追踪基本检索结果（概览页）

4．引证追踪作者检索实例

使用作者索引进行检索，可获得该作者按被引量高低排序的发文情况，便于学术追踪和学术评价之用。图 3-15 为在作者索引中检索江苏科技大学某老师所得的简单信息，在图中点击 **引用追踪** 图标，则可获得如图 3-16 所示的引用追踪信息。点击 **查看H指数图** 图标，可查看该作者的 H 指数。

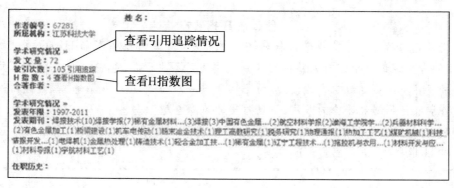

图 3-15　维普文献引证追踪作者检索所得的简单信息

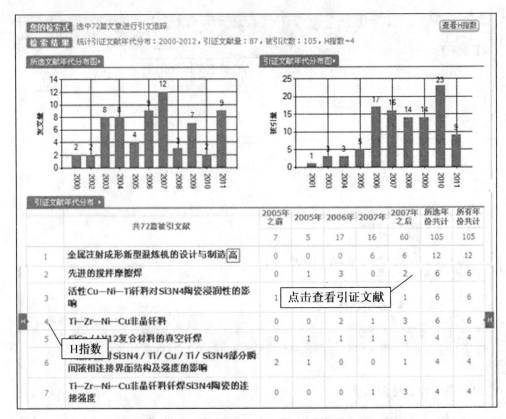

图 3-16   维普文献引证追踪作者检索所得的引用追踪信息

 小贴士

什么是 H 指数?

H 指数是一项用于评价科学家科研绩效的指标,由美国物理学家 Hirsch 在 2005 年提出,H 的含义是该科学家有 h 篇论文分别被引用了不少于 h 次。由于 H 指数可反映出该科学家拥有多少篇有影响力的论文,而不在乎其一共发表了多少篇论文,因此,用 H 指数进行科学家科研绩效评价的做法,一旦推出即风靡全球。

目前,通过维普期刊文献整合服务平台、万方数据知识服务平台或 CNKI 均可查得我国学者的 H 指数。

3.2.6   维普科学指标分析

1. 科学指标分析概述

维普的"科学指标分析"模块可向用户主动揭示近 200 个细分学科的研究发展趋势内容和有关研究绩效的分析数据,提供学者、机构、地区、期刊、学科排名、学科基线、研究前沿、高被引论文、热点论文等多个指标项的查询。图 3-17 为科学指标分析平台的工作界面,点击相应的图标即可打开相关指标项进行查询与浏览。

图 3 - 17　维普科学指标分析平台工作界面

2. 机构科学指标分析实例

在科学指标分析平台的工作界面中点击"机构"图标,即可打开如图 3 - 18 所示的机构科学指标分析界面,只要输入检索词(如某大学名称),点击 査看 按钮,即可得到如图 3 - 19 所示的结果。

图 3 - 18　机构科学指标分析界面

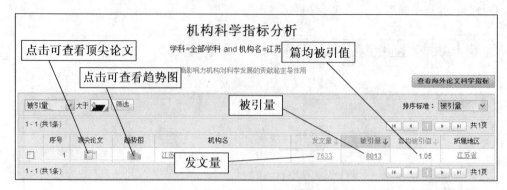

图 3-19　某大学科学指标分析的结果

在图 3-19 上点击趋势图图标 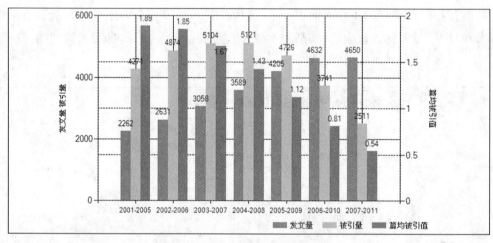，即可打开如图 3-20 所示的该大学学术研究趋势图。由图可知，发文量（论文发表量）呈逐年上升的可喜态势，但被引量和篇均被引值相反却呈下降趋势，值得注意了。

图 3-20　某大学学术研究趋势图

3. 学科研究前沿分析示例

在科学指标分析平台的工作界面中点击"研究前沿"图标，即可打开如图 3-21 所示的研究前沿检索界面，选择学科"电子电信"，点击 查看 按钮，即可得到如图 3-22 所示的电子电信学科研究前沿的查看结果。

图 3-21　学科研究前沿检索界面

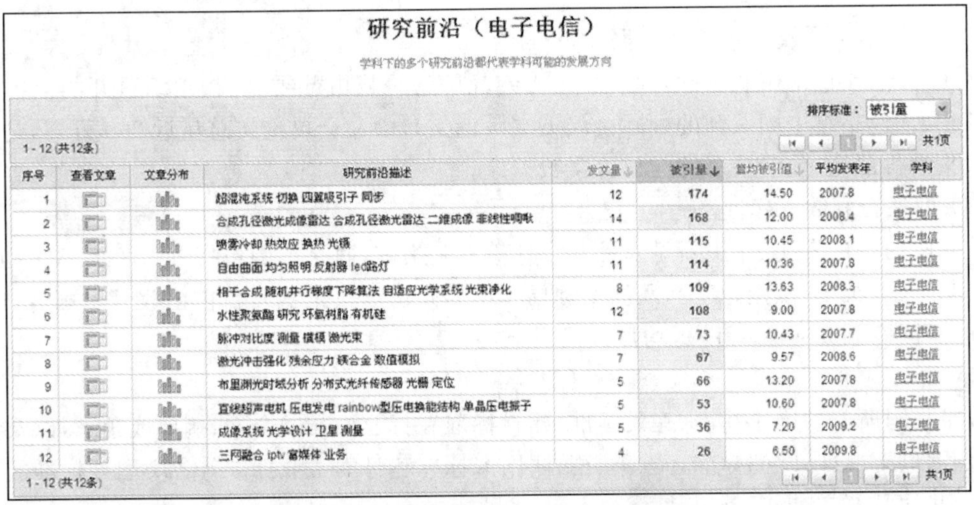

研究前沿（电子电信）

学科下的多个研究前沿都代表学科可能的发展方向

排序标准：被引量

1-12（共12条）　共1页

序号	查看文章	文章分布	研究前沿描述	发文量	被引量↓	篇均被引值	平均发表年	学科
1			超混沌系统 切换 四翼吸引子 同步	12	174	14.50	2007.8	电子电信
2			合成孔径激光成像雷达 合成孔径激光雷达 二维成像 非线性啁啾	14	168	12.00	2008.4	电子电信
3			喷雾冷却 热效应 换热 光镊	11	115	10.45	2008.1	电子电信
4			自由曲面 均匀照明 反射器 led路灯	11	114	10.36	2007.8	电子电信
5			相干合成 随机并行梯度下降算法 自适应光学系统 光束净化	8	109	13.63	2008.3	电子电信
6			水性聚氨酯 研究 环氧树脂 有机硅	12	108	9.00	2007.8	电子电信
7			脉冲对比度 测量 锁模 激光束	7	73	10.43	2007.7	电子电信
8			激光冲击强化 残余应力 镁合金 数值模拟	7	67	9.57	2008.6	电子电信
9			布里渊光时域分析 分布式光纤传感器 光栅 定位	5	66	13.20	2007.8	电子电信
10			直线超声电机 压电发电 rainbow型压电换能结构 单晶压电振子	5	53	10.60	2007.8	电子电信
11			成像系统 光学设计 卫星 测量	5	36	7.20	2009.2	电子电信
12			三网融合 iptv 富媒体 业务	4	26	6.50	2009.8	电子电信

1-12（共12条）　共1页

图 3-22　电子电信学科研究前沿检索结果

3.3　万方数据知识服务平台

3.3.1　万方系统概述

1. 关于万方

万方数据知识服务平台由中国科技信息研究所下属的万方数据股份有限公司研发和维护，原名万方数据资源系统，后在所积累的海量文献基础上，整合成集检索、分析于一体的知识服务平台，本平台特别适合于科研、技术、工程管理和经济管理各界人士使用。

2. 访问通道

① 公网用户　直接访问主站点（www. wanfangdata. com. cn 或 g. wanfangdata. com. cn），可免费检索题录，付费下载全文。

② 校园网用户　在校园网上机，点击图书馆主页上的万方数字资源链接进入主站点，凭主机 IP 地址登录，可免费检索和下载全文。

③ 国家图书馆实名制注册用户　登录国家图书馆网站，以国家图书馆读者身份访问万方，可免费检索和下载全文（详见本书第 6 章）。

3. 资源概况

（1）中国学术期刊数据库（原名：数字化期刊群）

收录了我国 1998 年以来出版的 7 200 余种学术期刊的 2 000 余万篇论文，包括所有进入科技部科技论文统计源的核心期刊和重要的社科类核心期刊，可提供全文下载。

（2）中国学位论文全文数据库

收录 1980 年以来国内高校、科研院所授予的硕士、博士及博士后论文，覆盖 97％的 211 高校，内容涵盖理、工、农、医，论文总量 220 余万篇，是我国收录数量最多的学位论文全文数据库。

（3）中国学术会议文献全文数据库

收录1985年以来由我国国家级学会、协会、研究会，或由部委、高校组织召开的全国性学术会议论文（包括在中国召开的国际会议英文版论文），中文会议论文总量近200万篇，是目前国内收集学科最全、数量最多的会议论文数据库。

（4）中外专利数据库

收录国内外的发明、实用新型及外观设计等专利文献，收录范围包括七国两组织（中国、美国、日本、德国、英国、法国、瑞士，欧洲专利局和世界知识产权组织），目前已收录中国专利560余万项，外国专利2 300余万项，均可链接到全文。

（5）中外标准数据库

收录我国所有的国家标准、建设标准、建材标准和行业标准的全文、摘要或题录，以及国际标准、国际电工标准、欧洲标准，美、英、德、法国家标准和日本工业标准等各类国外标准的摘要或题录，共计已有29万多条记录。

（6）中国法律法规数据库

收录了1949年新中国成立以来全国人大及其常委会、国务院及其办公厅、国务院各部委、最高人民法院和最高人民检察院以及其他机关单位所发布的国家法律、行政法规、部门规章、司法解释以及其他规范性文件等约39万余条，是国内最权威、全面、实用的法律法规数据库。

（7）中国科技成果数据库

收录我国重要科技成果或授奖项目的摘要信息，内容涉及自然科学的各个领域，是科技部指定的新技术、新成果查新数据库。

（8）中国科研机构数据库

收录了我国近1万家地、市级以上及大学所属主要科研机构的详细信息。

（9）中国企业、公司及产品数据库（简称CECDB）

始建于1988年，现已收录了96个行业近20万家企业的详尽信息，是国内外工商界了解中国市场的一条捷径。

（10）中国百万商务数据库

收录了国内工商企业、事业机构、学校、医院、政府部门等机构的名录上百万条。

此外，还有外文期刊及外文会议论文数据库，文献总量达1 800余万篇。

3.3.2　万方检索方式（如图3-23）

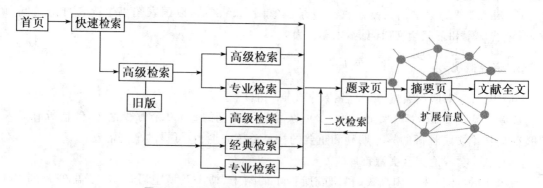

图3-23　万方数据知识服务平台检索方式及流程

1. 快速检索方式

　　万方的基本检索方式即快速检索方式,位于万方数据知识服务平台的首页(如图 3 - 24),它只有一个检索行,检索行上部为检索频道,无其他控件,检索条件由检索式来完成,检索式使用 Pair Query 检索语言(简称 PQ 语言),若欲使用 CQL 检索语言,应添加前缀"cql://"(详见下节)。

　　系统默认"学术论文"检索频道,可同时检索期刊、会议及学位论文,若要检索单一类型的文献,应先选击相应频道。

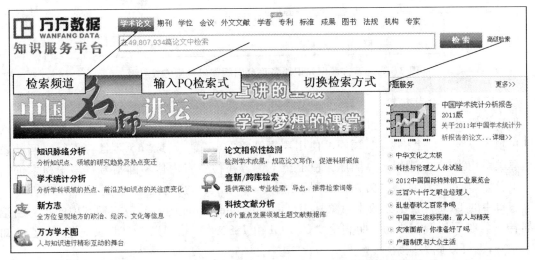

图 3 - 24　万方数据知识服务平台首页暨快速检索方式界面

2. 高级检索方式

　　万方的高级检索方式有新版和旧版之分。点击快速检索界面右侧的 **高级检索** 链接,可切换至新版高级检索方式,如图 3 - 25 所示。若在图 3 - 25 右上角点击访问旧版的链接,则可打开旧版高级检索界面,如图 3 - 26 所示。

图 3 - 25　万方数据知识服务平台新版高级检索方式界面

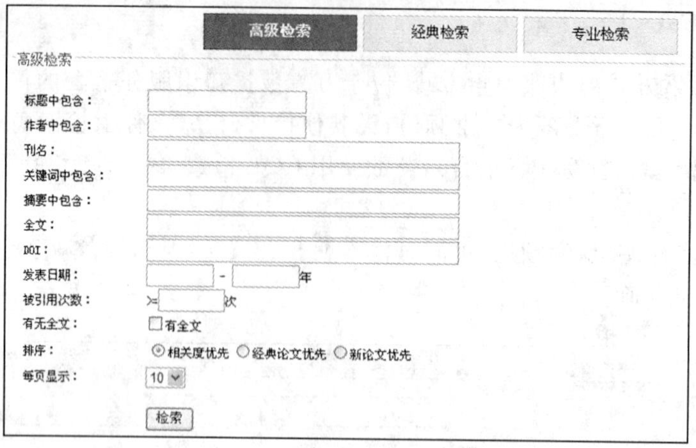

图 3 - 26 万方数据知识服务平台旧版高级检索方式界面

（1）旧版高级检索方式

旧版高级检索为多检索行的表单式界面，且每一行的字段属性皆已指定。在检索词输入框中可填入单个或多个检索词，词间可使用逻辑算符"and"、"or"或"not"，各检索行之间的逻辑运算关系均为"与"，逻辑运算顺序为由上至下。若在检索行内使用圆括号将多个检索词括成一个整体，则逻辑运算顺序为先行内（括号内先 and 后 or），后行间（由上至下）。

表单中的 DOI 检索项为数字对象标识（Digital Object Identifier），数字期刊中的每一篇论文都有一个唯一的 DOI 标识，期刊论文的 DOI 由 ISSN 统一刊号、年、期、页码组成，若已知DOI 编号，也可以此为检索项。

检索结果有 3 种优先顺序可选。其中，相关度是指文献内容与检索词的相关程度，经典论文是指被引用次数较多的有价值论文。

（2）旧版经典检索方式

在旧版高级检索界面上方点击经典检索选项卡即可打开旧版经典检索界面，如图 3 - 27所示。

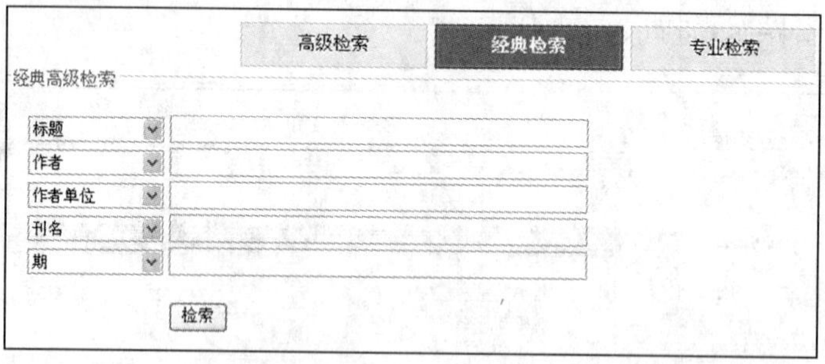

图 3 - 27 万方数据知识服务平台旧版经典检索方式界面

经典检索界面与高级检索界面基本相同，但每一个检索行的字段属性皆可由用户自行选择。检索词输入规则及运算顺序与高级检索方式相同。

（3）旧版专业检索方式

在高级检索界面上方点击专业检索选项卡即可打开旧版专业检索界面，如图 3 - 28 所示。检索式中的可检字段，只限于说明中所提示的几项。

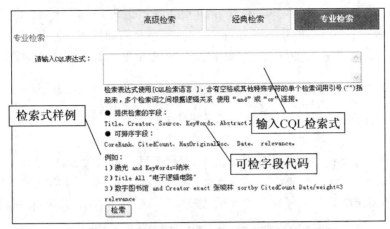

图 3 - 28 万方数据知识服务平台专业检索方式界面

（4）新版高级检索方式

万方新版高级检索方式如图 3 - 25 所示，检索字段下拉框中的可选项视文献类型而定。检索词输入框中可输入检索词，也可输入由"and"、"or"、"not"或"*"、"+"、"∧"连接的检索式。运算顺序为先行内，后行间，行内不需再添加圆括号。

（5）新版专业检索方式

万方新版专业检索方式如图 3 - 29 所示，所用的检索语言已与快速检索一致，均采用 PQ 检索语言，而且还提供机辅功能，只要点击"可检索字段"链接，即可打开字段表，在表中选击某一字段名，即可自动进入检索式输入框并生成字段算符，用户只需在括号中填入检索词就行了。表的末行为逻辑算符，可供点选之用。

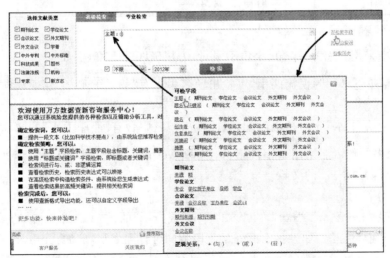

图 3 - 29 万方数据知识服务平台新版专业检索方式界面

3.3.3 万方检索语法

万方支持全文检索技术，采用中文全文词索引，默认模糊匹配模式（检索词可拆解，检索结果包含检索词或其词条），但可要求精确匹配（检索结果只包含检索词），此外，万方还支持字段检索和逻辑检索，但不支持词位检索。

万方使用 Pair Query(简称 PQ)和 Common Query Language(简称 CQL)两种检索语言。所谓 Pair(对)指一个最基本的检索单位,由字段算符与检索词通过冒号(全角、半角均可)相连而成;而 CQL 则是一种正式的、非常直观的、标准的检索语言,现分述于下。

1. Pair Query 检索语言(PQ 检索语言)的语法规则

新版万方已全面使用 PQ 语言,其语法规则如下:

(1)字段算符

PQ 语言的字段算符由字段名与冒号组成,字段名可用别名代替(见表 3-1),别名大小写不分,冒号半角全角不限。如果没有字段算符,就表示在任意字段(全部字段)中进行搜索。例如,"标题:遥感图像融合",也可写成:"title:遥感图像融合"或"title:(遥感图像融合)"。

表 3-1 万方系统 PQ 语言中可用的字段名和别名

字段属性	可用的字段名和别名(大小写不分)
论文的标题	标题、题名、篇名、title、titles、t
论文的作者	作者、著者、author、authors、a、creator、creators
作者的工作单位	机构、单位、organization
中图法分类号	CLCNumber
论文的关键词	关键词、关键字、keyword、keywords、k
论文的摘要	摘要、文摘、abstract、abstracts
论文的来源或出处	来源、出处、文献来源、source、sources
论文发表的时间	日期、时间、date

(2)匹配算符

PQ 语言中采用双引号(半角、全角不限)作为精确匹配算符,例如:

> Title:船舶下水　为模糊匹配,可检出题名中含有"船舶下水"、"船舶横向下水"等字样的文献
> Title:"船舶下水"　为精确匹配,只能检出题名中含有"船舶下水"的文献

万方系统中的作者名采用整字段索引,因此,Author:李进与 Author:"李进"效果相同,都只能检出作者名为"李进"的文献。

(3)逻辑算符

逻辑算符为"and"、"or"、"not",在"and"、"or"或"not"的前后需留空格,若采用算符"*"、"+"、"^",则不需要空格。如果各个 Pair 的字段相同可合并书写,例如,"title:海洋平台 or title:近海结构"可合并书写成"title:(海洋平台 or 近海结构)"或"title:海洋平台+近海结构"。

算符"and"也可用空格代替,例如下式:

> title:海洋平台　keywords:安全寿命评估　疲劳裂纹

表示要检索题名字段含有"海洋平台",关键词字段含有"安全寿命评估",而且在任意字段中还含有"疲劳裂纹"字样的文献。

(4)日期要求

日期字段为 date:,其用法见下例,例中的横线半角全角不限:

Date:2000-2005	表示限制在 2000 年 1 月至 2005 年 12 月间出版的文献中搜索
Date:2000-	表示限制在 2000 年 1 月以后出版的文献中搜索
Date:-2005	表示限制在 2005 年 12 月以前出版的文献中搜索

日期字段只能作为辅助条件,而不能单独使用。

2. Common Query Language 检索语言(CQL 检索语言)

CQL 语言现仅用于旧版的专业检索方式,其语法规则如下:

(1) 字段算符

CQL 语言的字段算符由字段名与关系算符("all"、"="、"exact")组成,如不使用字段算符,表示在任意字段中进行检索。

由于万方旧版专业检索方式只限于学术论文检索频道,故其可检字段也只限于具有共性的标题(Title)、作者(Creator)、关键词(Key Words)、摘要(Abstract)和来源(Source)这 5 个字段(如果想使用分类号、机构、发表时间等限制条件,应选用其他检索方式),各字段可用的关系算符见表 3-2 所示。

表 3-2　CQL 语言采用的字段名及可用的关系算符

字段属性	CQL 语言采用的字段名(大小写不分)	可用的关系算符
论文的标题	title	all、=
论文的作者	creator	exact、=
论文的关键词	keywords	all、=
论文的摘要	abstract	all、=
论文的来源或出处	source	all、=

(2) 字段算符中的关系算符

① all　表示模糊匹配(检索词可拆解,检索结果含有检索词或其词素),适用于标题、关键词、摘要、来源等字段,all 的前后需留空格。例如:

title all 船舶下水　或　title all "船舶下水"

均表示在标题字段中模糊检索"船舶下水"字样,双引号只是区间符号,不再具有精确匹配的含意。

② =　表示精确匹配(禁止拆解检索词,检索结果仅含有检索词),适用于标题、作者、关键词、摘要、来源等字段,等号的前后留不留空格均可。例如:

title=船舶下水　或　title="船舶下水"

③ exact　表示整字段精确匹配(检索结果等同于检索词),适用于采用整字段索引的作者检索词,exact 的前后需留空格。例如:

| creator=袁丽 | 可检出作者姓名中含有"袁丽"的文献(如袁丽、袁丽梅……) |
| creator exact 袁丽 | 只能检出作者姓名为"袁丽"的文献 |

(3) 逻辑算符

逻辑运算符为"and"、"or"和"not",前后需加空格,"and"可用空格代替。

如果采用模糊匹配模式,还可用关系算符"all"和"any"表示逻辑"与"和逻辑"或"运算,例如：

> title all 发动机 and title all 消声器 and(keywords all 传声损失 or keywords all 排气噪声)
>
> 可写成：title all "发动机　消声器"　keywords any "传声损失　排气噪声"

上式中的双引号只是区间符号，不代表精确匹配，原式中的"and"在上式中用空格代。

如果原式为精确匹配模式，则不能用关系算符"all"和"any"来表示逻辑"与"和逻辑"或"运算，例如：

> title＝发动机 and title＝消声器 and(keywords＝传声损失 or keywords＝排气噪声)
>
> 不能写成：title all "发动机　消声器"　keywords any　"传声损失　排气噪声"

否则会自动切换到模糊匹配模式。

3.3.4　万方期刊文献检索实例

1. 检索课题

国内关于 SiC 颗粒增强铝基复合材料连接方法的研究现状。

2. 检索策略

因为此课题与上节维普所举实例相同，故可沿用上节之分析。

在维普检索式中使用了单汉字检索词"焊"，但是万方采用的是词索引，还能不能沿用此法呢？需要验证一下：在万方首页上选择期刊检索频道，检索"焊接"，得 44 809 篇，检索"焊"，得 62 993 篇，看来"焊"已进入一字词的范围，可以沿用此法。

由于要限制文献发表时间（2006-2012），故不能采用专业检索，决定选用快速检索方式。

将原维普所用的检索式，按照 PQ 语言的语法规则改写成如下检索式：

title：（SiCp or SiC 颗粒 or 碳化硅颗粒）title：（Al or 铝基）title：复合材料 title：（连接 or 焊）date：2006-2012

3. 实施检索

在万方首页上选择期刊检索频道，填入 PQ 检索式，检索后得 15 篇，如图 3-30 所示。万方检索所得的结果比维普检索所得的 41 篇稍少，这是入选万方的期刊较维普要少之故。

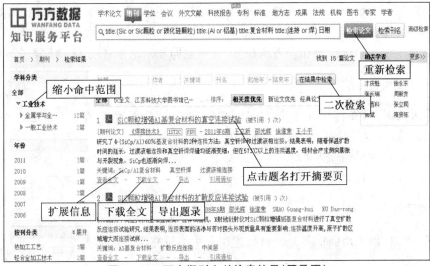

图 3 - 30　万方期刊文献检索结果(题录页)

4. 后续处理

在题录页上有各种蓝色的文内链接,例如,点击学科分类可缩小范围;点击题名可打开摘要页(如图 3 - 31);点击关键词可作为热点再次检索扩展文献信息;清除检索式输入框后输入新的检索词,并点击 在结果中检索 按钮,可进行二次检索;……

图 3 - 31　万方期刊文献检索结果(摘要页)

在文献摘要页上也有各种蓝色的文内或文后链接,点击后可提供各种功能,例如,查看全文,下载全文,导出题录,查看相关检索词、相关专家、相关机构的查询结果,查看参考文献、引证文献摘要页……。鼠标停留在作者头像处,还可立即显示该作者的 H 指数等学术信息。

3.3.5　万方外文文献检索实例

欲检索外文时,可在打开万方首页后选择"外文文献"检索频道,在快速检索界面中直接输入 PQ 检索式检索,或是切换至高级检索方式选择新版专业检索界面输入 PQ 检索式检索,或是选择旧版专业检索界面输入 CQL 检索式检索,如不熟悉检索语法,也可选择高级检索方式或经典检索方式中的检索表单进行检索。

1. 检索课题

国外关于 SiC 颗粒增强铝基复合材料连接方法的研究现状。

2. 检索词英译

碳化硅颗粒→SiC particle	复合材料→composite
连接→joining	焊接→welding
硬钎焊→brazing	软钎焊→soldering

3. 检索策略

("SiC particle" or SiCp) and (Al or aluminum) and composite and (joining or welding or brazing or soldering)

式中:SiC particle 应作为词组处理,故需要添加半角双引号。

检索字段仍如前例,选择在题名字段中检索。

4. 实施检索

现以旧版经典检索方式为例,在表单中分别填入检索策略 4 个组面中的检索词,如图 3 - 32所示。

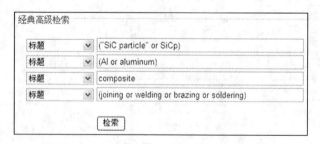

图 3 - 32　万方外文文献检索的经典检索方式

检索后,共检出 8 篇论文,其中外文会议论文 5 篇、外文期刊论文 3 篇(如图 3 - 33)。

图 3-33　万方外文文献检索结果(题录页)

5. 索取原文

在题录页中点击感兴趣的文献条目底部的 请求原文传递 链接,打开原文推送管理系统窗口(如图 3-34),填写申请单,点击 请求原文传递 按钮即可。

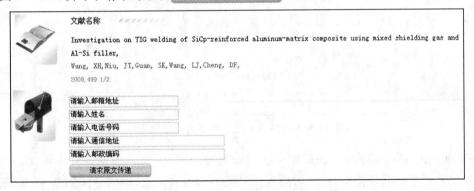

图 3-34　万方外文文献原文传递申请单

3.3.6　万方企业信息检索实例

万方数据知识服务平台拥有许多事实数据库,其中最著名的是《中国企业、公司及产品数据库》。该库始建于 1988 年,现已收集了国内近 20 万家企业的信息,是了解国内企业现状的一条捷径。在万方数据知识服务平台的首页中,该库被整合进"机构"频道。

1. 检索课题

某生临近毕业,希望应聘于上海、江苏或浙江等地生产柴油机的企业工作,需查找有关企业的概况及联系方法。

2. 检索策略

（上海 or 江苏 or 浙江）and 柴油机

3. 实施检索

企业库的字段结构与论文数据库不同，一般用户在构建检索式时会有困难，故多在如图 3-24 的首页上选择机构频道后，继续选择高级检索方式。但在如图 3-35 所示的新版高级检索界面中找不到可检索地区的字段，因此，必须在新版高级检索界面右上角，点击 **访问旧版"高级检索"请点击进入** 的链接，进入如图 3-36 所示的旧版界面，寻找有关检索字段。

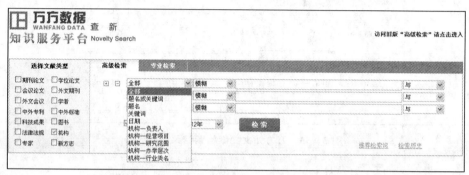

图 3-35　万方企业信息新版高级检索表单

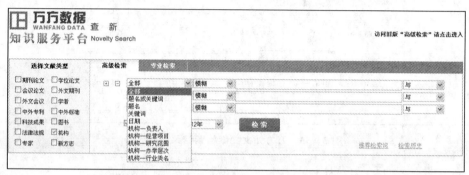

图 3-36　万方企业信息旧版高级检索表单

仔细观察图 3-36，发现旧版虽提供了检索地区的字段，但只能选择一个地区，不能实现上海、浙江和江苏的复合检索，故此时应换用经典检索方式试检，输入方法如图 3-37 所示，检索后得 406 家相关企业，如图 3-38 所示。

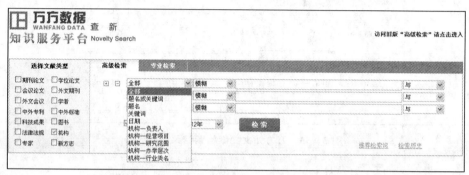

图 3-37　万方企业信息旧版经典检索表单

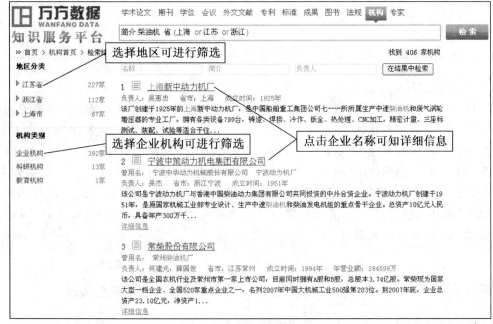

图 3-38　万方企业信息检索结果

4. 后续处理

在图 3-38 中的"机构类别"栏内点击"企业机构",可缩小至 392 家(如图 3-39),且会出现名称、负责人、产品关键词等输入框,以及注册资金、年营业额等下拉菜单,可进一步增加限制条件。例如,增加产品关键词"柴油机",进行二次检索,立即减至 71 家。

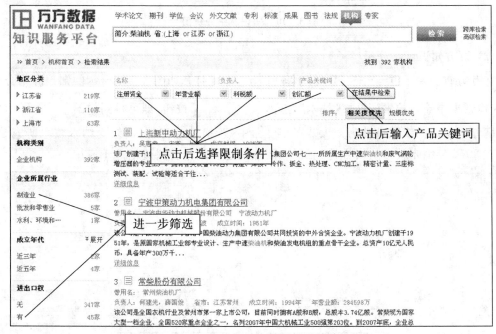

图 3-39　万方企业信息检索后的筛选结果

3.3.7　万方资源整合服务

1.知识脉络分析

(1)知识脉络浅说

文献中的关键词可看作是知识节点,而维普则把在同一篇文献中出现的共现关键词称为热词,视为知识网络中的相邻知识节点。例如,2003年检索关键词"纳米技术",命中141篇,其中有关键词"纳米材料"共现的有27篇,有关键词"应用"共现的有17篇,则"纳米材料"与"应用"为知识节点"纳米技术"的相邻知识节点,且"纳米材料"与"纳米技术"共现篇数较多,说明关联较密,"应用"与"纳米技术"共现篇数较少,说明关联较疏,从而可绘出2003年知识节点"纳米技术"的知识网络,若再将各个年度的知识网络排列起来,加入时序的概念,就可得到知识脉络,如图3-40之示意图所示。

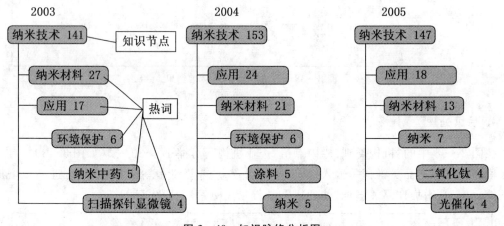

图3-40　知识脉络分析图

(2)万方知识脉络分析

在万方首页左下方,点击 **知识脉络分析** ,即可打开如图3-41所示的知识脉络分析窗口,在检索框中输入检索词"纳米技术",点击 知识脉络检索 按钮,即可得到如图3-41所示的知识脉络分析图。曲线图纵轴为知识节点年度命中数,横轴为年份,曲线为纳米技术研究趋势,可见在2002年纳米技术的研究达到最热,而热词也从纳米材料逐渐趋于应用。

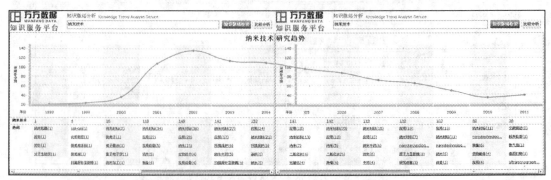

图3-41　知识脉络分析图

（3）万方知识脉络比较分析

若在检索框中输入"石墨烯，纳米"，并点击 比较分析 按钮，则可分别得到如图 3-42 所示的石墨烯和纳米的研究趋势曲线，供比较分析之用。

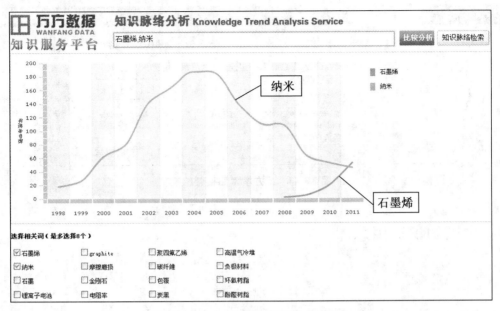

图 3-42　　知识脉络比较分析图

2. 万方学术圈

在万方首页左下方，点击 **万方学术圈** ，即可打开如图 3-43 所示的学术圈窗口。窗口左侧有认证学者的注册或登录按钮，可视情况使用。成为认证学者后可在此窗口中展示自己的学术形象，与同行交流以及获得资助。在右上角的检索框中，则可输入欲知的学者姓名，点击搜索按钮 🔍 查看其学术成果，例如图 3-44 即为检索江苏科技大学某老师学术研究情况的结果，万方分析所得的 H 指数为 7，比维普分析所得的 4（如图 3-16）要高，看来，万方系统由于拥有的学术文献品种较全、数量较多，因此，其分析结果也较准确一些。

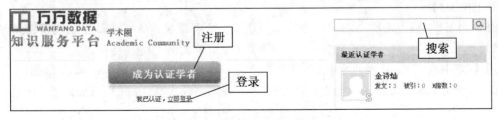

图 3-43　万方学术圈窗口

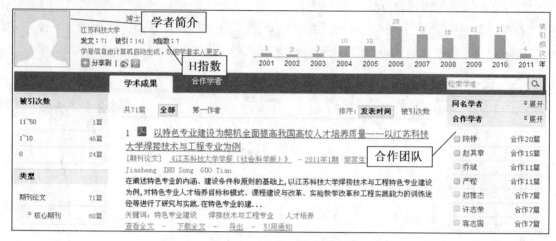

图 3 - 44　万方学术圈检索结果

3.4　中国知识资源总库 CNKI

3.4.1　CNKI 系统概述

1. 关于 CNKI

CNKI 是 China National Knowledge Infrastructure（中国国家知识基础设施）的缩写形式，亦称为中国知识基础设施工程或中国知网。CNKI 数据库由中国学术期刊（光盘版）电子杂志社编辑，检索软件及网络平台由清华同方知网（北京）技术有限公司开发及维护。历经多年的精心打造，CNKI 资源日渐丰富，集成了多种文献类型，成为《中国知识资源总库》。

2. 访问通道

（1）公网用户

直接访问主站点（www.cnki.net 或 epub.cnki.net），可免费检索题录，付费下载全文。

（2）校园网用户

在校园网上机，点击图书馆主页上的 CNKI 数字资源链接进入 CNKI 主站或镜像站，凭主机 IP 地址登录，可免费检索和下载全文；CNKI 分配给校园网的链接有：

① CNKIgrid2008 数据库平台（推荐优先使用）　网址：epub.cnki.net（如图 3 - 45）。

② CNKI 知识网络服务平台（教育网用户）　网址：dlib.edu.cnki.net（如图 3 - 46）。

③ CNKI 知识网络服务平台（电信、网通用户）　网址：dlib.cnki.net（如图 3 - 46）。

（3）部分省市公共图书馆持证读者可凭读者证用户名及密码登录该图书馆网站，以该馆读者身份访问 CNKI，可免费检索和下载全文（详见本书第 6 章）。

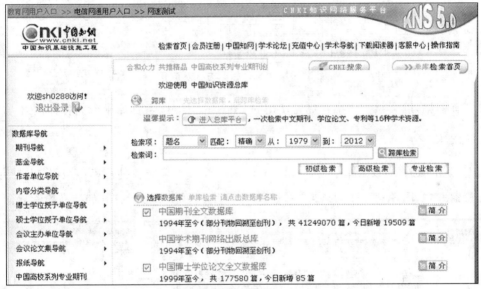

图 3 - 45　CNKIgrid2008 数据库平台首页

图 3 - 46　CNKI 知识网络服务平台首页

3．资源概况

（1）中国学术期刊网络出版总库

收录 1915 年至今国内各类重要期刊 7 700 多种,累积期刊文献总量 3 200 余万篇,内容覆盖自然科学、工程技术、农业、医学、人文社会科学、哲学等各领域。

（2）中国博士学位论文全文数据库

收录 1999 年至今国内 368 家博士授予点(包括全部 211 工程院校)通过的博士论文全文12 余万篇。

（3）中国优秀硕士学位论文全文数据库

收录 1999 年至今国内 503 家硕士授予点(包括全部 211 工程院校)通过的硕士论文全文80 余万篇。

（4）中国重要会议论文全文数据库

重点收录 1999 年以来，中国科协系统及国家二级以上的学会、协会，高校、科研院所，政府机关举办的重要会议以及在国内召开的国际会议论文，累积文献总量 110 余万篇。

其他尚有中国重要报纸、中国图书、中国大百科全书、中国年鉴、国家标准、中国专利等全文数据库，以及中国工具书网络出版总库、国家科技成果数据库、中国引文数据库、德国 Springer 期刊数据库、德国 Springer 图书数据库等等。

3.4.2　CNKI 检索方式（如图 3-47）

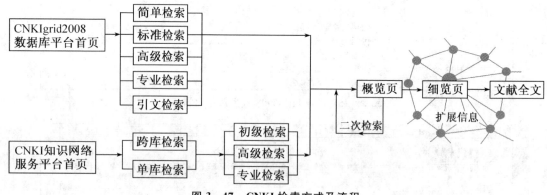

图 3-47　CNKI 检索方式及流程

为节省篇幅，以下只介绍推荐优先使用的 CNKIgrid2008 数据库平台的各种检索方式。

1. 标准检索方式

在 CNKIgrid2008 数据库平台（epub. cnki. net）首页上点击各种总库链接，首先打开默认的标准检索方式，图 3-48 即为点击 科技学术文献总库 链接后打开的标准检索界面。

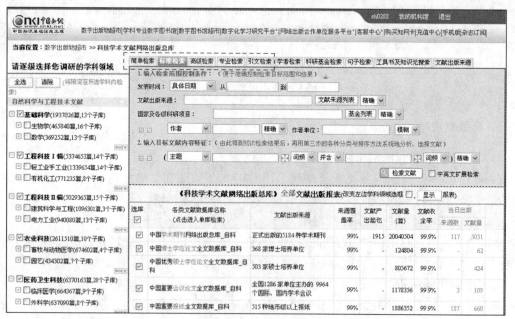

图 3-48　CNKIgrid2008 数据库平台标准检索方式

　　检索界面上部是检索条件区,由检索范围控制条件和检索目标内容特征组成;下部为数据库选择区,勾选多个复选框可进行跨库检索,若欲单库检索,只要勾选一个复选框或直接点击库名即可。点击图标 ┼ 或 ─ 可增减检索行的数量,检索字段、匹配模式、词间或行间逻辑关系均可通过下拉菜单选择,输入检索词后点击图标 ✛ 可显示相关检索词供扩展检索词用,词频下拉菜单则用来规定检索词在摘要字段中至少出现的次数(空为至少一次)。

　　CNKI 检索字段下拉菜单中的"主题"为复合字段,包括题名、关键词和摘要三个可检字段,"全文"相当于"任意字段"。检索词输入框中可输入一至多个检索词,输入多个检索词时,允许使用逻辑算符"＊"和"＋"进行组配("＊"为 and,"＋"为 or),算符"＊"和"＋"的前后不能留空格。

　　"中英文扩展检索"复选框提供中文检索词自动转换为英文检索词的扩大检索功能。

2. 简单检索方式(如图 3 - 49)

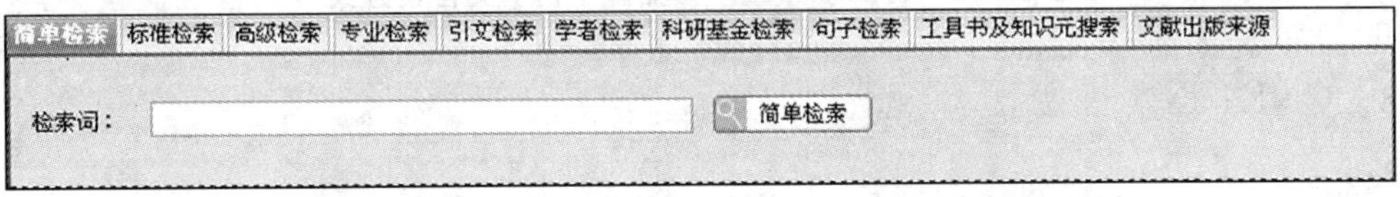

![简单检索界面]

图 3 - 49　CNKIgrid2008 数据库平台简单检索方式

3. 高级检索方式(如图 3 - 50)

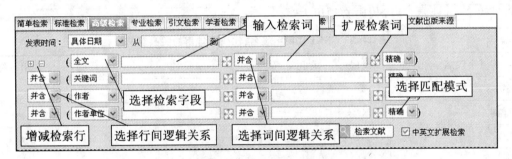

图 3 - 50　CNKIgrid2008 数据库平台高级检索方式

4. 专业检索方式(如图 3 - 51)

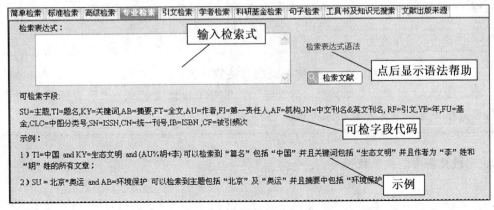

图 3 - 51　CNKIgrid2008 数据库平台专业检索方式

5. 引文检索方式(如图 3－52)

图 3－52　CNKIgrid2008 数据库平台引文检索方式

3.4.3　CNKI 检索语法

1. 字段算符

CNKI 字段算符由字段名(或代码)与关系算符"＝"或"％"组成,而且检索项中不允许缺省字段算符,如不想限制检索字段,可使用字段名"全文"或代码"FT"。CNKI 常用字段名及代码见表 3－3 所示,字段代码必须用大写。

表 3－3　CNKI 常用字段名、代码及常用的关系算符

字段名	代码	常用算符	字段名	代码	常用算符
题名	TI	％、＝	作者	AU	＝
关键词	KY	％、＝	第一责任人	FI	＝
摘要	AB	％、＝	机构	AF	＝
主题 (标题＋关键词＋摘要)	SU	％、＝	中文刊名 & 英文刊名	JN	＝
			年	YE	＝
中图分类号	CLC	＝	全文	FT	％、＝

想一想

为何系统提示检索出错?

输入检索式"作者＝吴小俊 or 曹奇英"后,CNKI 检索系统提示"服务器执行检索出错",错误在哪里呢? 你能找出来并改正吗?

2. 字段算符中的关系算符

(1) ％表示模糊匹配

检索结果含有检索词或其词素,例如,检索项:TI％船舶下水,可检出题名中含有"船舶下

水"、"船舶横向下水"等字样的文章；而对于作者字段仅为检索结果含有检索词，例如，检索项：
AU％袁丽，可检出作者为袁丽、袁丽梅等人的文章；

（2）＝表示精确匹配

检索结果仅含有检索词，例如，检索项：TI＝船舶下水，只能检出题名中含有"船舶下水"
字样的文章；而对于作者字段则为检索结果等同于检索词，例如，检索项：AU＝袁丽，只能检
出作者为袁丽的文章。

3. 逻辑算符

CNKI 的规则是：检索项内的逻辑算符为前后均不留空格的"﹡"、"＋"、"－"；检索项间的
逻辑算符则为前后均留空格的"and"、"or"、"not"，且"and"、"or"、"not"三种逻辑运算的优先
级相同，优先算符为半角圆括号。

例如，检索江苏科技大学（原华东船舶工业学院）吴小俊老师发表的论文，检索式如下：

（机构＝江苏科技大学 or 机构＝华东船舶工业学院）and 作者＝吴小俊

若将相同检索项合并，则可写成：

机构＝江苏科技大学＋华东船舶工业学院 and 作者＝吴小俊

若写成：机构＝（江苏科技大学 or 华东船舶工业学院）and 作者＝吴小俊，则将报错。

 **想一想**

为何系统提示检索出错？

小张跃跃欲试，进入 CNKI 系统检索界面以后，输入检索式：

机构＝江苏科技大学＋华东船舶工业学院 ﹡ 作者＝吴小俊

执行检索后系统提示检索式出错，于是她改为：

机构＝江苏科技大学 or 华东船舶工业学院 and 作者＝吴小俊

但是系统仍提示检索式出错，究竟错误出在哪里呢？你知道吗？

---

4. 词位算符

词位算符包括：同文（同一文章）、同段（同一自然段或同一字段）、同句（同一自然句或同一
子字段）以及序位（子字段序位）等几种情况。常用的是同句和序位算符，见表 3－4 所示。表
3－4 中所有算符均用半角字符，且算符"#"、"％"、"/NEAR"、"/PREV"、"/AFT"、"/SUB"的
前后均要空一格，并需用一组半角单引号将多个检索词及运算符括起来。算符中的 n 为数字，
表示 n 个中文词、n 个英文词或第 n 个序位。算符中的英文字母大小写均可。

表 3－4　CNKI 常用的词位算符及用法

算符名称	算符形式	应用示例	说明
同句（词序可变）	#	摘要＝'寿命 # 评估'	摘要句中有"……寿命……评估"或"评估……寿命……"
同句（词序不变）	％	摘要＝'结构 ％ 响应'	摘要句中有"……结构……响应"

续表

算符名称	算符形式	应用示例	说明
同句及词距（词序不变）	/NEAR n	关键词＝'计算机 /NEAR 2 工程'	关键词中有"计算机"和"工程"，词距小于 2 个词，词序可变，如"工程控制计算机"
	/PREV n	摘要＝'水下 /PREV 2 载荷'	摘要句中有"水下"和"载荷"，词距小于 2 个词，词序不变，如"水下爆炸载荷"
	/AFT n	题名＝'基于 /AFT 2 企业建模'	题名中含有"基于"和"企业建模"，词距大于 2 个词，词序不变，如"基于本体的企业建模"
序位	/SUB n	作者＝'张平 /SUB 2'	检索第二作者为张平的记录

例如，检索江苏科技大学（原华东船舶工业学院）以吴小俊为第一作者、曹奇英为第二作者发表的学术论文，可构建检索式如下：

机构＝江苏科技大学＋华东船舶工业学院 and 作者＝'吴小俊 /SUB 1' * '曹奇英 /SUB 2'

5. 截词算符

CNKI 的截词算符为半角"?"，但其含义视场合而定。

(1)"?"用于词中时为有限截词，可代表 0～1 个字符，适用于作者字段，例如：

检索项：作者＝张?年　　可检出作者姓名头尾为"张"、"年"者所著的文献

(2)"?"用于词尾时为无限截词，适用于分类号字段，相当于模糊匹配，例如：

检索项：CLC＝tp39　　可检出分类号为 TP39 的记录 676 条
检索项：CLC＝tp39?　　可检出分类号为 TP39 及下位类的记录共 429 228 条

6. 词频算符

词频指检索词在字段中出现的次数，算符为"＄ n"，n 为出现频次，例如：摘要＝'振动 ＄ 5'，表示摘要中要含有"振动"，且出现 5 次以上。

7. 日期要求

CNKI 数据库中有字段"年"可用来限定文献的发表时间，例如欲限制发表时间在 2005 至 2010 年，可在检索式中增加检索项：年＝2005＋2006＋2007＋2008＋2009＋2010。

注意：若写成：年＝2005-2010　因符号-会视为逻辑非，故只相当于年＝2005。

8. 排序要求

语句 order by date 表示按时间排序，语句 order by relevant 表示按相关度排序。

3.4.4　CNKI 期刊文献检索实例

1. 检索课题

国内关于 SiC 颗粒增强铝基复合材料的连接方法的研究现状

2. 检索策略

上节已介绍该检索课题在维普资讯中最后选用的检索式为：

$$T = (SiCp + SiC 颗粒 + 碳化硅颗粒) * T = (Al + 铝基) * T$$
$$= 复合材料 * T = (连接 + 焊)$$

我们只要按照 CNKI 的检索语法改写就行了。改写结果为：

题名＝SiCp＋SiC 颗粒＋碳化硅颗粒 and 题名＝Al＋铝基 and 题名＝复合材料 and 题名＝连接＋焊 and 年＝2006＋2007＋2008＋2009＋2010＋2011＋2012

3. 实施检索

在 CNKIgrid2008 数据库平台首页中点击科技学术文献网络出版总库链接，打开其标准检索方式，勾选中国学术期刊网络出版总库，增加检索行至 4 行，按图 3 - 53 所示填写检索表单，或者按照上述改写后的检索式填入专业检索的检索式输入框内即可。

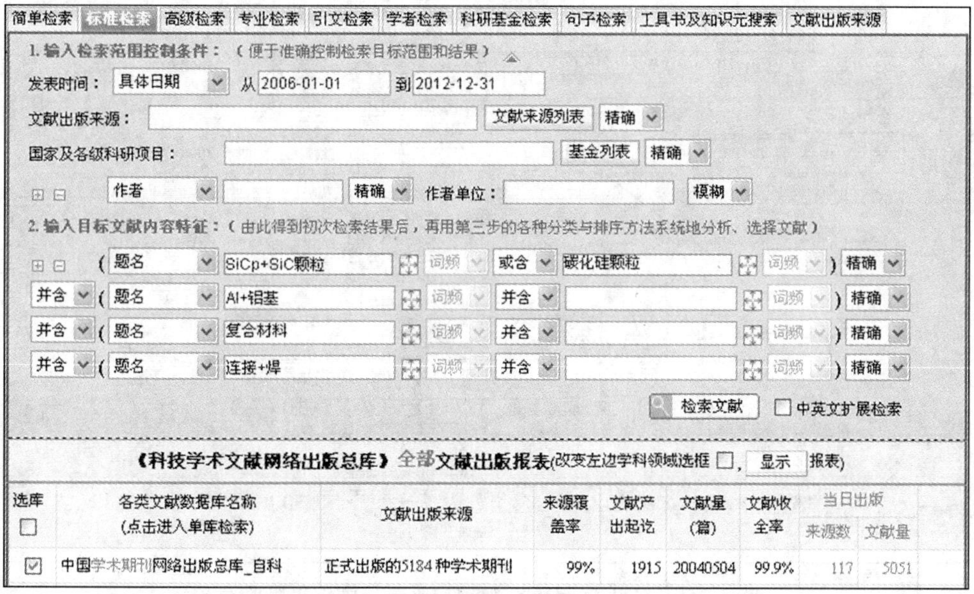

图 3 - 53　CNKIgrid2008 数据库平台标准检索方式应用实例

非常意外！检索后仅获得期刊文献 1 篇，修改匹配模式为模糊匹配后，检索结果也不过 4 篇，而维普资讯在同样条件下得到的却是 41 篇哦！问题出在哪里呢？

在介绍万方系统时，我们曾经做了一次试检，看来不能偷懒，这里也要试一下：

检索式 1	题名＝焊接	可得 34 482 条记录
检索式 2	题名＝焊	可得 21 374 条记录

从试检的结果来看，式 2 结果反而比式 1 少了很多，说明在 CNKI 的语词切分过程中，"焊"这个字，并没有普遍作为一字词处理，因此 CNKI 是不支持单汉字检索的，我们不得不把所有的焊接方法都罗列出来才行，可是，补充所有带"焊"的检索词，重新检索以后，无论是精确检索还是模糊检索，检索结果仍仅为 2 篇。

难道就没有办法了吗？

仔细分析一下,命中数大幅下降的原因,可能是把检索词都限定在题名中,或者是逻辑算符太多了,逻辑运算一旦太多就易出错,针对于此,可以采用下述两个办法:

➢ 将检索字段改为"主题",检索词只保留"SiCp/Al",这样无论是题名、关键词或是摘要中,只要含有 SiCp/Al 就可命中,而 SiCp/Al 足可代表碳化硅颗粒增强铝基复合材料。

➢ 再选一个检索项"中图分类号",输入检索词"TG4?",并选择精确匹配模式(CNKI 不接受模糊检索分类号),而"TG4"正是焊接(含胶接、粘接)学科的分类号,添加"?"可容纳所有下位类号。按此修改的检索策略重新检索后,命中 27 篇记录,如图 3-54 和图 3-55 所示,虽然比不上维普检索的数量(41 篇)多,但已接近万方的检索结果(34 篇)了。

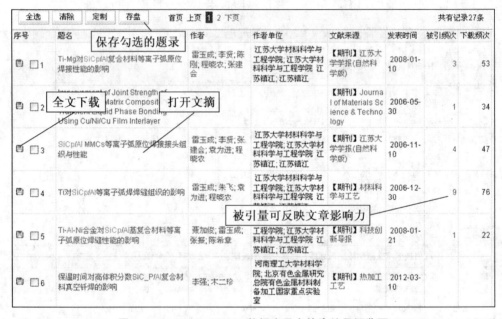

图 3-54　CNKIgrid2008 数据库平台标准检索方式应用实例策略修改

图 3-55　CNKIgrid2008 数据库平台检索结果概览页

4. 后续处理

(1)概览页

概览页(如图 3-55)给出检中记录条数及记录的简单信息(题录),可进行保存题录及全文下载等操作。如对结果不满意,可利用概览页上方的检索表单进行二次检索。

(2)细览页

在概览页的题录清单中点击文献题名,即可打开该文细览页(如图 3-56),查看详细信息,或是以 CAJ、PDF 的格式下载全文。点击页中蓝色的作者、刊名、关键词等链接,可以扩展相关信息;在细览页下方还提供以该篇文献为知网节节点文献得出的引文网络,如图 3-57 所示,只需层层点击链接,即可获得引文网络中的一大批相关文献。

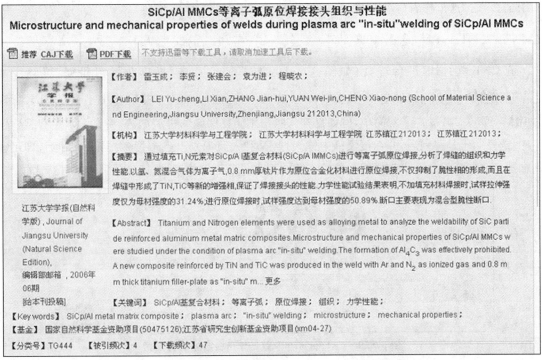

图 3-56　CNKIgrid2008 数据库平台检索结果细览页

图 3-57　CNKIgrid2008 数据库平台检索结果细览页中的引文网络

3.4.5　CNKI 引文检索

CNKI 引文检索与标准检索两种检索方式的界面虽然相似,但检索的结果是被引用的文献,并可按被引频次排序(如图 3-58)。点击被引频次栏内的蓝色被引量链接,即可打开相应

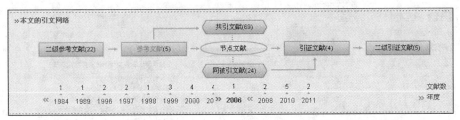

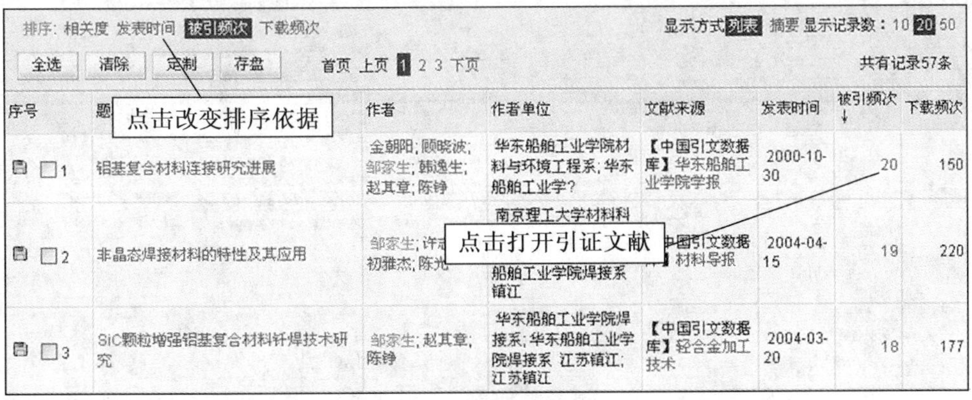

图 3-58　CNKIgrid2008 数据库平台引文检索结果

的引证文献。点击作者姓名链接,可查看作者学术情况(包括 H 指数)。

3.4.6 CNKI 学术趋势搜索

在 CNKI 数据库平台首页(如图 3 - 45)的右下角,点击"数字化学习研究"栏目中的 **[学术趋势搜索]** 链接,或直接输入网址:trend. cnki. net,均可打开学术趋势搜索窗口(如图 3 - 59)。其操作非常简单,例如欲知人脸识别研究课题的进展趋势,可在学术趋势搜索窗口中,选择学术趋势频道,并在搜索框中输入搜索词"人脸识别",点击搜索按钮 🔍 后,即可得到如图 3 - 60 所示的学术趋势图。若输入两个用逗号分隔的检索词,还可分别搜索进行比较。

图 3 - 59　CNKIgrid2008 数据库平台学术趋势搜索

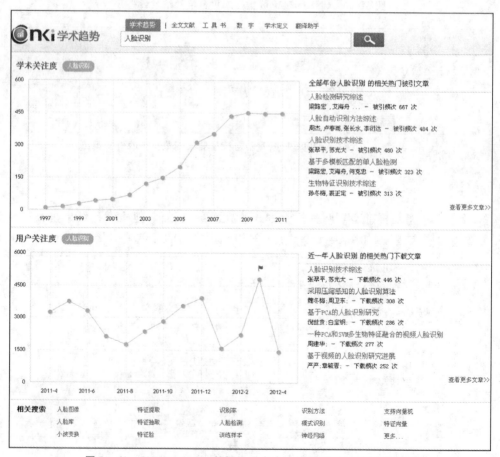

图 3 - 60　CNKIgrid2008 数据库平台人脸识别学术趋势搜索结果

练习与思考 3

1. 维普《中文科技期刊数据库》、万方《中国学术期刊数据库》和 CNKI《中国学术期刊网络出版总库》三者覆盖的期刊范围有何不同？

2. 万方外文文献检索系统和国家科技图书文献中心所覆盖的资源有何联系？

3. 欲检索江苏科技大学（曾用名：华东船舶工业学院）袁爱华教授在 2000—2006 年发表的论文篇数，请分别列出在维普、万方及 CNKI 三家检索系统中的检索式。

4. 在 CNKI 的专业检索界面输入以下检索式后：

（题名＝SiC　or　碳化硅）　and　（题名＝铝基 or Al）　and　（题名＝连接 or 焊接 or 钎焊 or 扩散焊 or 熔接焊）　and　复合材料

系统提示"对不起，服务器执行检索出错"，请找出该检索式中的错误，并改正之。

5. 根据图 3-61 CNKI 原《中国期刊全文数据库》跨库专业检索界面中的表单内容写出其相应的检索表达式。

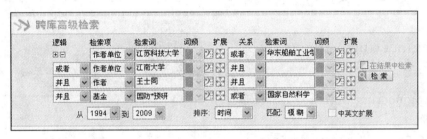

图 3-61　练习与思考 3 第 5 题用图

第4章 国外文献信息检索系统

If I have seen further, it is by standing on the shoulders of giants.

——Isaac Newton

4.1 Engineering Village

扫码可见本章检索示例

4.1.1 Engineering Village 系统概述

1. 关于 Engineering Village

Engineering Village 是原美国工程信息公司(现已并入荷兰 Elsevier 科学出版公司)开发的基于因特网的工程信息检索系统,由于它是在著名的美国检索期刊 The Engineering Index(工程索引,简称 Ei)的基础上发展起来的,故习惯上仍被简称为 Ei。

印刷版《工程索引》创刊于 1884 年,名为索引,实为文摘。它与科技会议录索引(ISTP)及科学引文索引(SCI)一起,被誉为世界三大著名索引。1969 年,美国工程信息公司发行了《工程索引》机读版磁带,成为电子出版领域最早的开拓者之一。1975 年,美国工程信息公司开始生产《工程索引》的电子版数据库 Ei Compendex,并通过 Dialog 等大型联机系统提供远程联机检索服务。20 世纪 80 年代,Ei Compendex 又以名为 Ei Compendex Plus 的光盘形式广泛发行。此外,工程信息公司还选录了 2 500 多种工程类出版物中的文献,编制成工程文献题录光盘数据库,命名为 Ei Page One。90 年代以来,在网络通讯技术的影响下,美国工程信息公司又将 Ei Compendex Plus 和 Ei Page One 两部分内容合并为《工程索引》的网络版数据库 Ei Compendex Web,覆盖时间为 1969 年至今。最后,在 1995 年推出了基于互联网环境下的集成信息服务系统 Engineering Information Village(工程信息村),将《工程索引》和其他著名的工程信息资源集成在一起,向用户提供综合性检索服务。2000 年 6 月,新版 Engineering Village 2 问世,习惯称 Ei Village 2,不过网站主页上仍用 Engineering Village 这样的名称,如图 4-1 所示。

2. 访问通道

Engineering Village 为收费文摘数据库,国内用户可通过以下渠道进行访问:

➢ 凡已订购了 Engineering Village 数据库中国镜像站点使用权的高校,校内师生只要在校园网上机,通过图书馆主页数字资源中的 Engineering Village(或 Ei、Compendex、工程索引等)链接进入,就可凭校园网主机 IP 地址登录,进行检索。

➢ 部分省市图书馆(如南京图书馆)也订购了 Engineering Village 数据库的使用权,对来馆持证读者免费开放(详见第 6 章)。

3. 资源概况

目前 Engineering Village 系统主要包括 Ei Compendex Web、Inspec 和 NTIS 等多个文摘数据库。此外,为了顺应时代发展潮流,通过链接,还可以获得 1 200 多个出版商的期刊和会议论文的电子版全文,包括 ScienceDirect、Wiley、SpringerLink、ASP、Academic Press 等著名的全文数据库。但具体到某一所高校图书馆,未必订购其全部资源,多数图书馆目前只订购了 Compendex 数据库,如此在其网页中就不会出现选择数据库的控件。

(1) Compendex 数据库

Compendex 即 Ei Compendex Web 数据库,它精选了 80 多个国家和地区共 15 个语种的 5 000 多种工程类期刊、会议论文和技术报告。收录的学科范围涉及工程技术领域的各个方面,包括核技术、生物工程、交通运输、化学和工艺工程、光学和激光技术、农业工程和食品技术、计算机和数据处理、应用物理、电子和通信、控制工程、土木工程、机械工程、材料工程、石油、宇航、汽车工程以及这些领域的子学科及其他重要的工程领域。报道的文献语种包括英文、日文、俄文、中文等,收录的文献类型有期刊论文、会议文献、图书、科技报告、技术专著、学位论文和技术标准。目前,Compendex 覆盖了 1969 年至今的工程文献记录,数据库每年以 25 万条新记录增长。

(2) Inspec 数据库

Inspec 是由英国电气工程师学会(Institute of Electrical Engineers,简称 IEE)提供的文摘数据库,与之对应的印刷版是创刊于 1898 年的 Science Abstracts(科学文摘,简称 SA),是目前全球在物理、电气、电子、计算机与控制等领域里最全面的二次文献数据库。其数据来源于世界上 80 多个国家的 3 400 多种科学与技术期刊、1 500 种会议录以及大量的著作、报告和论文,从 1969 年至今已收录 700 万条文献记录,每年以 40 万条记录的速度增加。

(3) NTIS 数据库

NTIS 数据库创建于 1964 年,是美国国家技术信息中心(National Technical Information Service,简称 NTIS)出版的美国政府报告文摘/题录数据库(详见第 5 章)。

4.1.2　Engineering Village 检索方式

Engineering Village 提供了 3 种检索方式,即:Quick Search(快速检索)、Expert Search(专家检索)和 Thesaurus Search(叙词检索)。

1. Quick Search(快速检索)

快速检索是系统默认的检索方式,打开 Engineering Village 主页后,首先呈现给用户的就是快速检索界面,如图 4-1 和图 4-2 所示。

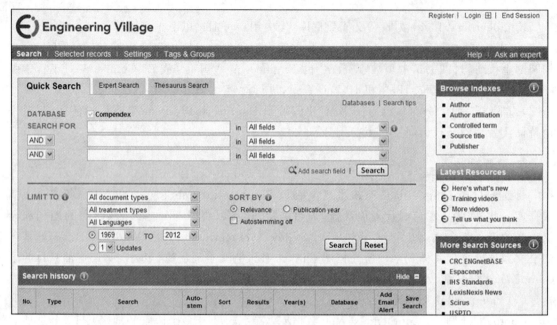

图 4-1　Engineering Village 网站主页

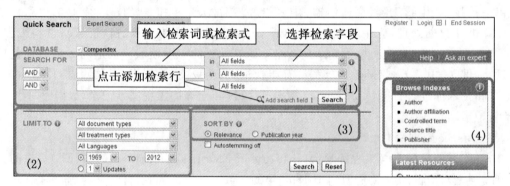

图 4-2　Engineering Village 快速检索界面

(1) SEARCH FOR(检索条件输入区)

此区为用户提供了 3 个检索行,如感不够,可点击 ![Add search field] 添加。

在检索行内可输入检索词或检索式,在检索行右部通过下拉框选择检索字段。如果用户单位订购多个数据库,则系统默认跨库检索,提供的可检字段为多个数据库的共性字段,即:All fields(所有字段)、Subject/Title/Abstract(主题/题名/摘要)、Abstract(摘要)、Author(作者)、Author affiliation(作者单位)、Title(题名)、Controlled term(受控词)等可检字段。如用户只选择其中某一个数据库,系统则相应地提供所选数据库的全部可检字段。

在检索行左部则可通过下拉框选择检索行之间的逻辑关系("AND"、"OR"、"NOT"),各检索行之间的运算顺序遵循自上而下的规则。

(2) LIMIT TO(检索条件限定区)

可限定的检索条件有:Document types(文献类型)、Treatment types(处理类型)、Languages(原文语种)和出版年,只要点击下拉框即可在提供的列表中进行选择。

（3）SORT BY(结果排序要求区)

可选择的检索结果排序规则有:按 Relevance(相关性)排序、按 Publication Year(出版年)排序,系统默认按相关性的方式排序。

（4）Browse Indexes(索引词典浏览区)

为帮助用户准确选择检索词,系统在主页右侧的 Browse Indexes 区中,提供 Author(作者)、Author Affiliation(作者单位)、Controlled Term(受控词,亦即叙词)、Source Title(来源出版物名称)和 Publisher(出版商)等字段的索引词典。单击其中任一索引词典,即可进行浏览,当在所需索引条目的复选框中勾选后,该索引条目将自动粘贴到检索条件输入框中。

2. Expert Search(专家检索)

点击主页中的 Expert Search 选项卡即可进入专家检索方式,其界面如图 4-3 所示。

与快速检索相比,专家检索为用户提供了更为强大而灵活的功能,检索式中可以使用复杂的布尔逻辑运算,并可以包含更多的检索选项。例如下式:

((International Space Station OR Mir) AND "gravitational effects") wn KY AND (French OR German OR English) wn LA

由于检索式中要采用字段代码,故在专家检索界面下方还增加了字段代码表(SEARCH CODES),供用户参考选择,如图 4-3 下方之(5)所示。如用户编写检索式还有困难,还可利用索引词典(如图 4-3 之(4))自动生成检索式。

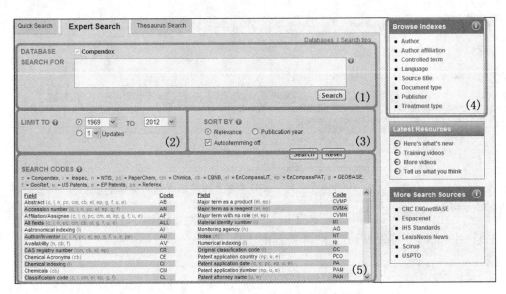

图 4-3　Engineering Village 专家检索界面

例如,欲在 Compendex 数据库中检索作者 Shi Hoa Kuo 关于 Surface waves 且用英语发表的论文,利用索引词典自动生成检索式的步骤如下:

第一步　勾选数据库 Compendex。

第二步　将鼠标的插入点定位于 SEARCH FOR(检索条件输入区)框中→单击 Browse Indexes 中的 Author(作者索引)链接,在随后出现的作者索引窗口中,搜索 Shi Hoa Kuo(在"Search for:"框中输入搜索词 Shi Hoa Kuo 并点击 Find 按钮)→在检索到的作者中,勾选 SHI

HOA KUO→勾选后,SHI HOA KUO 及相关算符就会自动插入到检索式输入框中,如图 4-4 所示。

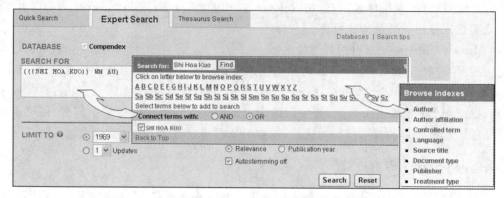

图 4-4　Engineering Village 自动输入检索式示例之步骤 2

注意:在索引词典中搜索时,搜索词中不能使用截词算符,这是由于索引词典中的搜索 (Find)用的是计算机扫描逐字匹配技术,因此若检索词为 Smith A,可定位到前方为 Smith A 的索引词条,而若检索词为 Smith A * ,则因索引词条中没有符号 * ,搜索结果将为零。

第三步　单击 Browse Indexes 中的 Controlled term(叙词索引)链接,随后的操作基本同 步骤 2,只是在勾选 Surface waves 前,需先在"Connect terms with:"提示的右侧勾选逻辑算 符 AND,如图 4-5 所示。

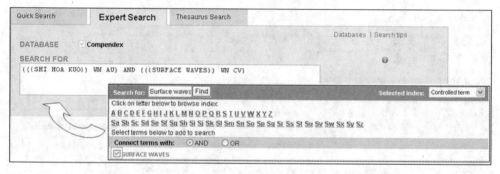

图 4-5　Engineering Village 自动输入检索式示例之步骤 3

第四步　单击 Browse Indexes 中的 Language(语言索引)链接,随后的操作同步骤 3。 经过以上操作,即可得到如图 4-6 所示的检索式。

图 4-6　Engineering Village 自动输入检索式示例之结果

3. Thesaurus Search(叙词检索)

Theseaurus 本意是词表,但 Engineering Village 的 Theseaurus 中,收录的是供系统人工标引用的受控词(Controlled Term),即通常所说的叙词,故 Thesaurus Search 实质上就是 Controlled Term Search(叙词检索)。在信息检索中,叙词标引相对于关键词标引更为精确,因此 Engineering Village 不提供关键词检索方法,只是一般用户选择叙词非常困难,为了帮助用户核对和选择叙词,系统提供了叙词检索手段,用户可先在 Thesaurus 词表中检索和选择合适的叙词,然后再以此作为正式的检索词在数据库中进行检索。

(1) 检索叙词

单击主页上的 Thesaurus Search 选项卡,即可进入叙词检索界面,如图 4-7 所示。

注意:检索叙词时,只能选择单一数据库,且文本输入框中只能输入一个检索词。

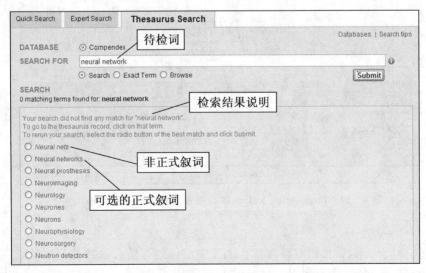

图 4-7　Engineering Village 叙词检索界面片断

在图 4-7 中系统通过 3 个单选框为用户检索叙词提供了 3 种途径,分别是:

① Search 途径

点击单选框"Search",可通过该途径检索出与所输入的待检词相关的正式叙词(用正体字表示)和非正式叙词(用斜体表示)。例如,在输入框中输入待检词"neural network",单击" **Submit** "按钮后,即可得如图 4-8 所示的叙词检索结果,本例虽然没有完全匹配的叙词,但列出了相近的叙词,供用户选择(例如可选择"Neural networks")。

图 4-8　Engineering Village 叙词检索之 Search 途径示例

② Exact Term 途径

点击单选框"Exact Term",可通过该途径检索出与所输入的待检词相匹配的正式叙词

（Exact Term）、上位叙词（Broader Terms）、相关叙词（Related Terms）和下位叙词（Narrower Term），如图 4-9 及图 4-10 所示。

图 4-9　Engineering Village 叙词检索之 Exact Term 途径示例 1

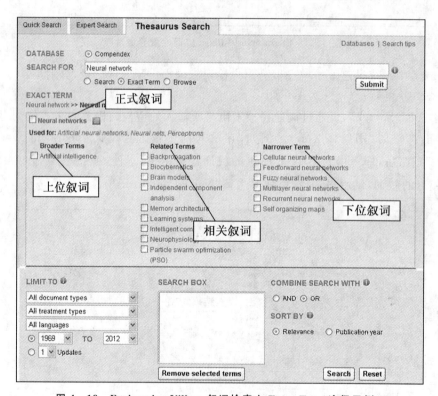

图 4-10　Engineering Village 叙词检索之 Exact Term 途径示例 2

③ Browse 途径

点击单选框"Browse"，可通过该途径在词表中定位到与输入的待检词或其首字母相匹配的词条，供用户往下浏览，从中选词。

（2）利用检出的叙词检索文献

以上介绍的仅是如何从系统叙词表中检出所需的叙词，如需从数据库中检出相关文献的记录，还需进行后续操作，例如，上例对检索结果进行阅读分析后，根据课题需要可在叙词列表左上角中选择正式叙词"Neural networks"以及上位叙词"Artificial intelligence"（两者保持逻辑"或"的关系）进行检索，其步骤是：

第一步　在图 4-10 的 EXACT TERM 栏内勾选 ☑ Neural networks，这样该词就会自动显示在如图 4-10 的下部所示的数据库检索输入框"SEARCH BOX"内，如图 4-11 所示。

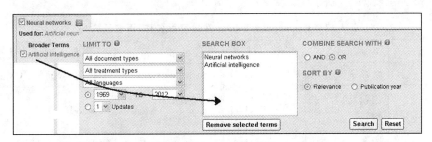

图 4-11　Engineering Village 利用检出的叙词构建检索式示例

第二步　在"SEARCH BOX"右侧的"COMBINE SEARCH WITH"栏内单选逻辑"或"算符 ⊙ OR 。

第三步　在 Broader Terms（上位叙词）栏内勾选 ☑Artificial intelligence，这样该词也会自动显示在"SEARCH BOX"输入框内，并与 Neural networks 保持逻辑"或"的关系，即自动生成检索式：（〈Neural networks〉OR 〈Artificial intelligence〉）WN CV。

第四步　单击 Search 按钮，系统即以此检索式在 Compendex 数据库的叙词字段中进行检索，并返回叙词字段为"Neural networks"或"Artificial intelligence"的记录，如图 4-12 所示。

图 4-12　Engineering Village 叙词检索最终结果页面片断

4.1.3　Engineering Village 检索语法

1. 检索词书写规则

在 Engineering Village 中检索时，所输入的检索词及算符可以是大写，也可以是小写，但单复数不兼容，英式、美式拼写方法也不兼容，必要时可采用截词算符来解决。

2. 字段算符

Engineering Village 使用 WN 及字段代码的形式来限定检索的字段范围,语法格式为:检索词 WN 字段代码,或(检索式) WN 字段代码。WN 是 within 的缩写形式,大小写均可,其前后应空一格。主要的字段代码见表 4-1 所示。

表 4-1　**Engineering Village** 常见字段名称、译名及代码

字段名称	译名	代码	适用库	字段名称	译名	代码	适用库
All fields	全部字段	ALL	C、I、N	Controlled term	受控词、叙词	CV	C、I、N
Subject/Title /Abstract	主题/题名/摘要	KY	C、I、N	Conference information	会议信息	CF	C、I
Title	题名	TI	C、I、N	Abstract	摘要	AB	C、I、N
Author	作者	AU	C、I、N	Serial title	刊名	ST	C、I
Author affiliation	作者单位	AF	C、I、N	Ei main heading	Ei 主标题词	MH	C
				Publisher	出版者	PN	C、I

注:表 4-1 的适用库中,C 代表 Compendex 数据库,I 代表 Inspec 数据库,N 代表 NTIS 数据库。

3. 逻辑算符

逻辑运算"与"、"或"、"非"分别用算符"AND"、"OR"、"NOT"表示,"AND"可用空格代替。

4. 词组/短语算符

Engineering Village 的词组/短语算符为半角双引号或半角大括号,例如:

　　　　　　　"computer aid design" 或 {computer aid design}

5. 特殊字符

Engineering Village 中,将"a～z、A～Z、0～9"、"?"、" * "、"♯"、"( )"及"{ }"之外的所有字符视为特殊字符,如检索词中必须用到特殊字符时,将其放入词组/短语算符中即可,例如:

检索:m<5	式中<视为空格及逻辑"与"算符,可检出 m<5,m>5,m…5,5…m
检索:{m<5}	式中<视为空格,但不视为逻辑"与"算符,只能检出 m<5,m>5

6. 位置算符

系统使用"NEAR/n"或"ONEAR/n"算符来限定两个检索词之间的距离。
> A NEAR/n B,表示 A、B 两个检索词的词距小于 n 个词,且词序可变。
> A ONEAR/n B,表示 A、B 两个检索词的词距小于 n 个词,但词序不能变。

7. 禁用词

在 Engineering Village 中,"and"、"or"、"not"、"near"等词因已用于运算符,故被列入禁用词,如检索词中必须用到禁用词时,将其放入词组/短语算符中即可,例如:

| 检索：block and tackle | 式中 and 视为空格及逻辑"与"算符 |
| 检索：{block and tackle} | 式中 and 只视为空格，但不视为逻辑"与"算符 |

8. 截词算符

Engineering Village 的截词算符为"＊"（无限截词）和"？"（有限截词）。例如：

> 检索 comput＊，返回：computer，computers，computerize，computerization
> 检索 sul＊ate，返回：sulphate 或 sulfate
> 检索 wom？n，返回：woman 或 women

但添加了词组/短语算符后，词组中就不能再使用截词算符了，词组中若出现截词算符，只会被视为空格。

9. 自动取词根算符

其形式为＄，位于词首。它的作用是自动取词根并在词尾添加无限截词算符，例如：

> 检索 ＄management，返回：manage，managed，manager，managers，managing，management

在快速检索中，系统默认有自动取词根（Autostemming）功能，无需添加自动取词根算符，如不需此功能，可在其检索界面中勾选"Autostemming off"（关闭自动取词根）复选框。

10. 作者姓名格式

用作者姓名检索时，姓在前，名在后，二者之间用半角逗号"，"分隔，如"Smith, Aaron"，或视署名习惯，名用缩写，如："Smith, A."。如果对西方人姓名规律搞不清楚时，可以不加词组算符，因为一旦加了词组算符，姓和名的次序就不能改变了，例如有作者 Marcin Orchel，在 Ei 中标引为："Orchel, Marcin"，如果：

检索式为：（{Orchel, Marcin}）WN AU	可检出 7 条记录
检索式为：（{Orchel Marcin}）WN AU	可检出 7 条记录
检索式为：（Marcin Orchel）WN AU	可检出 7 条记录
但检索式为：（{Marcin Orchel}）WN AU	则检索结果为零

中文作者应该用全名而不用缩写，如"Liu, Xunyi"，但过去亦有署名不规范者，"Liu, Xunyi"可能写成"Liu, Xun-Yi"、"Liu, X. Y."、"Liu, X.-Y."、"Liu, XY"……，不一而足。但由于标点符号均会被当作空格处理，故检索中国作者时，如遇双名（如 Liu, Xunyi），可整合成以下 4 种形式，即采用：

> （{liu xunyi} or {liu xun yi} or {liu x y} or {liu xy}）WN AU

11. 整字段检索格式

Engineering Village 中的叙词（受控词）、刊名、作者、作者单位、出版者等人工标引的字段，除建有全文索引外，还保留了传统的整字段索引。欲进行精确的整字段检索时，可在检索词前后添加词组算符，这时，系统就会在整字段索引中查询，获得检索结果等同于检索词的匹

配记录;如果不加词组算符,系统就仍在全文索引中查询,获得检索结果包含有检索词的匹配记录。例如:

> 检索:(support vector) WN CV　　可检出 support vector machines 等多种结果
> 检索:(⟨support vector⟩) WN CV　　检索结果为零(因为没有 support vector 词条)
> 检索:(process) WN ST　　可检出 *Process*,*Process Biochemistry* 等期刊
> 检索:(⟨process⟩) WN ST　　只能检出 *Process* 一种期刊

4.1.4　Engineering Village 检索实例

1. 检索实例 1

(1)检索课题

仍以第 3 章的检索课题为例,即关于 SiC 颗粒增强铝基复合材料连接方法的研究现状。

(2)检索步骤

① 转换检索词

根据第 1 章所述的检索词切分方法,经切分并删减后得:SiC 颗粒、铝基复合材料、连接,然后转换成英文检索词。转换结果如下:

> SiC 颗粒→"SiC particle"或 SiCp
> 　铝基复合材料→Aluminum composite material,或 Al based composite,或 Al matrix composite。因为是全文检索,可以合并为:(Aluminum or Al) and composite
> 　连接→joining 或 bonding;其下位词有:welding,brazing,soldering,diffusion welding,diffusion bonding……,可以合并为:joining or bonding or welding or brazing or soldering

② 选择检索字段

根据专指面优先的原则,"SiC 颗粒增强铝基复合材料"选择在题名字段(TI)中检索,各种连接方法选择在 Subject/Title/Abstract 复合字段(KY)中检索。

③ 选择检索方式

现以专家检索方式为例,检索式如下:

((("SiC particle") OR SiCp) AND (Aluminum OR Al) AND composite) wn TI AND (joining OR bonding OR welding OR brazing OR soldering) wn KY

④ 输入检索式(如图 4-13)

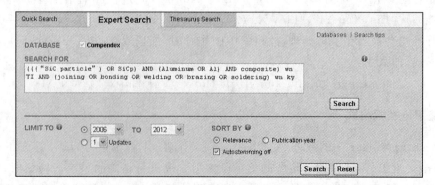

图 4-13　Engineering Village 检索实例 1 专家检索输入界面片断

（3）检索结果

检索后，命中 34 条记录，如图 4－14 所示：

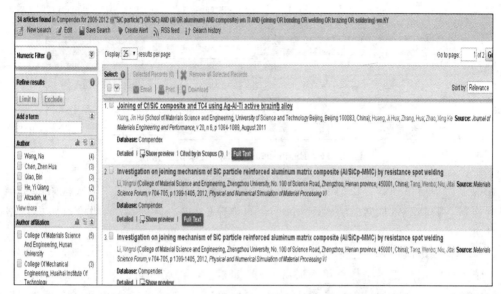

图 4－14　Engineering Village 检索实例 1 专家检索方式的检索结果

（4）检索结果阅读

检索结果默认按 Citation（题录）格式显示，但系统也在如图 4－14 所示的检索结果页面上方提供了 Citation（题录）、Abstract（文摘）和 Detailed record（详细记录）3 种格式的单选框供用户重新选择。选好后单击"　View Selections　"按钮，系统即会根据用户选择的格式重新显示。

此外，在图 4－14 所示的每条记录下方，点击 **Abstract** 或 **Detailed** 链接，也可显示该条记录的摘要或更详细的信息，如果显示有 Full-text 链接，则获得下载全文授权的单位用户可点击此链接下载全文。

（5）检索结果输出

系统在检索结果的每个页面都为用户提供了多种检索结果的输出方式，如图 4－14 题录上端的一组按钮所示。单击"　E-Mail　"按钮，可以将用户所勾选的结果发送到用户指定的电子信箱内；单击"　Print　"按钮，可打印用户所勾选的记录；单击"　Download　"按钮，可保存用户勾选的记录，系统为用户提供了 4 种保存格式（如图 4－15）供用户选择。

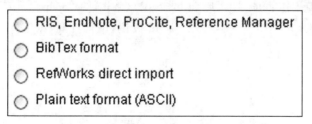

图 4－15　Engineering Village 题录下载格式

（6）保存检索历史

系统具有自动记录用户检索步骤的功能，在检索结果页面上部点击 Search history（检索历史)链接  Search history，即可在检索页面底部打开检索历史窗格，列表显示检索批次（No.）、检索方式（Type）、检索式（Search）、自动取词根的开关状态、排序方式（Sort）、检出记录的数量、检索年限、所检数据库、E-mail 专题服务选项和保存按钮等内容，如图 4-16 所示。

图 4-16　Engineering Village 检索历史窗格

在检索历史窗格顶部提供有 Combine Searches 输入框，可供用户在历次检索的基础上进行组合检索，例如，输入检索式：（#1 AND #2）NOT #3，式中的数字即检索历史窗格中的检索批次"No."。

（7）定制 E-mail 专题推送服务

系统为注册用户提供了专题推送服务功能，即系统在每周更新记录时，自动利用用户保存在系统中的检索式在新记录中执行检索，如检出相关记录，系统将检索结果自动发送到用户注册时提供的电子信箱中。在启用这项服务前，用户需在检索历史窗格中勾选"保存检索式"及"定制 E-mail 推送"两个复选框（如图 4-16 右侧）。

2. 检索实例 2

（1）检索课题

检索江苏科技大学（原华东船舶工业学院）吴小俊教授的论文被 Ei 收录的情况。

（2）检索步骤

检索作者论文被 Ei 收录的情况是我国用户使用较多的一类检索，对待这类检索，重要的是要尽可能多地列出作者姓名及工作单位在所检索的数据库中的各种表述形式。为了避免遗漏，可先借助系统提供的作者和作者机构索引词典进行查询，由于索引词典的查询方式为计算机逐字母比对（letter by letter）的扫描方式，故查询词中不能使用截词符。方法如下：

① 检索作者姓名的各种表述形式

勾选快速检索界面或专家检索界面中的 Compendex 数据库→单击 Browse Indexes 中的"Author"链接，以打开作者索引词典窗口→在该窗口的"Search for"文本输入框中输入"wu x"（注意：wu 和 x 之间空一格）→单击 Find 按钮，进行查询，浏览并记录该作者在 Ei 中的各种表述形式，得：

WU X-J.

WU X. -J.

WU X. J.

WU X.-J.

WU X.J.

WU XIAO JUN

WU XIAO-JUN

　　WU XIAOJUN

　　② 检索江苏科技大学的各种表述形式

　　单击检索界面右下部 Browse Indexes 窗口中的"Author affiliation"链接,以打开作者机构索引词典窗口→在该窗口的"Search for"输入框中输入"JIANGSU UNIV"→点击 Find 按钮,进行查询,浏览并记录作者机构在 Ei 中的各种表述形式,得:

　　　　JIANGSU UNIV OF SCI AND TECHNOLOGY

　　　　JIANGSU UNIV OF SCIENCE & TECHNOLOGY

　　　　JIANGSU UNIV OF SCIENCE AND TECHNOLOGY

　　　　JIANGSU UNIV OF SCIENCE AND TECHNOLOGY ZHENJIANG

　　　　JIANGSU UNIV OF SCIENCE TECHNOLOGY

　　　　JIANGSU UNIV OF TECHNOLOGY AND SCIENCE

　　　　JIANGSU UNIV. OF SCI. AND TECHNOL.

　　　　JIANGSU UNIV. OF SCI. AND TECHNOLOGY

　　　　JIANGSU UNIV. OF SCIENCE AND TECHNOLOGY, , CHINA

　　　　JIANGSU UNIV. OF SCIENCE/TECHNOLOGY

　　　　JIANGSU UNIVERSITY OF SCIENCE AND TECHNOLOGY

　　③ 检索华东船舶工业学院的各种表述形式

　　在作者机构索引词典的输入框中输入"EAST CHINA SHIP",点击 Find 按钮进行查询,浏览并记录作者机构的各种表述形式,得:

　　　　EAST CHINA SHIP BUILDING INST

　　　　EAST CHINA SHIPBUILDING INST

　　　　EAST CHINA SHIPBUILDING INSTITUTE

　　④ 优化检索词

　　面对上述如此多的表述形式,如果不加处理地进行组配,势必造成检索式冗长,增加系统负担,也有可能因运算符过多致使系统不能准确地执行运算,因此从提高检索性能的角度考虑,应对以上检索词进行优化。

　　根据系统相关的检索规则,以上作者表达式中的"-"及"."符号属于特殊字符,检索时,系统将忽略特殊字符,在{ }或" "中的特殊字符一律视为空格处理。根据这一规则,可将上述 7 种作者表述形式合并为 3 种,即:

　　　　　　{WU X J}、{WU XIAO JUN}、{WU XIAOJUN}

　　然后,用无限截词算符"＊"对作者单位的表述形式进合并,上述 11 种江苏科技大学的表述形式可合并为:

　　JIANGSU UNIV ＊ OF SCI ＊ AND TECHNOL ＊(注意:因有截词符号 ＊,不能再使用词组算符)

　　华东船舶工业学院的 3 种表述形式可合并为:

　　　　　　　　EAST CHINA SHIP BUILDING INST

　　　　　　　　EAST CHINA SHIP ＊ INST ＊

　　⑤ 构建检索式

　　以专家检索为例,根据系统检索规则,构建以下检索式:

　　({WU X J} OR {WU XIAO JUN} OR {WU XIAOJUN}) wn AU AND ((JIANGSU

UNIV ＊ OF SCI ＊ AND TECHNOL ＊）OR（EAST CHINA SHIP BUILDING INST）OR
（EAST CHINA SHIP ＊ INST ＊））wn AF

（3）检索结果

执行检索后，获得 49 条记录。

4.1.5　Engineering Village 原文索取

Engineering Village 中提供的文献信息如果有全文链接，则可以立即看到原文。如果只
是题录和文摘，则还要根据原文出处到有关文献收藏单位索取原文。

1. 通过图书馆寻找

原则上应该采取由近至远的办法，先在本地、本校图书馆寻找，如果找不到，则到上一级图
书馆（如省或直辖市图书馆、国家图书馆）中寻找。也可通过图书馆中的期刊订购联合目录来
查询有关的订购单位，发函联系索取复印件，或通过图书馆的馆际互借制度向外馆联系借阅。

2. 通过网上的文献资源共享网站查询

为了推动资源共享，国内已建有多家文献资源共享网站，例如，中国高等教育文献保障系
统 CALIS（www. calis. edu. cn）、国家科技图书文献中心 NSTL（www. nstl. gov. cn）、中国科学
院国家科学图书馆（www. las. ac. cn）等，均可访问加以利用。

进入国家科技图书文献中心（NSTL）网站后，可选择西文库进行检索。NSTL 收集下属
各图书馆的馆藏，组建了西文期刊文摘库、外文会议论文文摘库、外文学位论文文摘库和国外
科技报告文摘库等国外文献信息数据库，可按欲索取原文的文献类型来选择。由于欲索取的
原文其题名和作者等均为已知项，因此可选择题名字段输入完整题名（或结合选择作者字段输
入完整作者名）作为检索词来进行检索。如果国家科技图书文献中心下属各馆收藏有该文献，
检索即会成功，并可通过"购物车"索取复印件。如果检索不到，还可通过国内其他文献资源保
障单位（如上海图书馆等）进行查询。

4.2　ScienceDirect

4.2.1　ScienceDirect 系统概述

1. 关于 ScienceDirect

ScienceDirect 是荷兰 Elsevier 科学出版公司研制的全文数据库检索系统。该公司在国际
上享有盛誉，其出版的学术期刊是世界上公认的高质量学术期刊，多数为著名的检索系统所收
录。从 20 世纪末开始，Elsevier 公司将旗下出版的 2 000 多种期刊及工具书数字化，创建基于
Web 的检索平台（www. sciencedirect. com），在短短的几年中，发展迅猛，除提供本公司出版
的文献全文外，还引进世界著名文献检索系统（如 BIOSIS Previews、Compendex、Inspec 等）和
搜索引擎（如 Scirus），成为一个多数据库检索平台，但具体到用户单位，要视其订购情况而定。

2. 访问通道

ScienceDirect 为收费全文数据库，在我国原来设有镜像服务器，称为 Elsevier SDOS。但

从 2006 年起,SDOS 逐渐停止使用,有关的服务转入该系统的国外站点。我国用户可通过以下渠道进行访问:

➤ 凡已订购了 ScienceDirect 使用权的高校,校内师生只要在校园网上机,通过图书馆主页数字资源中的 ScienceDirect 链接进入,就可凭校园网主机 IP 地址登录,进行全文检索。

➤ 个人用户直接访问 www.sciencedirect.com 网站,免费注册后可通过快速检索方式免费获取题录及摘要信息。

图 4-17 为其主页。

图 4-17　ScienceDirect 网站主页

3. 资源概况

ScienceDirect 的资源以该出版社出版的期刊与图书为主,学科覆盖见表 4-2 所示。

表 4-2　ScienceDirect 收录期刊学科分类一览表

学科分类	中译名	种数
Agricultural and Biological Sciences	农业和生物学	148
Environmental Science	环境科学	78
Arts and Humanities	人文和艺术	48
Immunology and Microbiology	免疫学和微生物学	80
Biochemistry, Genetics and Molecular Biology	生物化学、遗传学和分子生物学	215
Materials Science	材料科学	108
Business, Management and Accounting	商业、管理和会计学	77
Mathematics	数学	89
Chemical Engineering	化学工程学	71

续表

学科分类	中译名	种数
Medicine and Dentistry	医学	534
Chemistry	化学	94
Neuroscience	神经科学	102
Computer Science	计算机科学	115
Nursing and Health Professions	护理与卫生保健	91
Decision Sciences	决策科学	44
Pharmacology，Toxicology and Pharmaceutical Science	药理学、毒理学和制药学	78
Earth and Planetary Sciences	地球和行星学	92
Physics and Astronomy	物理学、天文学	98
Economics，Econometrics and Finance	经济学、计量经济学和金融	76
Psychology	心理学	103
Energy	能源和动力	42
Social Sciences	社会科学	161
Engineering	工程与技术	175
Veterinary Science and Veterinary Medicine	兽医学	103

4.2.2　ScienceDirect 检索方式

1. Quick Search(快速检索方式)

快速检索为 ScienceDirect 主页(如图 4-17)上提供的检索方式,也是 ScienceDirect 网页中无处不在的检索方式。

在快速检索界面上,系统为用户提供了 All fields(全字段)、Author(作者)、Journal/Book title(刊名/书名)以及 Volume、Issue、Page(卷、期、页)等几个检索字段的文本输入框,各个输入框之间的关系为逻辑"与"。例如,欲检索 B.J. Thomasson 或 Zhang Xuping 关于 software design 方面的论文,可按图 4-18 所示的方法输入检索词。

图 4-18　ScienceDirect 快速检索输入方法示例

2. Advanced Search(高级检索方式)

单击主页(如图 4-17)导航栏中的" Search "按钮,可进入高级检索方式,在高级检索界面的顶端提供了 All Sources(所有资源)、Journals(期刊)、Books(图书)和 Images(图片)4 张检索页面选项卡,各个页面的布局基本相同,但为用户提供的选项因所选文献类型而异,其中 Journals(期刊)的检索页面如图 4-19 所示。

图 4-19 所示的检索界面分上下两区,上部为检索条件输入区,下部为检索条件限定区。

检索输入区的两个输入行中可分别输入检索词或检索式,检索字段通过"in"右侧的字段下拉菜单来限定。

检索限定区有 5 部分限定内容:

➢ Source(源文献)限制:可在 All journals(全部期刊)、Subscribed journals(订阅期刊)、My favorite journals(我喜爱的期刊)中选择。

➢ Subject(学科主题范围)限制:包括 All Sciences(所有学科)及表 4-2 所示的 24 个学科的选项。

➢ Limit by Document Type(文献类型)限制:包括 Article(论文);Short Communication(短信);Book Review(书评);Publisher's Note(出版社记录);Review Article(述评);Correspondence,Letter(信件;信函);Product Review(产品评论);Erratum(错字勘误表);Short Survey(简略调查报告);Discussion(讨论);Editorial(编辑)等。

➢ Date Range(年代)限制:All Years(所有年)或规定起讫年(起始年 to 截止年)。

➢ Volume(卷)、Issue(期)、Page(页码)限制。

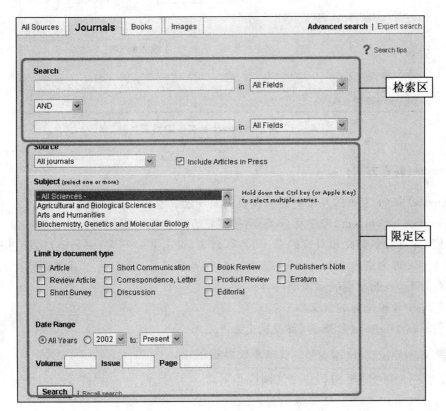

图 4-19　ScienceDirect 期刊高级检索界面

例如,需在系统全部期刊、所有年卷期中检索各种文献类型的有关神经网络(neural net 或 neural network)在目标识别(object recognition)方面的应用。检索词的输入方法可如图 4-20 所示,其他选项保持系统默认值。

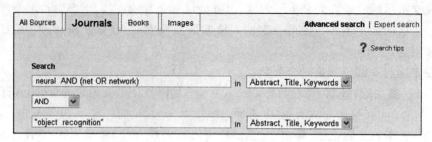

图 4 - 20 ScienceDirect 高级检索输入方法示例

3. Expert Search(专家检索方式)

在高级检索页面右上角点击"Expert search"即可打开专家检索页面,如图 4 - 21 所示。

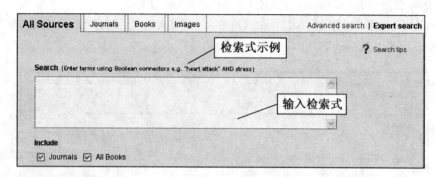

图 4 - 21 ScienceDirect 专家检索界面片断

4. Browse(浏览方式)

在 ScienceDirect 主页的左下侧还提供有浏览功能。有 Browse by title(按刊名/书名字母顺序)和 Browse by subject(按学科分类)两种浏览方式。用户根据需要点击某一字母或某一学科的链接,即可看到与此相对应的书、刊名称列表,点击某一刊名/书名链接,即可进入浏览页面。图 4 - 22 即为选击 *Aerospace Science and Technology* 期刊后打开的浏览页面,在其左侧可选择卷期号,右侧相应展示该期内容。

图 4 - 22 中各种图标的含义如下:

➢ New Article Feed RSS 源(详见第 7 章 7.2 节);

➢ Alert me about new articles 新文献提醒;

➢ = Full-text available 可提供全文阅读和下载;

➢ = Abstract only 只能提供摘要;

➢ Articles in Press 尚在出版中;

➢ 、 展开或折叠按钮;

➢ PDF 全文链接。

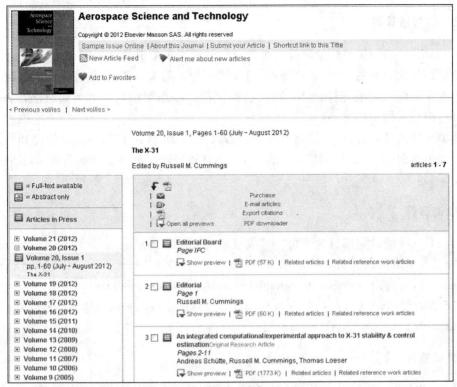

图 4 – 22 ScienceDirect 书刊浏览页面片断

4.2.3 ScienceDirect 检索语法

1. 检索词书写规则

➢ 检索词单复数兼容。

➢ 英式、美式拼写方法兼容。

➢ 作者姓名遵从文献上的作者署名习惯，如果是名前姓后不需调整，名可缩写且小数点也可忽略，例如，B. J. Thomasson、B J Thomasson、Thoralf Lange、Xiaojun Wu。

2. 字段算符

用字段名称及圆括号表示，即字段名称(检索词/检索式)，括号前有无空格均可。例如，Title-Abstr-Key(neural net)，表示在题名、摘要或关键词三个字段中检索含有 neural net 的文献。ScienceDirect 的字段名称见表 4 – 3 所示。

表 4 – 3 ScienceDirect 可检字段及中译名

字段名称	中译名	字段名称	中译名
Title	题名	Affilliation	作者机构
Abstract	摘要	Journal-Name	期刊名称
Keywords	关键词	ISSN	期刊号
Title-Abstr-Key	题名或摘要或关键词	Reference	参考文献
Authors	作者	Full Text	全文

3. 词组/短语算符

ScienceDirect 的词组或短语算符为半角双引号或半角单引号。

半角双引号为宽松的词组/短语算符,将检索词加半角双引号后,系统将检出和检索词(短语/词组)完全匹配的记录,但词组中的标点、连字符和停用字被忽略。例如,检索"x-ray",将检出 x-ray,但也可能检出 x ray。

半角单引号为精确的词组/短语算符,将检索词加半角单引号后,系统将检出和检索词(短语/词组)完全匹配的记录,但词组中的标点、连字符和停用字不会被忽略。例如,检索'x-ray ',只能检出 x-ray。

4. 截词算符

ScienceDirect 的截词算符为半角"＊"或半角"?"。

➤ "＊"为无限截词算符,例如,输入"h＊r＊t",可检出 heart、harvest、hypervalent;输入"transplant＊",可检出 transplant、transplants、transplanted、transplanting。

➤ "?"为有限截词算符,例如,输入"gro?t",可检出 groat、grout;输入"transplant??",可检出 transplant、transplants、transplanted。

5. 逻辑算符

逻辑与、或、非运算符分别用 AND、OR、AND NOT 来表示,算符前后需空一格,算符 AND 也可用空格代替。

例如,欲在 Title 字段中,检索作者为 Billur Barshan 的有关神经网络(neural net 或 neural network)在目标识别(object recognition)方面的应用,检索式应该是:

Title(("neural net" OR "neural network") AND "object recognition") AND Authors("Billur Barshan")

6. 位置算符

ScienceDirect 的位置算符有 w/n 和 pre/n 两种。"w/n"为两词词距不超过 n 个词,词序可变;"pre/n"为两词词距不超过 n 个词,词序不变。

4.2.4　ScienceDirect 检索实例

1. 检索课题

仍以检索课题"查找有关 SiC 颗粒增强铝基复合材料连接方法的研究现状"为例。

2. 检索过程

(1) 提取检索词

参见 4.1.4 Engineering Village 检索实例中的检索实例 1。

(2) 构建检索式

同 4.1.4 Engineering Village 检索实例中的检索式,但需按 ScienceDirect 的检索规则修改,修改后得如下检索式:

Title(("SiC particle" OR SiCp) AND (Aluminum OR Al) AND composite) AND Title-Abstr-Key (joining OR bonding OR welding OR brazing OR soldering)

（3）输入检索式

如图 4-23 所示,输入检索式。

（4）执行检索

点击" Search "按钮执行检索,系统返回 13 条相关记录（如图 4-24）。

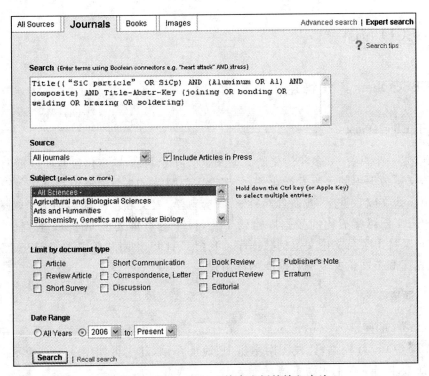

图 4-23 ScienceDirect 检索实例的输入方法

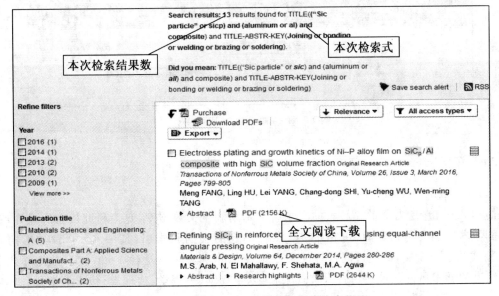

图 4-24 ScienceDirect 检索实例的检索结果

（5）阅读检索结果

图 4-24 所示的检索结果页面左上端提示了本次检索的结果数及检索式。点击题名可查看详细信息，点击 PDF 可打开全文阅读或下载。页面左侧还提供有二次检索框，在页面右上端点击 Save this search 可保存本次检索式；点击 Save as search alert 可设置检索提醒，系统会定期将符合检索要求的新文献发送到用户指定的 E-mail 信箱中；点击 RSS Feed 可设置 RSS 源（详见第 7 章 7.2 节）。

4.3　EBSCO host

4.3.1　EBSCOhost 系统概述

1. 关于 EBSCOhost

EBSCO 是一个具有 60 多年历史的大型文献服务专业公司，专门经营印刷型期刊、电子型期刊和电子文献数据库的出版发行业务，总部设在美国，在 19 个国家设有分部。EBSCO 开发了 150 多个在线文献数据库，涉及自然科学、社会科学、人文和艺术等多种学术领域。EBSCO host 是 EBSCO 公司集成化的数据库检索平台，该平台上集成了 60 多个数据库。2009 年，EBSCO 公司又推出了英文论文范例数据库。我国 CALIS 集团联合引进了 EBSCO host 其中的 13 个数据库和英文论文范例数据库的使用权。

2. 访问通道

EBSCOhost 的网址为 search.ebscohost.com。参订单位的用户可通过所在单位图书馆网站进入 EBSCO host 网站，凭校园网主机 IP 地址登录，其主页如图 4-25 所示。为了能正常显示，系统要求 IE7 以上的浏览器。

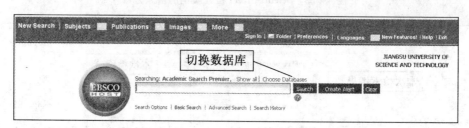

图 4-25　EBSCOhost 网站主页

3. 资源概况

（1）Academic Search Premier

简称 ASP，它是当今世界最大的多学科学术期刊全文数据库，专为研究机构所设计，提供丰富的学术类全文期刊资源，包括 7 900 多种期刊的文摘和索引，其中 4 700 种学术期刊有 PDF 格式的电子全文，而经过同行评议和专家推荐的全文期刊就有 3 600 种。数据库几乎覆盖了所有的学术研究领域，包括：人文社会科学、生物学、工程学、物理学、化学等学科。

（2）Business Source Premier

简称 BSP，它是世界上最大的商务期刊全文数据库之一，学科领域包括：管理、市场、经济、金融、商业、会计、国际贸易等。库中收录连续出版物 8 800 余种，其中经过同行评议和专家推荐的全文期刊有 1 100 余种，大多为 PDF 格式文件。有 350 余种的全文期刊回溯到 1922 年或期刊创刊年。收录的著名期刊有 *Harvard Business Review*（哈佛商业评论），*California Management Review*（加州管理评论），*Administrative Science Quarterly*（行政科学季刊），*Academy of Management Journal*（管理学会志），*Academy of Management Review*（管理学会评论），*Journal of Management Studies*（管理研究杂志），*Journal of Marketing Management*（市场管理杂志），*Journal of Marketing Research*（市场研究杂志），*Journal of International Marketing*（国际市场杂志）等。

（3）其他数据库

① ERIC 教育资源文摘数据库（免费）　提供 2 200 余种文摘刊物和 1 000 余种教育或与教育相关的期刊文摘以及相关引文信息。

② MEDLINE 医学文摘数据库（免费）　提供 4 800 余种生物和医学期刊的文摘信息。

③ Newspaper Source 报纸资源数据库（免费）　选择性提供 200 余种报刊全文。

④ Professional Development Collection（免费）　550 多种教育核心期刊全文数据库。

⑤ Regional Business News（免费）　75 种美国区域商业期刊、报纸等文献的全文数据库。

⑥ History Reference Center　历史学全文参考文献数据库，提供了 1 000 多部历史参考工具书和百科全书的全文，60 种历史杂志的完整全文，58 000 份历史资料，43 000 篇历史人物传记和 12 000 多幅历史照片、地图及 80 多个小时的历史影片和录像。

⑦ MasterFILE Premier　多学科数据库，提供了近 500 种参考工具书的全文、84 774 本传记和一本包含 202 164 张相片、地图和国旗的图片集等。

⑧ Vocational and Career Collection　提供了 350 多种与贸易和工业相关的期刊全文。

⑨ Library，Information Science & Technology Abstracts　图书馆学和信息科学与技术文摘。

⑩ GreenFile　环境文摘数据库。

4.3.2　EBSCOhost 检索方式

EBSCOhost 提供"Basic Search"（基本检索）和"Advanced Search"（高级检索）两种检索方式。

1. Basic Searech（基本检索）

EBSCOhost 主页上的检索界面即 Basic Search（基本检索）的界面。默认打开 Academic Search Premier（ASP）数据库，如需调用其他数据库，可在检索框上部点击"Choose Databases"链接，重新进行选择。若在检索框下部点击"Search Options"链接，则会展开检索模式选择区、检索限定区等选项供用户设置，如图 4-26 所示。

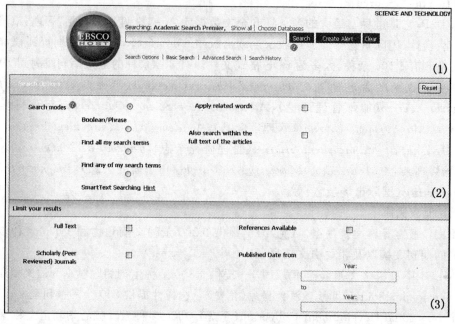

图 4 - 26   EBSCOhost 基本检索界面

（1）检索条件输入区

可输入检索词或检索式。

（2）Search Modes（检索模式选择区）

系统提供了限定检索词组配模式的几个单选框及 Hint 链接，其中：

➢ "Boolean/Phrase"（为系统默认的检索模式，可接受逻辑算符或词组算符）。

➢ "Find all my search terms"（输入的几个检索词之间为逻辑"与"关系）。

➢ "Find any of my search terms"（输入的几个检索词之间为逻辑"或"关系）。

➢ "SmartText Searching"（文本段检索，选择后可输入文本段进行检索，如图 4 - 27）。

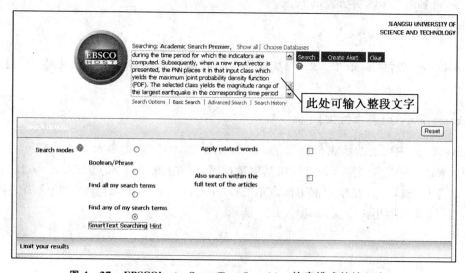

图 4 - 27   EBSCOhost   SmartText Searching 检索模式的输入窗口

此区右侧系统还提供了两个供用户扩检的复选框：Apply related words（同时用相关词检索）、Also search within the full text of the articles（同时在全文中检索）。

（3）Limit your results（检索结果限定区）

此区提供若干限定检索结果用的复选框。在选择全部数据库的情况下，对检索结果的限制选项主要有：

> Full Text（有全文）；
> References Available（有参考文献）；
> Scholarly（Peer Reviewed）Journals（经过同行审议的学术期刊）；
> Published Date from ＿＿ to ＿（限定出版日期从……至……）。

2. Advanced Search（高级检索）

单击任一检索界面中的"**Advanced Search**"链接即可进入高级检索界面，如图 4 - 28 所示。高级检索界面也分检索条件输入区、检索模式选择区和检索结果限定区等区。所不同的是：在检索条件输入区，提供了三行文本输入框（如果需要更多的输入行，可以点击输入区右下角的"**Add Row**"链接），三个输入框的逻辑关系（与、或、非）可通过左边的下拉菜单选择，每个输入框的右边提供了检索字段的下拉菜单，此外，检索结果限定区限定的项目会更加具体，例如，选择 Academic Source Premier 数据库作为检索对象时，增加了页码限定、文献类型限定（摘要、论文、传记、书评等）。此外，在检索限定区的下面，还增加了一个特殊限定区（Special limiters），系统在该区针对不同的数据库提供了一些特殊的限定，如对 Academic Source Premier 数据库提供了出版类型的选择，包括 Periodical（期刊）、Newspaper（报纸）、Book（图书）、Primary Source Document（主要来源文档）、Education Report（教育报告）等。

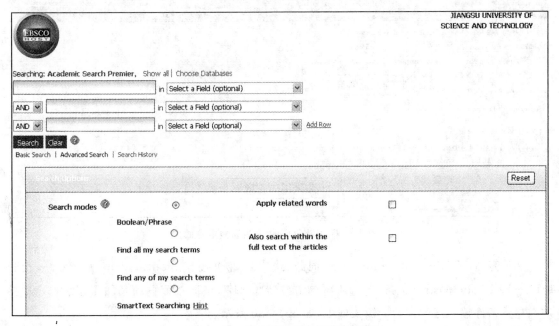

图 4 - 28　EBSCOhost 高级检索界面

3. 辅助检索方式

在 EBSCOhost 各种检索方式页面的顶部(如图 4 - 25,其他图中已略去)都会见到一个导航栏,其中的:Subjects(主题)、Publications(出版物)、Images(图像)和 More(其他)等下拉菜单可帮助用户在所选的数据库中,搜索库内的主题词、出版物、图像等已知条件,以补充检索用语。

(1) Subjects Terms(主题词检索)

单击导航栏中的"Subjects"下拉菜单,系统先显示可检数据库名称,根据需要点选所需的数据库(例如"Academic Source Premier")后,系统就会打开数据库"Academic Source Premier"的主题词表检索窗格,如图 4 - 29 所示。

主题词检索主要用来查找系统中已标引的主题词(相当于 EI 的受控词,亦即叙词),进而以此为检索词检出相关的记录。例如,在图 4 - 29 所示的窗格中输入检索词"Metal matrix composite",点击" Browse "按钮,系统立即返回检索结果:

METAL matrix composites **Use** METALLIC composites

结果说明"Metal matrix composite"不是系统可接受的正式叙词,应选择正式叙词"METALLIC composites"。

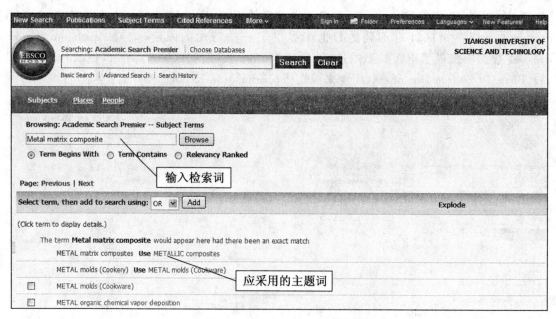

图 4 - 29　EBSCOhost 主题词检索界面

然后点击 METALLIC composites 词条;或点击翻页按钮 **Page: Previous | Next** ,找到 METALLIC composites 词条,勾选后再单击按钮"Add",该词条即自动添加字段算符 DE 并进入检索条件输入区的检索词输入框中,如图 4 - 30 所示。

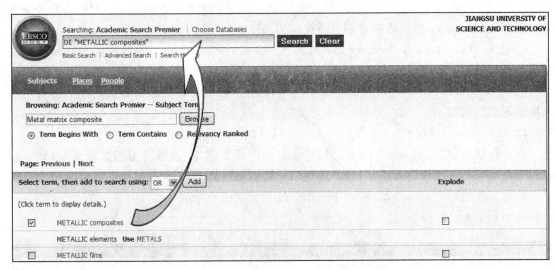

图 4 - 30　EBSCOhost 主题词检索最终结果

（2）Publications（出版物检索）

点击导航栏中的"Publications"下拉菜单，系统显示可检的数据库名称，根据需要单击数据库名称，如"Academic Source Premier"，系统进入"Academic Source Premier"的出版物检索界面，如图 4 - 31 所示。

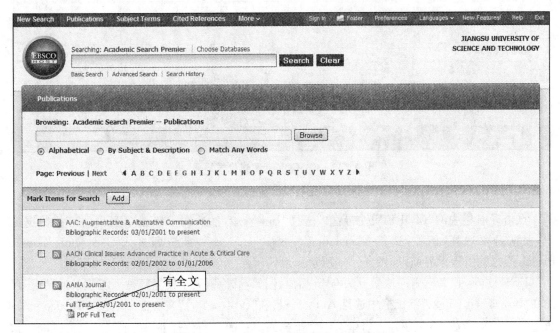

图 4 - 31　EBSCOhost 出版物检索界面

系统在此提供了根据出版物名称按卷、期浏览特定出版物内容的途径，既可通过检索来定位到某种出版物，也可点击首字母栏按字母顺序浏览。

若采用检索的方法，可输入检索词，并在"Browsing:"文本输入框的下方，选择检索方式单选框，然后单击"Browse"按钮，系统会按照所选的检索方式给出如下的结果：

① 选择 Alphabetical(字母顺序)检索方式者　系统定位于出版物名称字顺索引中和输入的检索词匹配的词条,用户可通过翻页链接往后浏览。

② 选择 By Subject & Description(按主题和叙词)检索方式者　系统输出和所输入的主题或叙词相关的出版物。

③ 选择 Match Any Words(任意词匹配)检索方式者　系统输出出版物名称中含有所输入检索词的出版物。

（3）Images(图像检索)

点击导航栏中的"Images"下拉菜单,系统显示图像数据库,选择所需图像数据库,如"Image Collection",系统即进入图像检索,如图 4 - 32 所示。图中在检索条件限定区为用户提供了 6 种可复选的图像类型:Photos of people、Natural science photos、Photos of places、Historical photos、Maps 和 Flags。

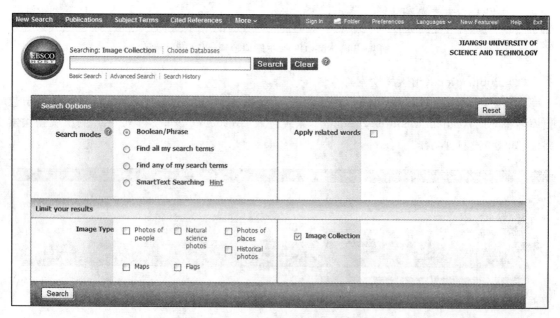

图 4 - 32　EBSCOhost 图像检索界面

（4）Indexes(索引检索)

点击导航栏中的"MORE"下拉菜单,选择"Indexes",然后在下级菜单列出的可检数据库中,根据需要选择,例如,选择"Academic Source Premier",系统即进入"Academic Source Premier"的索引检索界面,如图 4 - 33 所示。

EBSCOhost 作者索引的检索方法与 Ei 相似,例如,欲检索吴小俊老师被系统收录的情况,可先在"Browse an Index:"下拉框中选择 Author→再在"Browse for:"文本框中输入 wu, xiao jun→单击"Browse"按钮→系统在作者索引中定位到该词条的起始位置处,显示☐wu, xiao jun　2,词条右侧显示的数字 2 为系统中的记录条数→点击 **Page: Previous | Next**,扩大搜索范围,又得:☐wu, xiao-jun　15→勾选这两个词条→在保持 or ▾ 的情况下,点击"Add"按钮→系统自动生成检索式并显示在 Searching 检索框中,如图 4 - 34 中所示的:((ZA "wu, xiao jun'")) or ((ZA "wu, xiao-jun'"))。

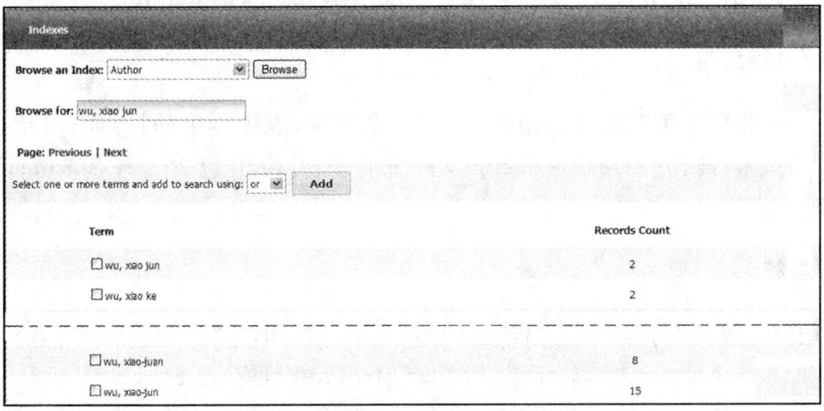

图 4 - 33　EBSCOhost 作者索引检索界面及实例

图 4 - 34　EBSCOhost 作者索引自动生成的检索式

4.3.3　EBSCOhost 检索语法

1. 检索词书写规则

① 大小写　系统不区分大小写。

② 检索词单复数　系统单复数兼容，如输入"fuzzy neural network"，系统返回分别含有 fuzzy neural network 和 fuzzy neural networks 的记录。

③ 作者姓名格式　作者姓名遵从姓前名后的规则，姓和名之间用半角逗号分隔，名字可用完整形式也可用缩写形式，如"Withers，Graham"、"Wang，S. T."、"Wang，Shi-Tong"。

2. 字段算符

系统提供的可检字段因用户所选数据库而异，常见的可检字段见表 4-4 所示。

表 4 - 4　EBSCOhost 数据库主要可检字段及其代码

字段名称	代码	中译名	字段名称	代码	中译名
All Text	TX	全文	Journal Name	SO	期刊名称
Title	TI	题名	ISSN	IS	ISSN 号
Author	AU，ZA	作者	ISBN	IB	ISBN 号
Subject Terms	SU，DE	主题词	Company Entity	CO	公司
Key Word	KW	关键词	Geographic Terms	GE	地理学名称
Abstract	AB	摘要	Ticker Symbol	TK	股票代码

EBSCOhost 检索系统不提供专家检索方式，但在其基本检索方式的检索词输入框中，允许输入简单的检索式，所使用的字段算符格式为："字段代码 检索词"，例如，图 4-30 中所示

的：DE "METALLIC composites"，图 4 - 34 中所示的：ZA "wu，xiao jun"。

3. 词组/短语算符

EBSCOhost 使用半角双引号为精确词组/短语算符，但短语中的标点符号或连词符会被忽略，例如，输入检索词"stress-acoustic"，系统将分别检出包含 stress-acoustic 或 stress acoustic 的记录。

4. 逻辑算符

系统的逻辑运算符"与"、"或"、"非"分别用"AND"、"OR"、"NOT"表示。AND 可用空格替代，例如 TI (stress acoustic)，表示在 TI 中有 stress，并且有 acoustic。

5. 位置算符

系统提供了 2 种位置算符：Wn 和 Nn，Wn 表示两个检索词之间的词距不多于"n"个词，词序不变；Nn 表示两检索词间距不多于"n"个词，词序可变。

6. 截词算符

系统提供了 2 种截词算符："﹡"为前方一致无限截词算符，"?"为有限截词算符。

4.3.4　EBSCOhost 的检索实例

1. 检索课题

仍以检索课题"查找有关 SiC 颗粒增强铝基复合材料连接方法的研究现状"为例。

2. 检索过程

（1）提取检索词

见 4.1.4 Engineering Village 检索实例 1 中的分析。

（2）构建检索策略

由于 EBSCOhost 不提供专家检索方式，其基本检索方式虽可接受检索式，但检索框太小，难以列出太长的检索式，故采用高级检索方式，分为两个检索概念组面，即：

> 组面 1(in TI)：("SiC particle" OR SiCp) AND (Aluminum OR Al) AND composite
> 组面 2(in AB)：joining OR bonding OR welding OR brazing OR soldering

（3）实施检索

选用高级检索方式检索，其输入界面及检索结果如图 4 - 35 所示，共得相关记录 96 篇。

（4）阅读检索结果

➢ 在图 4 - 35 右侧可见检中记录的题录及摘要，点击 PDF Full Text 可打开全文。

➢ 在图 4 - 35 左侧的上部可知检索结果数和本次检索式。

➢ 如感本次检索结果太多，可利用图 4 - 35 左侧中部的"Refine your results"及"Source Types"两栏，从文献类型及发表日期等方面进一步提炼检索结果的范围。

➢ 还可以在图 4 - 35 左侧底部用系统提供的"Subject：Thesaurus Terms"、"Publication"

等功能对检索结果进行进一步缩检提炼。

图 4 - 35　EBSCOhost 检索实例

4.4　SpringerLink

4.4.1　SpringerLink 系统概述

　　SpringerLink 数据库是德国施普林格出版公司提供的在线文献服务系统。2005 年,荷兰 Kluwer 学术出版公司的网络版全文数据库 Kluwer Online 并入 SpringerLink,使其文献量迅速增加,现包括期刊 2 769 种、图书 53 829 种、丛书 1 742 种、参考工具书 220 种、27 851 种协议书(protocol)以及 2 个特色图书馆:中国在线科学图书馆和俄罗斯在线图书馆。专业覆盖建筑学、设计和艺术,行为科学,生物医学和生命科学,商业和经济,化学和材料科学,计算机科学,地球和环境科学,工程学,人文、社科和法律,数字和统计学,医学、物理和天文学等。我国 CALIS 全国工程文献中心于 2002 年组织国内高校及科研单位,联合购买了 SpringerLink 的使用权,其中国站点的网址为:china. springerlink. com/home/main. mpx,通过 IP 地址方式控制用户访问权限,高校师生可通过学校图书馆主页电子资源栏目中的 SpringerLink 链接进入,图 4 - 36 为其主页。为清晰显示,系统建议使用 IE8 以上的浏览器。

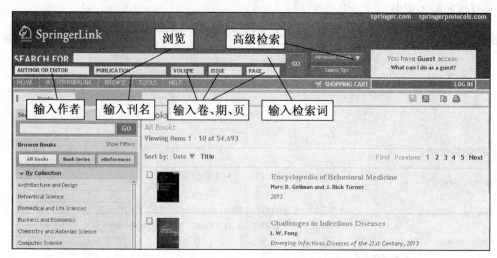

图 4-36　SpringerLink 中国站点主页及简单检索界面

4.4.2　SpringerLink 检索方式

SpringerLink 系统提供了两种检索方法的界面,即简单检索和高级检索。

1. 简单检索

进入 SpringerLink 后,系统即在主页上提供默认的简单检索界面,如图 4-36 上部所示。该界面提供了检索和浏览两种方式来使用系统资源。

（1）检索方式

在简单检索方式中,可检索的文献范围为系统默认的全部文献类型,在 SEARCH FOR 文本输入框中可输入检索词或检索式。例如,检索有关神经网络（neural network 或 neural net)方面的文献,可在该输入框中输入(neural network* OR neural net*)。如果还要添加作者、刊名、卷期等条件,可直接点击 SEARCH FOR 输入框下面的 AUTHOR OR EDITOR(作者或编者)、PUBLICATION(出版物名称,如刊名)、VOLUME(卷)、ISSUE(期)、PAGE(页码)等输入框,出现光标后即可输入这些补充条件。

（2）浏览方式

点击菜单栏中的"BROWSE",先出现文献类型下拉菜单,如:Journals、Books、eReferences等,选择后即可打开该数据库中的记录列表,表中记录按日期(Date)或题名(Title)字顺排列,点击题名链接,即可进一步选择章节进行浏览。

2. 高级检索

单击简单检索界面文本输入框右上部的"Advanced Search"按钮,系统即可弹出高级检索界面,如图 4-37 所示。

高级检索采用检索表单式界面,共分为 3 区。

（1）CONTENT 区

在输入框中可以输入检索词或检索式,字段可通过单选框⊙FULL TEXT(全文)、⊙TITLE & ABSTRACT(题名或摘要)、⊙TITLE ONLY (仅是题名)来限定。同时还提供了

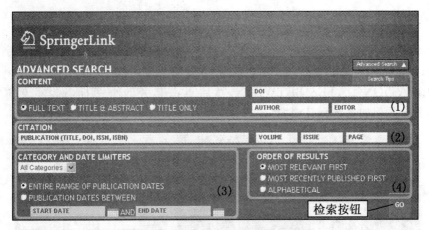

图 4-37　SpringerLink 高级检索界面

DOI、AUTHOR、EDITOR 三个补充输入框,点击后输入。

（2）CITATION 区

此区提供出版物（PUBLICATION）的名称等信息（TITLE、DOI 编码、ISSN 或 ISBN 编号）及 VOLUME、ISSUE、PAGE 等输入框,点击后输入。

（3）CATEGORY AND DATE LIMITERS 区

此区提供学科分类（Category）及文献发表起讫日期的限制。

（4）ORDER OF RESULTS 区

此区提供检索结果排序依据的选择。

根据需要直接在各区输入检索条件,各区条件之间默认为逻辑"与"的关系。

4.4.3　SpringerLink 检索语法

① 字段算符　用字段代码限定检索的字段范围,语法格式为:"字段代码:检索词"。

② 布尔逻辑运算符　系统逻辑运算符"与"、"或"、"非"分别用"AND"、"OR"、"NOT"表示。

③ 截词符　系统使用星号"＊"实现截词检索。

④ 作者姓名格式　除《中国在线科学图书馆》中的资源外,库中其他资源的作者姓名遵从西方署名习惯,即名前姓后,如:P. Y. Richard、Jianguo Yang。

⑤ 词组/短语算符　使用半角双引号为词组/短语算符。

4.4.4　SpringerLink 检索实例

1. 检索课题

神经网络在雷达目标识别中的应用。

2. 检索式

（neural net＊　OR neural network＊ ）AND radar AND（"target recognition" OR "object identification"）

3. 实施检索

采用高级检索方式,在"CONTENT"输入框中输入上述检索式,并在其下的字段单选按钮中选择"TITLE & ABSTRACTS",在 CATEGORY 下拉菜单中选择 Only Journals,点击单选框 PUBLICATION DATES BETWEEN,然后点击其旁的小图标,选择 2006 年至现在(2012 年),其余均保留系统默认设置,输入方法如图 4-38 所示。

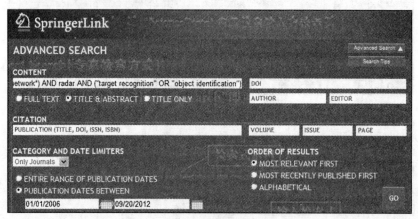

图 4-38 检索实例输入方法示例

4. 检索结果

检索结果如图 4-39 所示,只获得 795 篇相关记录。

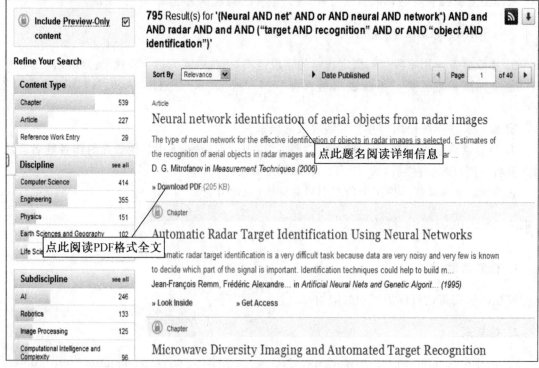

图 4-39 检索实例检索结果示例

4.5　IEEEXplore DIGITAL LIBRARY

4.5.1　IEEEXplore 系统概述

1. 关于 IEEEXplore

美国电气和电子工程师协会 IEEE(Institute of Electrical and Electronics Engineers)是一个国际性的电子技术与信息科学工程师协会,也是世界上最大的专业技术组织之一,下设 35 个专业学会和 2 个联合会,在全球 175 个国家拥有 36 万多名会员,在太空、计算机、电信、生物医学、电力及消费性电子产品等领域中都是主要的权威。IEEE 还出版多种期刊、学报和书籍,每年组织 300 多次专业会议,会后出版相关的会议录。在全世界电子、电气以及计算机科学等领域,IEEE 拥有的文献占到 30%,另外,IEEE 还制定了超过 900 个现行的工业标准,其定义的标准在工业界有极大的影响。因此,对于电子、电气及计算机科学等学科,检索 IEEEXplore 是一条重要的补充渠道。

2. 访问通道

IEEEXplore 网站(ieeexplore. ieee. org/Xplore)又称为 IEEE digital library,为收费全文数据库,通过 IP 地址方式控制用户访问权限,高校师生可通过学校图书馆主页电子资源栏目中的 IEEEXplore 链接进入,图 4-40 为其主页。为了清晰显示,系统要求 IE7 以上的浏览器。

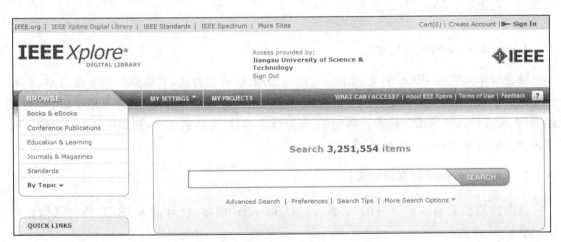

图 4-40　IEEE 检索系统主页暨快速检索界面

3. 资源概况

IEEE 电子出版物的内容非常丰富,但各校限于专业及资金条件,订购的品种会有所不同,例如,江苏科技大学图书馆就只订购了如下所示的部分电子期刊:

  ➢ IEEE Communications Letters;
  ➢ IEEE Communications Magazine;
  ➢ IEEE Journal of Oceanic Engineering;

- ➢ IEEE Journal on Selected Areas in Communications；
- ➢ IEEE Network；
- ➢ IEEE Signal Processing Magazine；
- ➢ IEEE Spectrum；
- ➢ IEEE Transactions on Automatic Control；
- ➢ IEEE Transactions on Circuits and Systems，I：Regular Papers；
- ➢ IEEE Transactions on Circuits and Systems，II：Express Briefs；
- ➢ IEEE Transactions on Communications；
- ➢ IEEE Transactions on Fuzzy Systems；
- ➢ IEEE Transactions on Industry Applications；
- ➢ IEEE Transactions on Information Theory；
- ➢ IEEE Transactions on Neural Networks and Learning Systems；
- ➢ IEEE Transactions on Robotics；
- ➢ IEEE Transactions on Signal Processing；
- ➢ IEEE Transactions on Systems，Man，and Cybernetics，Part A,B,C；
- ➢ IEEE Transactions on Wireless Communications；
- ➢ IEEE/ASME Transactions on Mechatronics；
- ➢ IEEE Wireless Communications Magazine；
- ➢ Proceedings of the IEEE。

4.5.2　IEEEXplore 检索方式

1. Quick Search(快速检索)

快速检索方式是 IEEE 主页(如图 4-40)上的默认检索方式,其检索界面非常简单,只有一个输入框,供输入检索词或者由逻辑运算符连接的检索式,系统将在所有可检字段、所有文献类型、所有检索时间段中检索。如检索"模型算法控制"方面的文献,只需在输入框中键入检索词"model algorithmic control"即可。

2. Advanced Search(高级检索)

点击快速检索输入框下方的"Advanced Search"链接,就可进入 IEEE 的高级检索界面,如图 4-41 所示。

高级检索界面默认三个输入框,但可点击 +⌐ Add New Line 按钮增加。输入框内可输入检索词或检索式,行左下拉框供选择行间逻辑关系,行右 in 旁的下拉框可选择检索字段。系统提供了 Metadata Only(元数据)、Document Title(文献题名)、Authors (作者)、Publication Title (出版物题名)、Abstract (摘要)、Author Affication (作者单位)、Author Keywords (作者关键词) 等 25 个检索字段,用户可以根据检索需要选择相应的字段。例如,需在系统的全部期刊、所有年卷期中检索各种文献类型的有关神经网络(neural net 或 neural network)在目标识别(object recognition)方面的应用,可以通过如下 2 种方法完成:

① 在一个输入框中输入完整的检索式:("neural net" OR "neural network") and "object recognition"，检索字段统一选择 Document Title。

② 分别在三个输入框中输入"neural net"、"neural network"和"object recognition"三个检索词，检索字段视需要可分别选择，亦可选择同一字段，第 1 行和第 2 行之间选择 OR，第 2 行和第 3 行之间选择 AND。

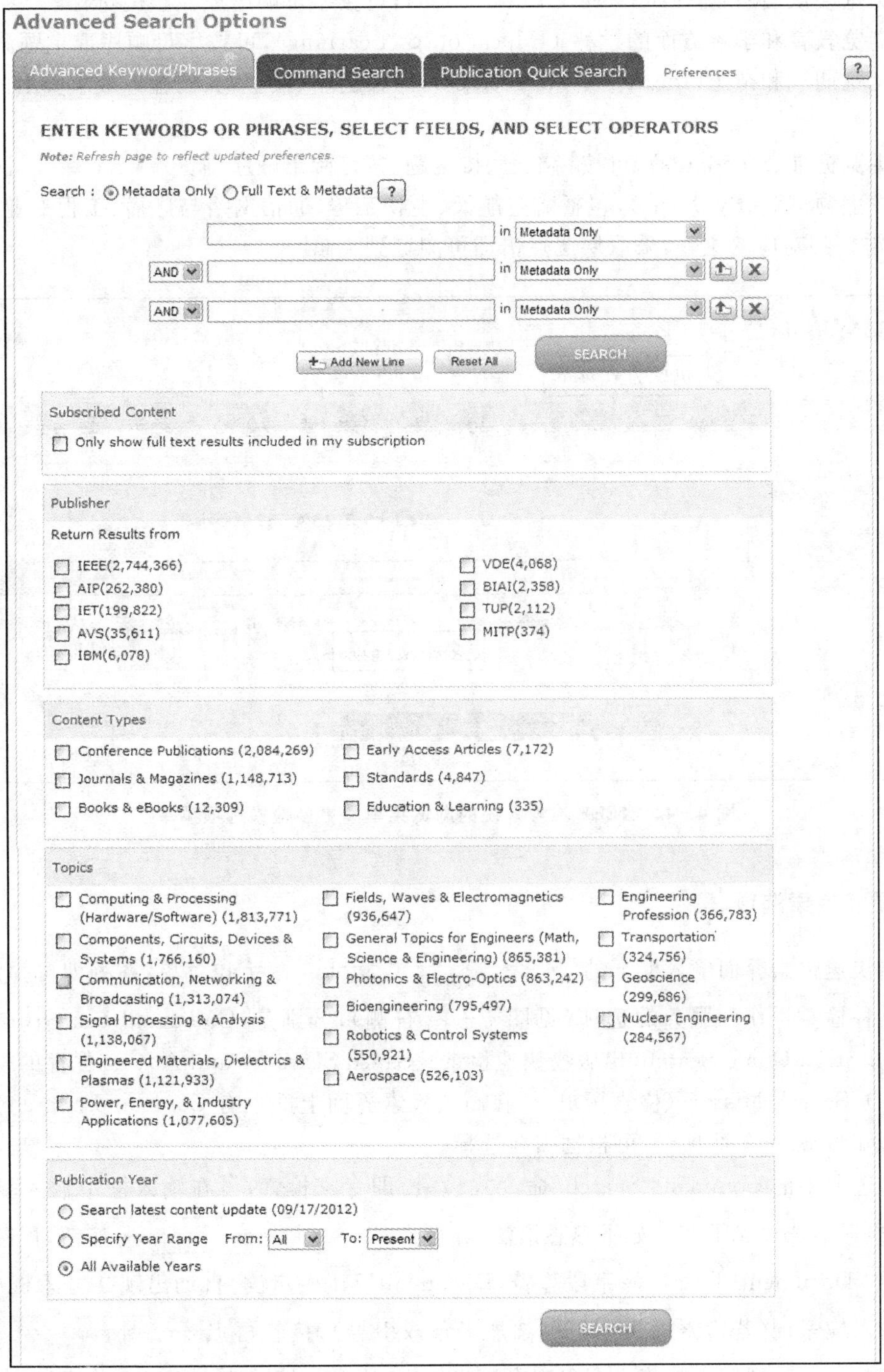

图 4 - 41　IEEE 检索系统高级检索界面

3. 浏览方式

在主页左侧提供有 BROWSE 菜单(见图 4 - 42 左侧),包括如下几种浏览方式:

➤ 浏览书或电子书(Books & eBooks),可按字母顺序或主题浏览;

➤ 浏览会议出版物 (Conference Publication),可按字母顺序或主题浏览;

➤ 浏览教育和学习方面的学科 (Education & Learning),可按字母顺序或主题浏览;

➤ 浏览期刊和杂志(Journal & Magazines),可按题名、按主题、按虚拟或事实上的期刊顺序浏览;

➤ 浏览标准(Standards),可按标准号、按主题、按订阅量顺序浏览;

➤ 按主题浏览(By Topic),包括航空航天、生物工程、通信网络与广播、工程专业等 16 个主题,只需找到对应的主题,采取层层点击即可浏览到文献。

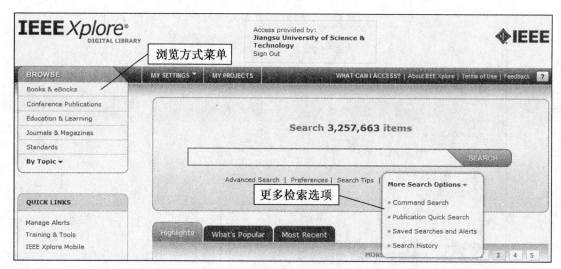

图 4 - 42　IEEE 检索系统的浏览菜单和更多检索选项菜单

4. 更多检索选项

点击快速检索界面输入框下的 More Search Options ▼ 下拉菜单,系统即可弹出 IEEE 的其他 4 种检索操作和服务的选项(见图 4 - 42 右侧),分别是:Command Search(命令式检索)、Publication Quick Search(出版物快速检索)、Saved Searches and Alerts(保存的检索式及提醒服务)、Search History(检索历史)。在高级检索界面上部也有 Command Search 和 Publication Quick Search 选项卡,可根据需要选择。

更多选项中的 Command Search(命令式检索)即专家检索,可在输入框中输入复杂的检索式,其检索语法详见下节。如不熟悉语法,亦可点开 Data Fields ▼ 按钮,再选择某个字段(例如 Document Title),该字段算符(Document Title:)就会自动出现在输入框中,用户可接着输入检索词(若检索词为词组可添加半角双引号),接着再点开 Operators ▼ 按钮,选择逻辑运算,则逻辑算符也会出现在输入框中,用户可接着输入第二个检索词,若要添加优先算符圆括号,可手工输入。图 4 - 43 即为利用此法输入检索式的结果。

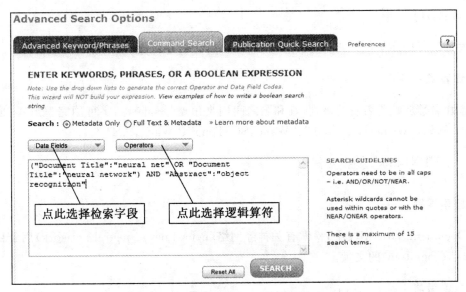

图 4-43　IEEE 检索系统的命令式检索实例

4.5.3　IEEEXplore 检索语法

1. 书写规则

系统不区分大小写，单复数也兼容，例如，输入检索词："fuzzy neural network"，系统分别检出含有 fuzzy neural network 和 fuzzy neural networks 的记录。

2. 字段算符

字段算符为加引号的字段名及冒号，例如：""Abstract"：radar"、""Abstract"："computer technology""。

3. 词组/短语算符

词组/短语算符为半角双引号，在检索词上加词组/短语算符后，系统输出与该词组或短语完全匹配的记录。但系统检索时会忽略检索短语中包含的标点符号或连词符，例如，输入检索词："stress-acoustic"，系统分别检出包含 stress-acoustic 和 stress acoustic 的记录。

4. 截词算符

用"＊"代表截词，但"＊"不能与词组"/"短语算符连用，且一个检索式中最多只能用 2 个"＊"。

5. 逻辑算符

逻辑算符"与"、"或"、"非"分别用大写的"AND"、"OR"、"NOT"表示，逻辑运算顺序默认为从左至右。

6. 词位算符

用大写的 NEAR，ONEAR 表示两词相邻，NEAR 词序可变，ONEAR 词序不可变。

7. 作者姓名格式

作者姓名遵从姓前名后的规则，姓和名之间用半角逗号分隔，名字可用完整形式，也可用缩写形式，例如，"Withers,Graham"、"Wang,Shi-Tong"、"Wang,S. T."。

4.5.4　IEEEXplore 检索实例

1. 检索课题

在 Document Title 字段中，检索有关神经网络（neural net 或 neural network）用于目标识别（object recognition）的文献。

2. 检索策略

（"neural net" OR "neural network"）AND "object recognition"
均在题名字段中检索。

3. 实施检索

采用高级检索方式，输入方法如图 4－44 所示。

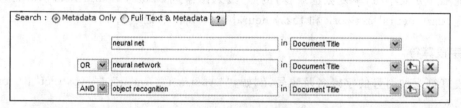

图 4－44　IEEE 检索系统检索实例输入方法

4. 检索结果

检索结果如图 4－45 所示，由于未限制年限，共获得记录 146 条。

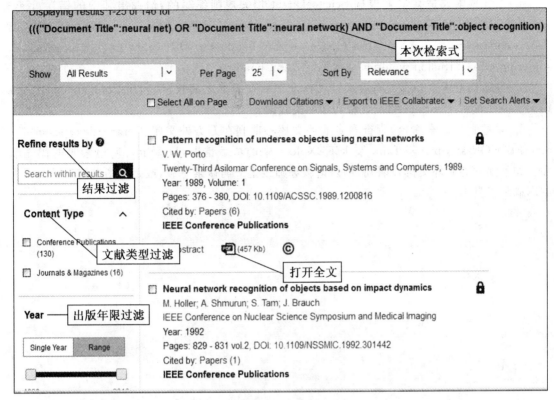

图 4 - 45　IEEE 检索系统检索实例输入方法

练习与思考 4

1. 列出作者于治水在 Compendex、ScienceDirect、EBSCO 及 SpringerLink 等检索系统中可能的表达形式,并分别简化之。

2. 请将 4.1.4 节中检索实例 2 的检索式分解后,填入如图 4 - 46 所示的 Engineering Village 快速检索输入表单中。

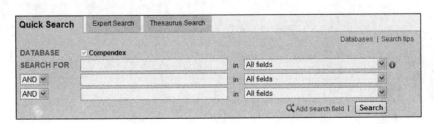

图 4 - 46　练习与思考题 4 - 2 用图

3. ScienceDirect 系统对作者姓名的标引遵从西方国家署名习惯,即名前姓后,如 Dietger Niederwieser,Thoralf Lange。但在我国作者的论文中,英文署名方式比较随意,如王士同可能署名为 wang shitong,也可能署名为 shitong wang,试编写在 ScienceDirect 高级检索中一次检出有关作者王士同的相关记录的检索式。

4．下述检索式是某学生根据 ScienceDirect 相关规则编写的，请找出其中的错误：Keywords((SiC) AND ("Aluminum composite material＊" OR "Al based composite＊" OR "Al matrix composite＊") AND Title (join＊＊＊ OR bond＊＊＊ OR weld＊＊＊ OR brazing OR soldering OR "diffusion welding" OR "diffusion bonding"))

5．主题词检索途径有提高检索结果查全率和查准率之功效，请利用 Compendex 中的叙词索引检出氟利昂(freon)的正式叙词和相关叙词。

6．通过刊名检索途径，调查本专业外文核心期刊在万方外文库、Compendex、ScienceDirect、EBSCOhost、SpringerLink 及 IEEEXplore 中的覆盖情况，以确定日后检索时的优先顺序。如不知本专业外文核心期刊，可以请教导师或是上网搜索下载，或是至图书馆工具书室查阅印刷版工具书。

第 5 章 特种文献及其检索系统

The patent system added the fuel of interest to the fire of genius.

——Abraham Lincoln

专利制度是为天才之火添加利益之油。

——阿伯拉罕·林肯

5.1 专利文献及其检索系统

扫码可见本章检索示例

5.1.1 专利基本知识

1. 专利的概念

专利(patent)是专利权的简称,即由国家专利主管机构授予专利申请人在一定期限内对其发明创造享有的专有权,或称独占权,此项得到专利权的发明创造,通常只能在专利权人的授权下,其他人才能加以利用(制造、使用、出售、进口······),但是这种权利有地域和时域上的限制。

(1) 专利权的地域性

专利申请获准后,只在授予专利的国家或地区所管辖的地域内才能生效。区域性的专利如欧洲专利或国际专利也只在所指定的生效国内才能生效。

(2) 专利权的时域性

专利申请获准后,只在批准国专利法所规定的有效期内才能生效,过期可以申请续展,否则即自行失效。

专利权实质上是专利权人与国家之间的一种交换,即国家在受理专利申请、授予专利权的同时,要求专利申请人公开其发明内容,以便推动社会科技进步,所以现代专利制度的基本理念就是"以技术公开换取法律保护"(patent 一词在拉丁语中就是"公开"的意思)。目前世界上大多数国家和地区均已先后建立专利制度,我国也于 1984 年颁布了《中华人民共和国专利法》,并在 1992 年、2000 年和 2008 年三次修订。

2. 专利的类型

专利的类型有狭义和广义之分。从狭义上说,专利仅指发明专利;而从广义上说,国内外的专利包括发明、实用新型、外观设计、植物专利等专利类型。但目前我国只保护以下三种专利:

（1）发明专利

发明专利是指对产品、方法或其改进所提出的新的技术方案，即指利用自然规律在技术应用上的创造和革新，具有较高的创造性水平，人们又称其为"大发明"。

（2）实用新型专利

实用新型专利是指对产品的形状、构造或者其结合所提出的适于实用的新技术方案，它在创造性水平上要低于发明专利，大都是一些比较简单或改进性的技术发明，故人们又称其为"小发明"。

（3）外观设计专利

外观设计专利是指对产品的形状、图案或者其结合，以及色彩与形状、图案的结合所作出的富有美感并适于工业应用的新技术。外观设计专利依附于产品而存在，如果有人将其用在其他产品上，不视为侵权，例如把在花布上的图案用在地毯上，不算侵权。

关于植物专利，我国虽未列入专利范围，但在 2013 年颁布了《中华人民共和国植物新品种保护条例》。

3. 专利的申请

（1）申请人（applicant）

专利申请人不一定是发明人（inventor）。职务发明创造的专利申请人为发明人所在的单位，非职务发明创造的专利申请人才为发明人本人。

（2）专利权人（patentee）

专利申请获得批准并授权后，申请人即成为专利权人。

（3）专利申请受理机构

专利的申请由国家或国际上的专利行政主管部门（专利局）受理，我国的相应机构是国家知识产权局（原名国家专利局），简称国知局。

（4）优先权（priority）

凡是巴黎公约缔约国（我国于 1985 年 3 月加入）的国民，在第一次提出专利申请后的一定期限内（发明专利和实用新型专利为 12 个月，外观设计专利为 6 个月），又向其他缔约国提出相同内容的专利申请时，均可优先使用在第一国的首次申请日期作为本次申请的申请日，以排除他人的同类发明在该国取得申请的可能。这种权利就叫做优先权，包括优先申请人、优先申请国、优先申请日等优先权项。

在我国专利优先权分为国内优先权和国际优先权。国内优先权又称为"本国优先权"，是指专利申请人就相同主题的发明或者实用新型在中国第一次提出专利申请之日起 12 个月内，又向我国国家知识产权局专利局提出专利申请的，可以享有优先权。在我国优先权制度中不包括外观设计专利。国际优先权又称"外国优先权"，其内容是：专利申请人就同一发明或者实用新型在外国第一次提出专利申请之日起 12 个月内，或者就同一外观设计在外国第一次提出专利申请之日起 6 个月内，又在中国提出专利申请的，中国应当以其在外国第一次提出专利申请之日为申请日，该申请日即为优先权日。

4. 专利申请的审查

（1）初步审查制

初步审查即对专利申请文件在格式上是否正确、完整而进行的形式审查。我国现行专利法规定对实用新型和外观设计专利申请只实行初步审查制。

（2）完全审查制

完全审查制在初步审查后还要对该发明创造的内容进行实质性审查。实质审查主要是审查该发明创造的内容是否具备新颖性、创造性和实用性。由于"三性"审查费时费工,过去只在少数几个国家（如美国和前苏联）实行完全审查制。

实质审查的内容如下：

① 新颖性

新颖性也称为非公知公用性,即在申请日以前没有同样的发明创造在国内出版物上公开发表过、在国内公开使用过或者以其他方式为公众所知,也没有同样的发明创造由他人向专利局提出过申请并且记载在申请日以后公布的专利申请文件中。新颖性是发明专利申请取得批准的首要条件。

② 创造性

创造性也称为非显而易见性,即同申请日以前已有的技术相比,该发明有突出的实质性特点和显著的进步。如果发明是其所属技术领域的技术人员在现有技术的基础上,通过逻辑分析、推理或有限的试验就可能得到的,则该项发明显而易见,不具备创造性。

③ 实用性

实用性包括可实施性、可再现性和有益性,可实施性是指该发明创造是所属技术领域的技术人员能够制造或者使用,并能产生积极效果的技术方案；可再现性是指该发明创造具有多次重复再现的可能性,即能在工业上重复制造出产品来；有益性则是指该发明创造实施后能够产生一定的经济效益或社会效益。

（3）早期公开延迟实质审查制

鉴于完全审查制中的实质审查环节旷日持久,极易造成申请文案的积压,许多国家（包括美国和俄罗斯联邦）均已先后改用早期公开延迟实质审查制,即在通过初步审查后,先行公开其专利申请说明书,然后在自申请日起的三年内,根据申请人的请求再启动实质审查,如逾期不提出实质审查请求,即视为撤回。我国现行专利法规定对发明专利申请实行早期公开延迟实质审查制。

5. 专利的授权

我国现行专利法规定,实用新型和外观设计专利申请的初步审查通过后,即可授予专利权,发给专利证书,并予以公告,实用新型和外观设计专利的专利权有效期为自申请日起 10 年（原为 5 年）。发明专利申请则要等实质审查通过后,才可授予专利权,发给专利证书,并予以公告,发明专利的专利权有效期为自申请日起 20 年（原为 15 年）。

6. "Know How"

"Know How",在我国多译为技术诀窍,通常指专利申请人在申请专利时,未写进专利说明书的部分技术资料和图纸,以及设备安装、运转、产品制作等方面的经验知识,是特意留下来的一种不外传而又是为实现该项发明所必需的附加技术。为了和专利技术相区别,"Know How"又可称为专有技术,它是一种商业秘密,不受国家保护,其使用权常与专利使用权一同出售（混合许可证贸易）。

5.1.2　专利文献概述

1. 专利文献及其作用

专利文献即各国专利局的正式出版物,包括在各种审批阶段中向社会公布的专利申请公开说明书和专利申请公告说明书,以及各种报道性的专利公报、文摘、题录和索引等。由于专利文献的内容集技术信息、法律信息和经济信息于一体,因此专利文献在以下几种场合起着很重要的作用:

(1) 技术开发

据说世界上每年 90%～95% 的发明创造成果能在专利文献中找到,因此通过对专利文献的检索和阅读,可以了解最新的科技信息,开阔思路,帮助解决现有技术难题,并可防止重复研究,避免侵权。据 WIPO 的调查统计,经常查阅专利文献,可以缩短研究时间 60%,节省研究费用 40%。

(2) 技术引进

技术引进前,针对对方提出的专利清单进行检索,可以确认是否确有专利、专利的有效范围和剩余有效期限,以加强自己的谈判地位,避免上当受骗,从而降低引进项目的成本。

(3) 技术查新

一项新技术或新产品在研制成功以后进行鉴定时要进行成果查新,由于绝大部分新技术都是首先发表在专利文献中,因此专利是成果查新中的必检项目。另外,一项发明创造在申请专利时,专利局为了审查其新颖性,也要对其进行专利查新检索。

(4) 侵权纠纷

为了防止造成侵权纠纷或在已经产生侵权纠纷时,需要通过专利检索调查相关专利的专利权项,提供仲裁依据。

在利用专利文献时,也要注意到由于一项发明可在多国申请专利,可以用多种文字发表,因此专利的重复量大,检索时要注意剔除内容重复的专利文献。但检索在多国申请的同族专利时,可以选择英文文本的专利说明书来进行阅读,这对于只懂英语一种外语的用户来说,反而有利。

2. 专利说明书的结构

各国专利局或区域性、世界性专利组织出版的各种专利说明书一般均由扉页和正文两部分组成。扉页通常包括专利文献的著录项目、专利说明书的摘要或专利权项以及典型附图等内容。在如图 5-1 所示的专利说明书扉页示例中,可以见到在著录项目的左面还加有用括号表示的数字,这是为帮助阅读而制定的国际 INID 代码,其中常见的 INID 代码有:

> [11] 文献号(公开号、公告号、专利号)
> [12] 文献类型释义
> [19] 公布专利的国别或代码
> [21] 申请号
> [22] 申请日期
> [31] 优先申请号
> [32] 优先申请日

[33] 优先申请国

[43] 未经审查和尚未批准专利权的说明书出版日期（即公开日期）

[44] 经审查但尚未批准专利权的说明书出版日期（即公告日期）

[45] 已批准专利权的说明书出版日期

[51] 国际专利分类号

[54] 发明名称

[57] 摘要或专利权项

[71] 申请人

[72] 发明人

[75] 发明人兼申请人

　　专利说明书的正文通常由序言、发明细节描述和专利权项（如果在扉页中已列出专利权项，则正文中不再重复）三部分构成。序言指出专利的名称、所属技术领域、发明的背景和目的。发明细节描述包括技术方案、效果、最佳实施方式和实例，必要时还要用附图加以说明，描述的深度以所属技术领域的技术人员能够实现为准。专利权项即权利要求（What is claimed），说明专利申请人要求法律保护的范围，以后发生专利侵权纠纷进行专利诉讼时，即以此段文字为仲裁依据。

US 20030089292A1

(19) **United States**

(12) **Patent Application Publication**　(10) Pub. No.: **US 2003/0089292 A1**

Miyazaki　　　　　　　　　　　　　　　　(43) Pub. Date:　　　**May 15, 2003**

(54) **SEMI-SUBMERGENCE TYPE HYDROFOIL CRAFT**

(76) Inventor:　**Kunio Miyazaki**, Tokyo (JP)

Correspondence Address:
SHLESINGER, ARKWRIGHT & GARVEY LLP
3000 South Eads Street
Arlington, VA 22202 (US)

(21) Appl. No.:　　09/987,344

(22) Filed:　　　　**Nov. 14, 2001**

Publication Classification

(51) Int. Cl.^{7} B63B 1/24
(52) U.S. Cl. 114/274

(57) **ABSTRACT**

A hydrofoil craft using a novel propulsive system able to greatly reduce wave making resistance at a sailing time is provided. Therefore, a semi-submergence type hydrofoil craft has a craft main body having a water surface craft body located above the water surface at the sailing time, an underwater craft body located below the water surface, and one or plural struts vertically connecting these craft bodies. The above underwater craft body has a water suction port opened to suck water from a front face of the underwater craft body, a propeller for sending-out the sucked water backward, at least one water injection port opened to inject the water sent-out from the propeller backward, at least one water sending passage extending from the rear of the propeller to the at least one water injection port, and at least one pair of wings projected from both side faces of the underwater craft body.

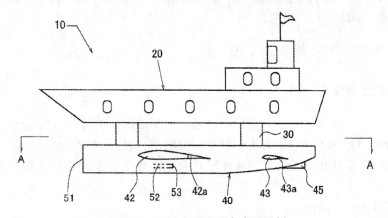

图 5 - 1　美国专利说明书扉页示例

3. 国际专利分类法

目前,世界上已有 70 多个国家的专利文献都使用国际专利分类法(International Patent Classification,简称 IPC),即使有的国家(如美国)制定有本国的专利分类法,在其出版的专利说明书上,也都印有国际专利分类号。

IPC 从 1968 年问世以来,每五年修订一次,因此查找不同年段的专利时,应使用相应年段的 IPC 分类表版本。例如,要查找 1995 年至 2004 年的专利,应分别使用第 6 版和第 7 版的 IPC 分类表。

IPC 分类表的结构按照部、大类、小类、大组、小组分层展开,如下述:

① 部(Section)　共分八个部,用英文大写字母作为部的标志符号。

A 部:人类生活需要(农、轻、医)

B 部:作业;运输(包括:分离、混合;成型;印刷;交通运输)

C 部:化学;冶金

D 部:纺织;造纸

E 部:建筑;采矿

F 部:机械工程;照明;加热;武器;爆破

G 部:物理

H 部:电学

② 大类(Class)　部下面设大类(Class),大类号为部号加两位数字,如:

B63 船舶或其他水上船只;与船有关的设备

③ 小类(Subclass)　大类下面设小类,小类号为大类号加一个英文大写字母,如:

B63J 船上辅助设备

④ 大组(Group)　小类下面是大组,大组号为小类号加 1~3 位数字及"/00",如:

B63J02/00 船上通风、加热、冷却、空气调节设备的配置

⑤ 小组(Subgroup)　大组下面是小组,小组号是把大组号中斜线"/"后的两个零换成具体的 2~4 位数字,如:

B63J02/02 船上通风,空气调节装置

发明技术在 IPC 表中的分类位置,根据发明技术主题特征的功能原则或应用原则来确定,例如,一般的照明装置分类位置在 F21,而船舶的照明装置分类位置在 B63B,飞机的照明装置分类位置在 B64D。

5.1.3　中国专利文献及其检索系统

1. 中国专利文献概况

我国自 1985 年 9 月开始,由中国专利局(现名国家知识产权局)专利文献出版社出版以纸本为载体的三种专利公报、发明和实用新型专利说明书以及专利年度索引。随着科学技术发展,该出版社同时以纸件和电子文献等载体形式向国内外发行中国专利公报和中国专利说明书等文献。

(1)中国专利说明书的种类

中国专利局出版的专利说明书只有发明专利说明书和实用新型专利说明书两种,至于外

观设计则只在《外观设计专利公报》中予以公告。根据我国专利审查制度,在审查程序的不同阶段先后出版过 5 种类型的专利说明书:

① 发明专利申请公开说明书(代码 A)　指专利局对发明专利申请进行初步审查后出版的专利说明书。

② 发明专利申请审定说明书(代码 B)　指 1993 年前发明专利申请实质审查合格并公告后出版的专利说明书。

③ 发明专利说明书(代码 C)　指 1993 年起发明专利申请实质审查合格并授权公告后出版的专利说明书。但若对发明专利申请公开说明书未修改,就不再另行出版发明专利说明书。

④ 实用新型专利说明书(代码 U)　指 1993 年前实用新型专利申请初审合格并公告后出版的专利说明书。

⑤ 实用新型专利说明书(代码 Y)　指 1993 年起实用新型专利申请初审合格并授权公告后出版的专利说明书。

(2)中国专利说明书的编号

由于中国专利法经过数次修改,故中国专利说明书的编号体系令人眼花缭乱。现将自中国专利制度实施以来曾经采用的所有编号列如表 5-1 所示:

表 5-1　中国专利说明书的编号体系

时域	类型	申请号	公开号	审定号	公告号	授权公告号
1985~1988	1	88100001	CN88100001A	CN88100001B		
	2	88210369			CN88210369U	
	3	88300457			CN88300457S	
1989~1992	1	89100002.X	CN1044155A	CN1014821B		
	2	89200001.5			CN2043111U	
	3	89300001.9			CN3005104S	
1993~2003 年 9 月	1	93100001.1	CN1089067A			CN1033297C
	2	93200001.0				CN2144896Y
	3	93300001.4				CN3021827D
2003 年 10 月~	1	200410000009.9	CN1555760A			CN1245924C
	2	200420000009.4				CN2705927Y
	3	200430000115.8				CN3381903D

说明:

1. 专利号＝ZL＋申请号,如:与申请号 88100001 对应的专利号为 ZL88100001。

2. 编号体系中 CN 为国家代码,专利类型 1 为发明,类型 2 为实用新型,类型 3 为外观设计。

3. 编号中小数点后数字为计算机检验码。

4. 1985~1988 时域实行一号多用制,即各阶段编号相同,只用后缀或前缀来区别。编号中为首两位数字为年份,第三位数字代表专利类型。

5. 1989~1992 时域取消了一号多用制,除了专利号仍与申请号相同外,其他编号均按各自流水号顺序编排,且逐年累计,但国家代码 CN 后仍保留一位专利类型代码。

6. 1993 年起,取消了授权前的异议期,一旦审查合格即发表授权公告,编为授权公告号。

1994 年我国加入了专利合作条约,开始接受国际专利申请,并从 1995 年起公布进入中国国家审查阶段的国际申请,对于指定在中国生效的国际专利申请,其申请号和专利号的号码体系依旧,但编号第四位数字为 8(发明)或 9(实用新型),如 96180555.2 和 ZL96180555.2。从 1998 年起,对于国际专利申请的申请号和专利号,又改为直接用第三位数字 8 或 9 来分别表示发明或实用新型的国际专利申请,相应取消了原来用第三位数字(1、2、3)来表示专利类型的做法,例如,98805245.8、ZL98805245.8、98900001.X、ZL98900001.X。至于国际专利申请说明书的公开号和授权公告号,其编号体系仍与国内申请的相同,没有改变。

2. 中国专利文献检索系统

(1) 中华人民共和国国家知识产权局(SIPO)网站

该网站由国家知识产权局(State Intellectual Property Office,简称 SIPO)主办,网址为 www.sipo.gov.cn,在其主页右下方提供有中国专利检索系统的入口,如图 5-2 所示。若单击该检索界面的"高级搜索"按钮,还可进入高级检索界面。通过 SIPO 网站,用户可免费检索、下载 1985 年 4 月 1 日实施中国专利法以来所公开的全部中国专利的题录、摘要及说明书全文;此外,还可利用检索界面下方的相关链接,进入国外及港澳台的专利检索网站。

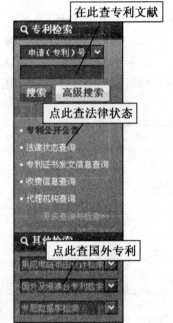

图 5-2 SIPO 网站主页上的检索界面

中国国家知识产权局政府网站提供的专利检索系统,其检索技术与其他检索系统相似。逻辑算符为"and"、"or"和"not";系统除为用户提供专利文献检索外,还为用户提供了专利的法律状态检索界面。

检索实例

检索课题:高速船舶推进装置。

第一步 确定检索词。

若仅从字面分析,该课题涉及的主题概念为"高速船舶"和"推进装置",但由于是采用关键字词检索,故应尽量多地列出同一类事物的相关概念,即高速船舶可以选用高速船、水翼船、气垫船等,推进装置可以选用推进装置、推进系统、柴油机和螺旋桨等。

第二步 构造检索式。

(高速船 or 水翼船 or 气垫船)and (推进 or 柴油机 or 螺旋桨)

注意:在逻辑算符前后必须留空格,否则检索结果将为零。

第三步 实施检索。

选择高级检索界面(如图 5-3),选择发明专利和实用新型专利,并在名称字段输入框内输入检索式,单击"检索"按钮,得检索结果 42 条(如图 5-4)。

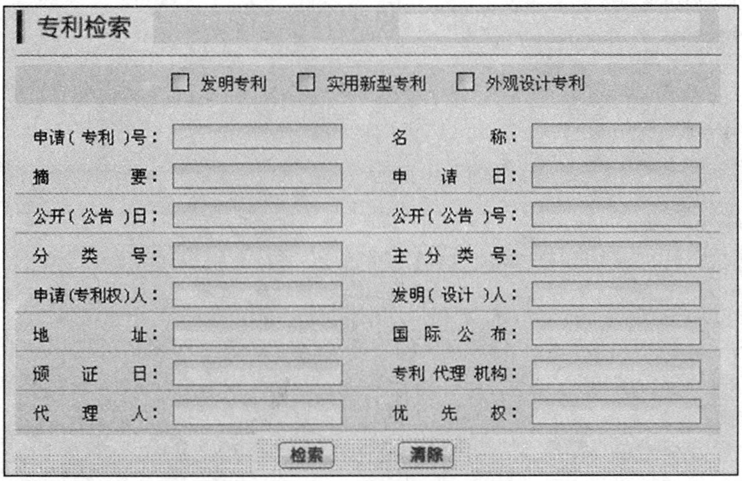

图 5 - 3　SIPO 高级检索界面

图 5 - 4　SIPO 检索结果题录片段

再在图 5 - 3 的摘要字段输入框内输入检索式重新进行检索,又可得结果 22 条。

注意:不能在名称输入框和摘要输入框内同时输入检索式,否则表示两输入框逻辑相"与",只能得结果 7 条。

第四步　阅读检索结果。

单击如图 5-4 所示的题录中的专利名称,即可打开该专利的文摘(如图 5-5)。单击文摘左上方的"申请公开说明书"超级链接,即可逐页打开说明书全文。单击说明书全文窗口上方的"保存"按钮,还可下载到本地计算机。

在浏览检索结果时,亦可记录下这些专利的国际专利分类号,然后选择分类检索途径,再次进行检索。

国家知识产权局提供的中国专利说明书全文为 TIF 图片格式,需要事先下载并安装说明书图形插件,否则说明书无法打开。

申请公开说明书 (10页)

申请（专利）号：	87103340	申 请 日：	1987.05.04
名 称：	高速船舶的动力推进系统		
公开（公告）号：	CN87103340	公开(公告)日：	1988.11.16
主 分 类 号：	B63H11/04	分案原申请号：	
分 类 号：	B63H11/04		
颁 证 日：		优 先 权：	
申请(专利权)人：	邱海波		
地 址：	湖北省武汉市武昌中北路武汉重型机床厂能源科		
发 明（设计)人：	邱海波	国 际 申 请：	
国 际 公 布：		进入国家日期：	
专利 代理 机构：		代 理 人：	

摘要

一种新型高速船舶的动力推进系统。主要由进水孔（1），方向控制器（3、9），柴油机水泵组（4），储水罐（6），喷嘴（1

图 5-5 SIPO 检索结果文摘片段

第五步 检索法律状态。

现以图 5-4 检索结果中的第 2、3 条专利为例，介绍法律状态的检索方法。

首先要正确记录检索结果中提供的专利申请号，作为检索法律状态的检索入口。这两个专利的申请号分别为 87103340 和 96194713.6。

其次在国家知识产权局网站首页的检索界面（如图 5-2）上，单击 法律状态查询 ，进入法律状态检索界面，然后在打开的窗口中，输入完整的申请号（计算机校验码可不输），单击“确定”按钮后，即可得到如图 5-6 所示的法律状态检索结果。

由图 5-6 所示检索结果可知第 2 条专利因未申请实质审查，已被宣告撤回，故不拥有专利权。第 3 条专利已通过实质审查，并于 2001 年 1 月 17 日发布了授权公告，故拥有专利权。

申请（专利）号	87103340.2	授权公告号	
法律状态公告日	1990.08.29	法律状态类型	被视为撤回的申请
被视为撤回的申请			

(a) 申请号87103340

申请（专利）号	96194713.6	授权公告号	1060730
法律状态公告日	2001.01.17	法律状态类型	授权
授权			

(b) 申请号96194713.6

图 5-6 SIPO 法律状态数据库检索结果

(2) 国内其他的专利检索网站

除了上述国家知识产权局网站外，国内还有一些著名的专利检索网站，如：

➢ 中国专利信息中心网（www.cnpat.com.cn）；

➢ 中国发明专利信息网（www.1st.com.cn）；

➢ 中国专利信息网（www.patent.com.cn）；

➢ 中国知识产权网（www.cnipr.com）；

➢ 佰腾网(www. 5ipatent. com)。

在佰腾网免费注册成为注册用户以后,即可免费检索国内外专利,而且检索所得的中国专利说明书可一次下载其 PDF 格式文件,比国家知识产权局网站的分页下载效率高得多。

5.1.4　国外专利文献及其检索系统

1. 国外专利文献概况

目前世界上出版专利文献数量最多的前八位分别是日本(JP)、美国(US)、欧洲专利局(EP)、中国(CN)、德国(DE)、WIPO 国际局(WO)、澳大利亚(AU)和韩国(KR)。

(1) 英国专利文献

英国 1624 年即颁布《垄断法》,是最早实行专利制度的国家,但对近代专利文献影响较大的是 1949 年的《专利法》(老法)和 1977 年的《专利法》(新法)。英国专利类型有发明和外观设计两类。在 1978 年以前实行老法时对发明专利的申请实行完全审查制,从 1978 年起实行新法时则执行早期公开延迟实质审查制,故英国专利文献号由"国别代码 GB+顺序编号+文献类型码 A/B"组成,文献类型码 A 表示公开专利说明书,文献类型码 B 表示批准的专利说明书,例如,GB 2386041A 即为尚未批准的公开说明书。发明专利权有效期从申请日起 20 年,外观设计专利权有效期从申请日起 5 年。

(2) 日本专利文献

日本是世界上专利申请最多的国家,其第一部专利法是在 1885 年通过的《專賣特許條例》,因此日本的发明专利被叫做"特许",日本的专利局叫做特许厅。日本专利除了发明(特許)以外,也有实用新型和外观设计两类,分别叫做"實用新案"和"意匠"。日本的发明专利采取早期公开延迟实质审查制,专利权有效期自申请日起 20 年;实用新型专利初审通过即予以注册登记,专利权有效期自申请日起 6 年。在国际性的专利检索系统中可以查到日本发明专利,其专利说明书编号以 JP 为前缀,例如,JP2006—181347A,后缀 A 表示为尚未批准的公开说明书。

(3) 美国专利文献

美国两部专利法先后颁布于 1790 年和 1952 年,并经过几次重大修订。美国专利类型有实用专利(utility patent)、植物专利(plant patent)、外观设计专利(design patent)、再公告专利(reissue patent)以及防卫性公告(Defensive Publication)等。其中,实用专利即相当于发明专利(美国无实用新型专利);而防卫性公告其实不是专利,只是用来抢先公布,以便使其他人的相同发明丧失新颖性,防止他人申请专利而已,现已改名为依法登记的发明,简称 SIR(Statutory Invention Registration)。美国原来对实用专利申请实行完全审查制,审查通过即授权并出版专利说明书,说明书编号即专利号,由"国别代码 US+顺序编号"组成,例如"US 463217"。2001 年 1 月 2 日起实行早期公开延迟实质审查制,专利文献编号中加入了年号,编号后还添加了文献类型码 A1,例如"US 2001/0000001 A1"。发明专利权的有效期原为自授权日起 17 年,从 1995 年 6 月 8 日起改为自申请日起 20 年,外观设计专利的有效期为自授权日起 14 年。

(4) 德国专利文献

德国于 1877 年颁布第一部专利法,1968 年率先实施早期公开延迟实质审查制度。其专利文献号为"国别代码+专利类别+顺序号+文献类型码",其中国别代码为 DE,专利类别 1 为发明,2 为实用新型,3 为商标,4 为外观设计,文献类型码 A 为公开专利,B 为展出专利,C 为批准专利,文献类型码后的数字为阶段。例如,DE 1 9833574 A1。发明专利权有效期自申请日的次日起 20 年；实用新型专利权有效期自申请日的次日起 3 年，经过续展最长为 10 年；外观设计专利权有效期自申请日的次日起 5 年，经过续展最长为 20 年。

（5）欧洲专利文献

1973 年由欧洲 14 国签订欧洲专利公约，1977 年成立欧洲专利局（EPO），受理欧洲专利申请。申请书可用英、法、德任意一种语言书写，并指定要求在哪几国内生效，一旦依照公约授予专利权，即可在指定的成员国内生效。欧洲专利局实行早期公开延迟实质审查制度，故欧洲专利的文献号由"区域代码 EP＋顺序编号＋文献类型码"组成，文献类型码为 A 时表示公开专利说明书，文献类型码为 B 时表示批准的专利说明书，文献类型码后的数字为阶段。例如，EP 1323629A1。欧洲专利权有效期自申请日起 20 年。

（6）国际专利文献

1970 年，国际上通过一项"专利合作条约（PCT）"，1978 年生效实施。其宗旨是简化国际间专利申请的手续和程序，加快技术信息的传播和利用。国际间的专利申请及有关事务工作由联合国世界知识产权组织（WIPO）国际局负责受理初步审查，其实质审查及最终专利权批准与否，仍由申请人指定的要求生效国按本国专利法来决定。申请人只要向 PCT 成员国的本国专利局，用英、德、法、日、俄、中、西班牙七种语言中的任意一种语言、格式、货币提出国际申请，即可取得相当于至所有指定生效国专利局申请的效率。由于 WIPO 国际局只对专利申请进行初步审查，故只出版专利申请公开说明书（文献类型码为 A1），国际专利文献号中的区域代码为 WO，例如，WO 1999/006176A1。

2. 国外专利文献检索系统

（1）欧洲专利局专利信息检索网站

① 概述

欧洲专利局（EPO）的专利信息检索网站 Espacenet 是 EPO 和美国专利商标局、日本特许厅从 1983 年起联合筹办起来的，网址为 worldwide. espacenet. com。利用该网站不仅可以检索欧洲专利、国际专利，而且可以检索到美、英、德、法、日等 70 多个国家或地区的专利申请公开说明书，实现一站式免费专利检索。其中大部分数据可以回溯到 1970 年，美、英、德、法、瑞士等国专利以及欧洲专利和国际专利还可以提供专利说明书全文，数据库每周更新一次。图 5－7 为该网站首页。

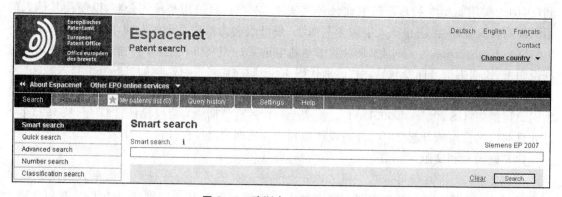

图 5－7　欧洲专利局网站首页

② 检索方式

在网站首页左方的导航栏中,有 5 种检索方式可以选择,即:

➤ Smart Search(标准检索)　可一次输入 20 个以内的检索词,并可使用"and"、"or"、"not"等逻辑算符,"and"可用空格代替。词组可添加半角双引号标明。截词符有:半角"＊"代表无限个字符;半角"?"代表 0 至 1 个字符,但不允许在检索词中间位置出现;半角"♯"仅代表一个字符。

➤ Quick Search(快速检索)　可选择数据库,一次输入 10 个以内的检索词,余同上。

➤ Advanced Search(高级检索)　可选择数据库,并分 10 个字段输入检索词,余同上。图 5-8 为 Advanced Search 界面,各行之间的关系为逻辑"与"。

➤ Number Search(专利号检索)　可选择数据库,并进行专利申请号检索和专利文献号检索。专利文献号不带文献类型码,若要限定专利国,可只输入国别代码。

➤ Classification Search(分类检索)　可选择数据库,并进行欧洲专利分类号(ECLA)或

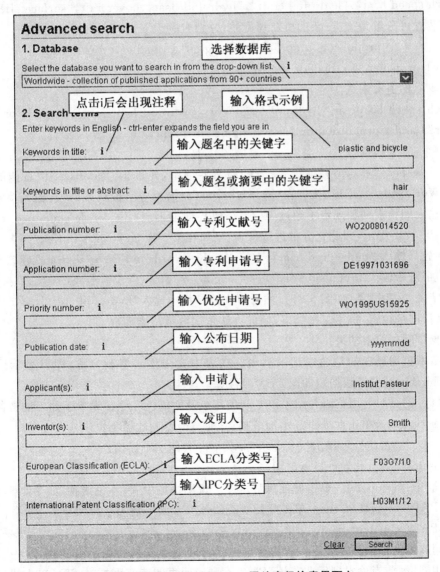

图 5-8　欧洲专利局 esp@cenet 网站高级检索界面之一

国际专利分类号(IPC)检索。

检索界面顶部的 Database 下拉框供选择数据库之用,共有 3 个数据库可选,即:

➤ Worldwide 世界范围专利数据库——提供世界上 90 多个国家和地区公布的专利信息,并且可以浏览 20 多个国家的专利全文说明书。

➤ EP-Espacenet 欧洲专利数据库——完整提供欧洲专利局及各成员国的专利申请公开说明书。

➤ WIPO-Espacenet 国际专利数据库——完整提供 WIPO 国际专利局公布的国际专利申请公开说明书。

检索实例

检索课题:高速船舶推进装置。

第一步　确定检索词。

高速船舶可分解为高速船、水翼船及气垫船,分别对应于下列英文单词或词组:

"high speed boat","hydrofoil craft","hydrofoil boat",hovercraft,"surface effect ship"

推进装置可分解为推进、柴油机及螺旋桨,分别对应于下列英文单词或词组:

propulsion,propel,"diesel engine",propeller,propellor

其中 propel,propeller 和 propellor 可合并为 propel * 。

第二步　构造检索式。

("high speed boat" or "hydrofoil craft" or "hydrofoil boat" or hovercraft or "surface effect ship") and (propulsion or "diesel engine" or propel *)

第三步　实施检索。

选择 Advanced Search,在如图 5-8 的检索界面中,先单击"Database"栏右侧的下拉箭头,选择"Worldwide"数据库,接着在"Search terms"栏的相应字段输入框中,输入检索式。由于系统对输入的检索词数规定不超过 10 个,所以界面上出现"Field title contained more than 10 terms allowed"提示,因此宜分批进行检索,例如在第一栏 Keywords in title(题名中的关键字)字段中先只输入"high speed boat",在第二栏 Keywords in title or abstract(题名或摘要中的关键字)字段中输入 propulsion or "diesel engine"or propel *,单击"SEARCH"按钮,得第一批检索结果,共 160 条(如图 5-9);然后再在第一栏中输入"hydrofoil craft",第二栏输入内容同前,重新进行检索,得第二批结果,照此办法依次分批检索即成。

第四步　阅读检索结果。

检索结果页面显示的是命中记录列表。在表中选击任一专利名称,即可显示该专利的 Bibliographic Data(书目数据),如图 5-10 所示。

在书目数据页面上用英语介绍了该专利的题录及文摘。左侧还设置了如下的链接:

➤ Description　单击此处可显示细节描述(非英语专利此项不提供)。

➤ Claim　单击此处可显示权利要求(非英语专利此项不提供)。

➤ Mosaics　单击此处可显示附图。

➤ Original document　单击此处可显示专利说明书的原文(不论语种,如图 5-11)。

➤ INPADOC legal status　单击此处可查阅该项专利申请的法律状态。

➤ INPADOC patent family　单击此处可查阅该项专利在国际范围内的同族专利。

所谓同族专利即虽然是在不同国家申请但具有同一优先权项的一组专利,这些同族专利内容基本相同,因此当检索到用非英语书写的专利说明书阅读有困难时,就可以查找该专利的

图 5 - 9　欧洲专利局网站高级检索结果记录列表

图 5 - 10　图 5 - 9 第 4 篇记录的书目数据

同族专利,如果有,就可在其中寻找在英语国家申请的相同专利,以方便阅读。

(2) 美国专利商标局网站

美国专利商标局专利全文检索网站(patft. uspto. gov)负责管理和维护美国专利商标数据库,提供 1790 年以来,全部的美国各种专利类型说明书全文的免费检索,数据每周更新一次。网站主页见图 5 - 12。主页左侧为 PatFT:Patents(已通过实质审查的授权专利全文数据库),右侧为 AppFT:Applications(待审查的申请公开专利全文数据库)。每个库均可提供 Quick Search(快速检索)、Advanced Search(专家检索)、Number Search(专利号检索)3 种检索方式,Advanced Search 检索方式的检索界面如图 5 - 13 所示。

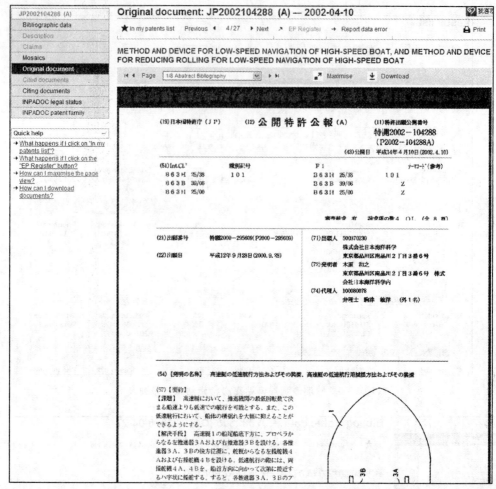

图 5 - 11   图 5 - 9 第 4 篇记录的专利说明书全文

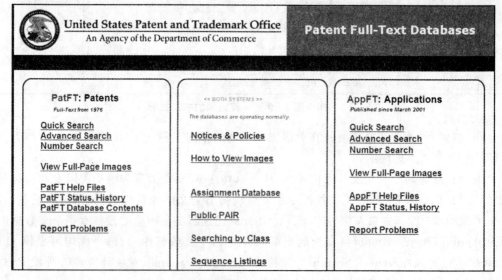

图 5 - 12   美国专利商标局专利全文检索网站主页

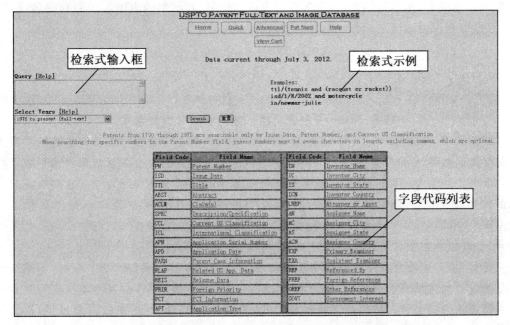

图 5 - 13 美国专利商标局专利全文检索网站高级检索界面

USPTO 的 Advanced Search 实际上乃是专家检索。其检索界面(如图 5 - 13)中的 Query 输入框供输入检索式。检索式可以使用逻辑运算符"and"、"or"、"not"(或 andnot)及优先算符(半角圆括号)。输入的检索词以科技领域的名词术语为佳,冠词、代词、普通动词、副词和形容词等属于系统禁用词。检索词可以使用截词符半角"＄"。如果需要检索词组,可使用半角双引号,但词组中不得再添加截词符号,否则检索结果有误。

USPTO 检索式中的字段算符格式为:"字段代码/",后面紧跟检索词。若不加字段算符,表示在任意字段中检索。字段代码已列出在图 5 - 13 的下部,常用的字段算符如下:

➤ Title(题名)字段算符用 ttl/,如 ttl/fuel and ttl/"injection pump"。

➤ Abstract(摘要)字段算符用 abst/,如 abst/(fuel or "injection pump")。

➤ Issue Date(公布日期)字段算符用 isd/,如 isd/2/6/1998。

➤ Inventor Name(发明人姓名)字段算符用 in/,姓名格式为姓在名前、姓和名之间加连字符"-",例如欲查 Lazare Balossa 发明的专利,应表述为:in/Balossa-Lazare。

➤ Assignee Name(受让人、专利权人姓名)字段算符用 an/ ,姓名格式同发明人,如专利权人为公司,则用半角双引号括起,如 an/"International Business Machines"。

➤ Application Serial Number(申请号)字段算符用 apn/,如 apn/000458。

➤ Patent Number(专利号)字段算符用 pn/,如 pn/5155635。

在图 5 - 13 中右侧的 Example 为检索式示例,例中:

ttl/(tennis and (racquet or racket))

isd/1/8/2002 and motorcycle

in/newmar-julie

表示检索要求为:在 ttl(题名)字段中检索(tennis and (racquet or racket)),并且 isd(公布日期)字段值为 1/8/2002 ,并且在任意字段中还含有 motorcycle,并且 in(发明人姓名)字段值为 newmar-julie。

输入检索式后,单击按钮"Search",即可得检索结果,在结果列表中单击专利题名,即可打开记录(即专利说明书全文)。

趣闻

准备了 300 份质证材料　才问 6 个对方就蒙了

2009 年大年初三,人们还沉浸在春节的欢乐中,倒霉的南通市外贸医药保健品有限公司就被美国的嘉吉公司提出"337"调查,说是南通医保开发的素食氨糖提取技术侵犯了他们的专利。所谓"337"调查,就是根据美国关税法第 337 条规定实行的,对进口到美国的产品或技术是否侵犯其自身专利而进行的一种调查。这种调查的律师费用往往高达 100 万～400 万美元,而且时间也拖得很长,因此我国不少企业遭遇"337"调查后,只好忍气吞声,不敢应诉。南通医保也是一样,非常害怕打这场官司。

还好,江苏省外经贸厅和省司法厅为打破不公平的贸易壁垒,从 2007 年起,曾连续举办了两届涉外律师高级培训班,培训期间还安排了学员到美国实习,以熟悉美国商法和建立人脉关系。在省有关部门的支持和援助下,南通医保扫除顾虑,积极准备应诉,迅速组建了中美律师团,于三月底,正式向美国 ITC 委员会提交了答辩状。

中美律师团通过调查发现:一、南通医保的生产工艺与美国嘉吉公司的专利有根本差别;二、美国嘉吉专利本身就有问题。为了推翻嘉吉专利,中美律师团检索出大量与该专利内容相似的专利文献,其中最早的发表在 1912 年,这充分说明嘉吉公司在申请该专利时,就已经丧失了新颖性。

六月初,双方进入激烈的证人质询阶段。我方针对嘉吉专利的有效性提出 300 份材料和 12 箱证据。嘉吉公司的专利证人在回答第 6 份材料和打开半箱证据之时,就招架不住了,连连擦汗,无言以对。

一周后,嘉吉公司主动提出无条件撤诉。南通医保不但打赢了国际官司,而且提高了知名度,订单像雪片般飞来。为满足市场需求,南通医保决定新建工厂,产量将提高至 5 000 吨,预计相关产值可达 10 亿元人民币。

(3) 其他的国外专利检索网站

➤ 英国 Derwent 专利数据库(www. derwent. com)。

英国德温特公司(Derwent Publications Ltd.)成立于 1951 年,专门从事世界各国专利文献的收集和专利文献检索工具的编辑出版业务,所出版的纸本 World Patent Index(世界专利索引)是世界著名的大型专利检索工具,现在也通过互联网访问。

➤ 世界知识产权组织网站(www. wipo. int)。

为世界知识产权组织(WIPO)建立的知识产权数字图书馆,可提供世界各国专利数据库的检索及全文浏览服务,包括:PCT 国际专利数据库,中国专利英文数据库,印度、美国、加拿大、欧洲、法国等专利数据库。

➤ 英国专利局网站(www. patent. gov. uk)。

➤ 加拿大知识产权局网站(www. opic. gc. ca)。

5.2 标准文献及其检索系统

5.2.1 标准化基本知识

1. 标准的定义

我国国家标准 GB 3935.1—83《标准化基本术语第一部分》将标准定义为："标准是对重复性事物和概念所做的统一规定。它以科学、技术和实践经验的综合成果为基础,经有关方面协商一致,由主管机构批准,以特定形式发布,作为共同遵守的准则和依据。"可见,标准的本质是实现合理、科学、有效的统一。标准不仅是从事生产建设工作的共同依据,而且是国际贸易合作和商品检验的重要依据,其中的国家强制性标准具有法律效力。

2. 标准的类型

标准的体系繁杂,可以从以下几种不同的角度对标准进行分类:

(1) 按标准的适用范围划分

① 国际标准

国际标准是由国际上权威性的标准化组织所制定并为国际上承认和适用的标准。如国际标准化组织(International Standard Organization,简称 ISO)标准和国际电工委员会(International Electrotechnical Committee,简称 IEC)标准。

② 区域标准

区域标准是由世界某一区域性标准化组织召集参与标准化活动的区域团体制定、审批通过并实施的标准,如欧洲标准化委员会(CEN)标准、欧洲电工标准化委员会(CENELEC)标准等。

③ 国家标准

国家标准是由各个国家标准化主管机构批准、发布,在全国范围内统一实施的标准。

④ 行业(专业)标准

这是在没有国家标准而又需要在全国某个行业范围内统一技术要求而制定和实施的标准,但它不能与有关的国家标准相抵触,在相应的国家标准实施后,原行业标准就应作废。

⑤ 地方标准

这是在没有国家标准和行业标准,而又需要在省、自治区、直辖市范围内统一产品安全、卫生要求和环境保护、食品卫生、节能等有关要求所制定的标准。它由省级标准化行政部门统一组织制订、审批和发布。

⑥ 企业标准

在企业范围内对需要统一的技术要求、管理要求和工作要求所制定的标准叫做企业标准,是企业组织生产和经营活动的依据。我国鼓励企业制定严于相应国家标准或行业标准的企业标准,以提高产品质量和增强企业的竞争力。

(2) 按标准的执行程度划分

① 强制性标准 是具有法律效力,必须遵守的标准。

② 推荐性标准 由制定和颁布标准的机构建议优先遵守的标准。

(3) 按标准的性质划分

① 技术标准　针对某领域中需要协调统一的技术事项所制定的标准。

② 管理标准　针对某领域中需要协调统一的管理事项所制定的标准。

③ 工作标准　针对某领域中需要协调统一的工作事项所制定的标准。

（4）按标准的内容划分

① 基础标准　具有广泛指导意义的标准，如量和单位标准、互换性标准等。

② 产品标准　针对产品结构、质量和检验方法等方面制定的技术标准。

③ 方法标准　针对试验、检查、统计、包装等方面制定的技术标准。

④ 安全与环境保护标准　为保护人身安全及环境安全而制定的技术标准。

5.2.2　标准文献概述

1. 标准文献及其作用

标准文献通常指技术标准、定期标准出版物、标准化专著、标准化会议文献等。其中，技术标准（standard）、规范/规格（specification）、规程（code）等是标准文献的主体。

标准文献一般是公开的，但也有少数的国际工程、军事产品和尖端科学的技术标准是保密的，仅在内部发行。尤其企业内控标准一般都不公开。

标准文献的内容涉及到国民经济几乎所有领域，在某种程度上是衡量一个国家产品质量、企业管理及工艺水平的标志，而且标准文献往往附有大量的数据、工艺参数或图表，实用性强，从技术的角度来说也有较高的参考价值。但是，标准文献更新换代频繁，使用中必须注意其时效性。

标准文献的作用如下：

➢ 采用标准可以简化设计、提高功效、降低成本和提高工作效益；

➢ 标准是原材料进厂验收、生产中的质量控制和检查以及产品出厂检验时的准则；

➢ 在国际贸易中，标准也是商品检验和谈判退货或索赔时不可缺少的依据；

➢ 通过对国外工业先进国家标准的研究和利用，可以促进科学技术的发展和提高产品的工艺、技术及生产管理水平。

2. 标准文献的编号

（1）标准号的构成

目前，国内外标准的编号基本有两种构成形式：

① 标准代号＋顺序号＋发布年代

例如，我国国家标准 GB/T 7714—2005、国际标准 ISO 3347—1976、国际电工标准 IEC 60092—503—2007。

② 标准代号＋分类号＋顺序号＋发布年代

例如，美国标准 ANSI A10.11—79、法国标准 NF Z73—012—1993、日本标准 JIS D68 02—90。

（2）我国的主要标准代号

① 我国国家标准代号

我国国家标准代号见表 5－2 所示。

表 5 - 2　我国国家标准代号

代号	标准名称	代号	标准名称
GB	中华人民共和国强制性国家标准	GBJ	中华人民共和国国家建设标准
GB/T	中华人民共和国推荐性国家标准	GJB	中华人民共和国国家军用标准
GB/Z	中华人民共和国国家标准化指导性技术文件		

② 我国行业标准代号

我国行业标准代号见表 5 - 3 所示。

表 5 - 3　我国部分行业标准代号

行业名称	标准代号	行业名称	标准代号	行业名称	标准代号
冶金	YB	兵工民品	WJ	石油化工	SH
有色冶金	YS	船舶	CB	水利	SL
稀土	XB	海军	HJB	水利电力	SD
建材	JC	航天	QJ	轻工	QB
建筑	JG	通信	YD	纺织	FZ
机械	JB	铁路	TB	环境保护	HJ
汽车	QC	交通	JT	商检	SN
核工业	EJ	海洋	HY	包装	BB
航空	HB	电力	DL	外经贸	WM
民航	MH	石油	SY	安全	AQ
电子	SJ	化工	HG		

③ 我国地方标准代号

我国地方标准代号由 DB+省(自治区、直辖市)行政区域代码前两位数组成,例如,DB35 代表福建省强制性地方标准,DB35/T 代表福建省推荐性地方标准。

地方标准编号由地方标准代号＋顺序号＋发布年代组成。例如,DB35/236—1996 福建省电话线传输报警装置通用技术标准。

④ 我国企业标准代号

我国企业标准代号由 Q+企业代号组成。

企业标准编号由企业标准代号＋顺序号＋发布年代组成。例如,Q/HXSWF01—2002 邯郸新兴石油化工机械有限公司高压五缝瓶式压力容器标准。

(3) 国外的主要标准代号

国外主要的区域性标准、国家标准以及行业(专业)标准的代号见表 5 - 4 所示。

表 5 - 4　国外主要标准代号

标准名称	标准代号	标准名称	标准代号
国际标准化组织标准	ISO	欧洲标准化委员会标准	EN
国际电工委员会标准	IEC	美国国家标准	ANSI
国际电信联盟标准	ITU	英国国家标准	BS
国际海事组织标准	IMO	德国国家标准	DIN

续表

标准名称	标准代号	标准名称	标准代号
法国国家标准	NF	美国汽车工程师协会标准	SAE
日本工业标准	JIS	美国航空业 ARINC 公司标准	ARINC
英国劳氏船级社标准	LR	美国船舶局标准	ABS
美国军用规范和标准	MIL	美国电气电子工程师协会标准	IEEE
美国试验与材料协会标准	ASTM	美国保险商试验室安全标准	UL
美国机械工程师协会标准	ASME	美国质量管理协会标准	ASQC

5.2.3　标准文献检索系统

在标准文献的检索过程中，手工检索工具曾发挥了重大作用，时至今日，由于标准文献数量相对较少，手工检索的速度也可忍受，因此如不具备机检条件，仍可选择手检。标准文献的手工检索工具即各种标准目录，例如《国家标准目录》《国家标准代替、废止目录》《国际标准目录》《美国标准目录》等。查得标准编号后，如为我国国家标准，可使用标准汇编阅读标准全文，例如《中国国家标准汇编》或《中国强制性国家标准汇编》；其他标准则需向北京等地的标准文献收藏单位付费索取标准复印件。

互联网兴起后，网上也出现了许多提供标准文献检索的网站，如有条件，可优先选择。

1. 中国标准服务网

中国标准服务网（国家标准文献共享服务平台）是国家级标准信息服务门户，也是世界标准服务网在中国的分支网站，因此拥有丰富的标准文献资源，可以检索到我国国家标准馆（中国标准化研究院标准馆）馆藏的全部国家标准、70 多个国际和区域组织的国际标准、60 多个国外国家标准以及 450 多个国外专业学（协）会标准、国内外技术规范等。

首次进入网站（www.cssn.net.cn）后应立即进行免费注册，登记用户名、密码并获取确认后，每次进入网站只要进行登录，就可顺利使用网站提供的标准检索服务。

在网站主页上方提供有快速"标准检索"文本输入框，可直接选择"标准号"或"关键词"字段，并输入相应的内容进行检索。点击文本输入框后的"高级"按钮，即可进入"标准高级检索"方式，检索界面如图 5-14 所示。

在图 5-14 中的"中文标题"或"中文关键词"输入框内输入所需查询标准的检索词或检索式，单击"开始检索"按钮，即可检索出与检索词或检索式相关的所有国际、中外国家和专业学（协）会的标准。

欲查询代替旧标准的现行标准，可在"标准高级检索"界面的"被代替标准"栏内输入省略发布年的旧标准号，就能检索出代替旧标准的新标准号。

检索结果为题录，欲索取标准原文可利用订购车服务，按提示进行。

2. 国家标准化管理委员会网站

国家标准化管理委员会网站（www.sac.gov.cn）除了报道国内外标准化工作、标准的制定和修改等信息外，还同时在主页的"办事大厅"栏目中提供"国家标准目录查询"、"强制性国

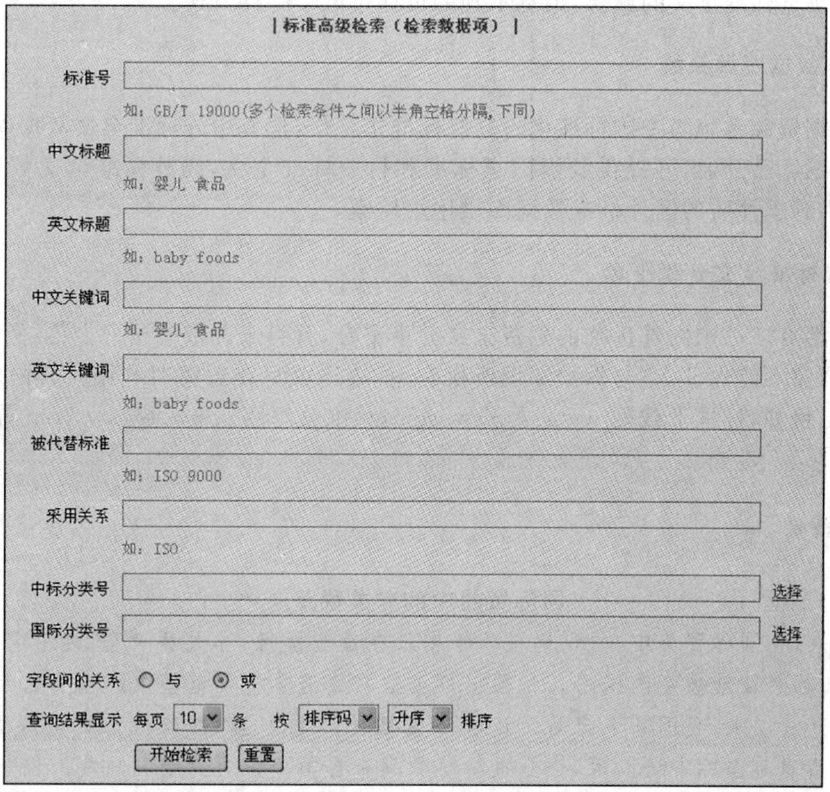

图 5 - 14　中国标准服务网标准高级检索界面

家标准电子全文查询"和"废止国家标准目录查询"三个检索入口供用户免费使用,可在线免费浏览我国强制性国家标准全文。

3. 中国航空综合技术研究所网站

中国航空综合技术研究所网站(www. cape. cn)是国家军用标准和航空行业标准的归口单位,但只对内部开放,且检索结果为题录,欲索取标准原文需要订购。该网站拥有全套国家军用标准、海军标准(HJB)、航空行业标准和国家标准,以及大量的国外先进标准和译文,其中包括美国军用标准、ASTM 标准、ARINC 标准、SAE 标准、波音公司标准、俄罗斯标准等。

4. 上海标准化服务信息网

上海标准化服务信息网(www. cnsis. info)由上海市标准化研究院组建,拥有国内一流的标准馆藏资源,可提供世界上 400 余个标准化组织的标准信息(包括 LR 劳氏船级社标准、IMO 国际海事组织标准等),此外,为打破发达国家的技术贸易壁垒,在导航栏中还提供有"境外市场准人"、"WTO/TBT 案例"等咨询服务。

5. 中国标准咨询网

中国标准咨询网(www. chinastandard. com. cn)由北京中工技术开发公司等单位组建,是我国首家标准全文网站,网站收录的主要标准有:GB、GBJ、HB、ISO、IEC、EN、ANSI、BS、DIN、JIS、ASTM、ASME、UL、IEEE 等国内外标准题录信息。若缴纳年费成为该网会员,则可享受在线浏览标准全文的服务,浏览不到的可通过电子邮件发送。

6. 万方数据资源系统

万方数据资源系统与中国标准化研究院标准馆合作,建有中外标准全文数据库,目前中国标准全文数据库已开通,可提供我国国家标准和行业标准全文,国外标准全文数据库尚未开通,但可提供题录性质的国外标准数据库供用户检索。

7. 免费标准全文分享平台

目前网上有一些国内外标准的免费全文分享平台,资料来源依靠用户上传,然后提供免费下载,但其质量不能保证,亦与保护知识产权有违,故建议只在急需时利用。其网址可通过搜索引擎查询,例如,标准下载网 www.bzxzw.com,标准分享网 www.bzfxw.com 等。

 趣闻

国际贸易中的非关税壁垒

近年来,在国际贸易中,关税壁垒的作用正在逐步降低,非关税壁垒(专利壁垒与标准壁垒)越来越频繁地被多国采用。我国出口企业在遭遇非关税壁垒中的损失巨大。

改革开放以来,我国家电产品无论在质量还是产量方面,都取得了长足的进步,但大批家电产品涌向国际市场以后,企业也纷纷受到来自国外公司的专利制裁。例如,2002 年 1 月 9 日,深圳普迪公司出口到英国的 3 864 台 DVD 机被飞利浦公司通过当地海关扣押,原因是侵犯知识产权,没有缴纳专利费;美国 MP3 芯片厂商 SigmaTel 还宣布在欧洲申请了边境查封措施,任何侵犯了其专利的中国产 MP3 播放器在进入欧洲市场时,都可以被欧盟国家海关没收。这种知识产权的保护措施,甚至还扩大到赴境外参展的我国产品。例如,2005 年 11 月英国格拉斯哥农作物科学与技术展览会上,有 20 家中国企业被亮"涉嫌侵犯专利"红牌,其中,两家中国企业被逐出展会。据 2007 年报载,中国加入 WTO 以来,企业因知识产权问题而导致付出的赔偿金已经超过 10 亿美元。

除了专利壁垒以外,技术标准壁垒也是国际贸易中的一种杀手锏。中国家电产品正在受到欧美国家层出不穷的标准制约。国外的洗衣机噪音标准导致我国近 20% 的洗衣机退出国际市场,欧盟的环保指令导致中国家电产品出口成本增加近 10%,能效等级标识曾使中国上千万台白色家电面临巨大压力。为了改变这一状况,我国有关部门正在加快制定和修订国家标准,并主动参与国际标准的制定工作。

5.3　会议文献及其检索系统

5.3.1　会议文献概述

会议文献从狭义上说,仅指在国内外各种专业学术会议上宣读的论文,而从广义上说,则包括产生于会议召开前的会前预报消息,参会者预先提交的论文摘要,会议中的记录、发言和总结,会议上宣读或散发的论文以及会上讨论的问题、交流的经验,以及将会议的一切论文整理编辑加工而成的正式出版物(会议录)等资料。目前会议文献已成为科技人员获取学术信息的重要信息资源,其重要性和利用率仅次于期刊文献。

会议文献的特点是能够最迅速地反映许多学科领域的新发现、新设想、新课题、新成果和新进展,其研究内容专深,往往反映了各个学科领域的国内外发展水平、动态和趋势。

会议文献主要以图书形式出版,通常称为会议录(Proceedings)、会议论文集(Papers)、专题论文集(Colloquium Papers)、会议论文汇编(Transactions)、会议记录(Records)、会议辑要(Digest 或 Summaries)等。图书馆进行图书编目时常将会议录或会议论文集名称作为书名,而将会议名称作为副书名,如:Proceedings of the Eighteenth International Florida Artificial Intelligence Research Society Conference;International Florida Artificial Intelligence Research Society Conference。

5.3.2 会议文献检索系统

1. 国家科技图书文献中心《中、外文会议论文库》

国家科技图书文献中心(www. nstl. gov. cn)《中、外文会议论文库》(包括中文会议论文库和外文会议论文库,详见 3.4.2 节)收录了中国科学院图书馆、中国科技信息研究所、机械工业信息研究院、冶金信息研究院、中国化工信息中心等九个国家政府部委的图书信息部门收藏的国内外学术会议的论文,涉及自然科学领域和部分社会科学领域。

进入网站主页后,点击"文献检索"栏目内的"中文会议"或"外文会议",即可分别进入中外文会议文献检索的界面。检索结果首先提供命中文献清单,单击所需论文的标题,可打开该论文的详细记录(题录或文摘)。如需会议论文原文,可单击"加入购物车"链接或记下题录、文摘中的馆藏号向馆藏单位索取。

2. 万方数据资源系统《中国学术会议论文数据库》和《SPIE 会议文献库》

《中国学术会议论文数据库》由万方数据资源系统(www. wanfangdata. com. cn)研制,收录了 1980 年以来在我国召开的国际会议及国家级学会、协会、研究会组织召开的各种学术会议论文,内容覆盖自然科学、工程技术、农林技术等领域。《SPIE 会议文献库》收集 SPIE 学会出版的会议文献,内容涉及光学、光子学、电子学等方面。检索结果为题录,单击"摘要"按钮可看摘要。如需会议论文原文,可单击"加入购物车",按提示进行。

3. 中国知网《中国重要会议论文全文数据库》

进入中国知网主页(www. cnki. net. cn)后,选击"中国重要会议论文全文数据库",即可打开会议论文全文库的检索界面。选择好查询范围、检索项,输入检索词,单击"检索"按钮,即可展示有关会议论文的列表。选击所需论文的标题,可打开该论文的详细记录,在记录上方有"CAJ 下载"和"PDF 下载"两个链接供选择,只要是合法的正式用户,即可顺利下载原文。

学术会议文献的检索和索取,除了上述几种渠道外,还可访问国内外有关学会的网站,许多学会定期召开学术会议,并在网站上设置了会议论文检索和原文提供的服务。

目前国内外学术会议论文数据库大部分只能检索到题录或文摘,能看到全文的数据库很少,由于会议论文数据库的数据主要是来自会议录,因此查到会议文献题录后,可根据其出处(即会议录的名称)到全国各大图书馆和情报机构(如:国家图书馆、上海图书馆、中国科技信息研究所、中科院图书情报中心、机械工业信息研究院、电子科技信息中心、中国船舶信息中心等)的图书目录中查询,联系外借或复印。

5.4　学位论文及其检索系统

5.4.1　学位论文概述

进入信息检索系统的学位论文,主要指高等院校和科研院所的硕士生、博士生在导师指导下,参阅大量文献,经过科学研究和反复实验为取得学位资格而提交的学术性研究论文。学位论文在英国多称为 Thesis,在美国多称之为 Dissertation。

学位论文是研究生对某一专题进行系统研究和概括后的阐述,或是进行独创性研究并取得创新成果的学术总结,文中不乏富有创见的理论论述,或有突出成就的应用成果,而且文后都附有较多的参考文献,从中可以看出有关专题的发展过程和研究方向,因此,学位论文是科技人员了解最新学术动态、研究学科前沿问题的重要信息源。

根据国务院学位委员会颁发的(84)学位办字 011 号文件《关于寄送博士和硕士学位论文的通知》,我国学位论文的收藏点分布如下:

➤ 中国科技信息研究所负责收藏各高等院校、研究生院与研究所送交的我国自然科学领域的硕士、博士和博士后的公开、秘密和绝密的学位论文。公开的学位论文可借阅复印,而秘密和绝密的学位论文收藏在该所保密室,一般不外借。

➤ 中国社会科学院情报研究所图书馆负责收藏社会科学方面的学位论文。

➤ 国家图书馆负责收藏自然科学和社会科学方面的博士论文。

通过答辩的硕士、博士学位论文除呈缴国家指定的收藏单位以外,还要交本单位图书馆、资料室或档案室(馆)保存。

5.4.2　学位论文检索系统

20 世纪 90 年代中期以来,国内各有关部门都十分重视学位论文全文的数字化工作,各学位授予单位的图书馆都纷纷自建有本单位的学位论文库。如要大范围地检索国内外学位论文,可利用下述检索系统:

1. 万方数据资源系统《中国学位论文数据库》

万方数据资源系统(www. wanfangdata. com. cn)《中国学位论文数据库》,收集 1980 年以来中国科技信息研究所收藏的我国高校和科研机构在自然科学和社会科学领域内的硕士、博士、博士后学位论文全文或题录、文摘数据记录。正式用户可顺利地在线阅读或下载全文。

2. 中国知网《中国优秀博、硕士学位论文全文数据库》

中国知网(www. cnki. net. cn)《中国优秀博、硕士学位论文全文数据库》,包括《中国优秀硕士学位论文全文数据库》和《中国博士学位论文全文数据库》两个数据库,收集了 2000 年以来全国近 300 家具有博硕士培养资格的学位授予单位(包括 1 800 多个博士点和 3 000 多个硕士点)的自然科学和社会科学各分支学科方面的优秀博、硕士论文全文。正式用户可顺利地在线阅读或下载原文。

3. 国家科技图书文献中心《中、外文学位论文数据库》

国家科技图书文献中心(www. nstl. gov. cn)《中、外文学位论文数据库》中的《中文学位论文数据库》同万方数据资源系统的《中国学位论文数据库》;其《外文学位论文数据库》则是收录美国 ProQuest 公司博硕士论文资料库中 2001 年以来的优秀博士论文,学科范围涉及自然科学各专业领域,并兼顾社会科学和人文科学。检索结果为文摘,付费可申请原文传递。

4. ProQuest 学位论文全文检索平台

此系统由 CALIS 牵头,组织国内部分高校,购买美国 UMI ProQuest 公司《PQDT 博硕士论文数据库》中的部分论文而建成,网址为:http://pqdt. calis. edu. cn/,凡参加共建的高校,皆可通过校园网访问该系统,获取 PQDT 中的部分学位论文全文。该检索系统已在国内建立了 3 个镜像站点,通过 IP 地址控制访问权限。

PQDT(ProQuest Dissertations and Theses)是美国 ProQuest 公司(原名 UMI 国际大学缩微品公司)编辑出版的全球博硕士论文数据库,也是最常用的国外学位论文数据库,该数据库收集了世界上 1 000 余所著名大学和机构在文、理、工、农、医等领域约 300 万篇的博硕士论文,其中 100 多万篇为全文。它的优势是收录年代早(从 1861 年开始),收录范围全(是美、加两国指定的全国博、硕士论文收藏单位),数据更新快(每年递增 4 万余篇,最新能看到上学期的毕业论文),内容详尽,检索层次更深入。

(1) 检索界面及检索技术

该平台分为基本检索和高级检索两种检索方式,图 5 - 15 为基本检索方式的界面。

图 5 - 15 ProQuest 学位论文全文检索平台基本检索界面片断

在基本检索的文本输入框里,可以输入检索词或检索式,式中逻辑算符为"and"、"or"、"not"。算符"and"也可使用空格代替,词组或短语可使用半角双引号来标明。系统默认检索字段为关键词字段,如果要限制检索字段,可以添加字段算符,常用字段算符如下:

➢ 标题字段算符　ti:(search terms);

➢ 摘要字段算符　abs:(search terms);

➢ 作者字段算符　au：(search terms)；
➢ 全文字段算符　full：(search terms)。
若在基本检索界面中点击"高级检索"链接，则可切换至高级检索方式，如图 5 - 16 所示。

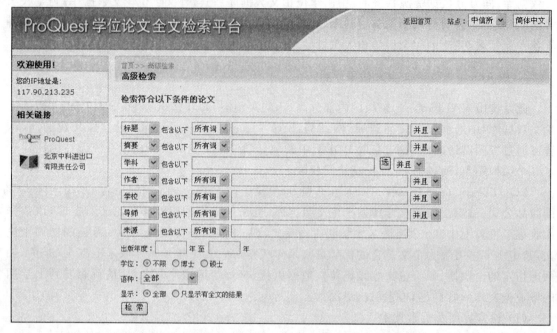

图 5 - 16　ProQuest 学位论文全文检索平台高级检索界面

在高级检索界面中输入检索词时，要注意的事项有：
➢ 行左下拉菜单供选择检索字段，行右下拉菜单供选择行间逻辑关系。
➢ 行中下拉菜单若选择"所有词"，表示右框中多个检索词之间的关系为逻辑"与"；若选择"任一词"，表示右框中多个检索词之间的关系为逻辑"或"；若选择"短语"，则表示右框中多个检索词为一个词组或短语，而不需再添加半角双引号。
➢ 输入论文作者(author)或导师(adviser)的姓名时，姓在名前，姓、名之间用半角逗号分开。为防误检，可使用截词符，截词符为半角"?"。
➢ 如输入了无实义的普通单词(例如：an、by、have、of、some、than、that、the、which 等)，系统会视为禁用词将它们自动忽略。
(2) 检索实例
① 检索课题
神经网络在雷达目标识别中的应用。
② 析出检索词
可析出神经网络、雷达及目标识别三个检索词，对应的英文检索词是：
神经网络→neural net，neural network
雷达→radar
目标识别→target recognition，target identification，object discrimination
③ 选择检索方式和检索字段
现选择基本检索方式，在摘要字段中检索。

④ 构造检索式

abs：("neural net" or "neural network") and abs：(radar) and abs：("target recognition" or "target identification" or "object discrimination")

⑤ 实施检索

输入检索式,点击"检索"按钮,得相关文献 8 篇,如图 5 - 17 所示。

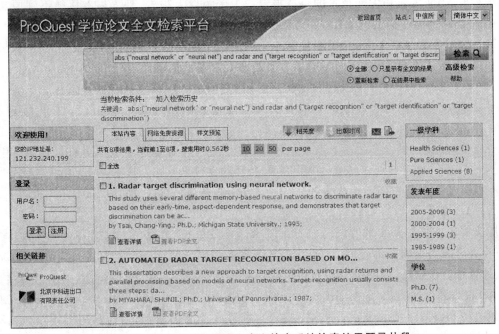

图 5 - 17　ProQuest 学位论文全文检索系统检索结果题录片段

在检索结果题录中单击"查看 PDF 全文"链接,即可阅览全文。如图书馆未订购《PQDD 博硕士论文数据库》,则"查看 PDF 全文"链接呈灰色,不可用。

5.5　科技报告及其检索系统

5.5.1　科技报告概述

科技报告(Scientific and Technical Report)指科技工作者就某一研究课题的研究成果或研究进展,向研究资金资助单位提交的正式报告。

科技报告按形式可分为:技术报告(Technical Report)、技术札记(Technical Notes)、技术论文(Technical Papers)、技术备忘录(Technical Memorandum)和通报(Bulletin)等;按研究进展程度可分为:初步报告(Primary Report)、进展报告(Progress Report)、中间报告(Interim Report)和终结报告(Final Report)等;按流通范围可分为:绝密报告(Top Secret Report)、机密报告(Secret Report)、秘密报告(Confidential Report)、解密报告(Declassified Report)、非密限制发行报告(Restricted Report)和非密报告(Unclassified Report)。

科技报告,尤其是经过国家或部级政府机构鉴定的,涉及宇航、环保、能源等高、精、尖技术领域的科技报告,能迅速反映最新的科技成果,同时也能客观地反映科学研究过程中的经验和教训,故在一定程度上代表了一个国家的科学技术水平,是一种重要的科技信息资源。与其他类型的文献相比,科技报告不但内容新颖、专业性强,而且对技术问题的研究论述都很具体,常常附有各种研究方案的选择对比、大量的试验数据和图表、成功的经验以及失败的教训等,对于从事同类专业课题的科技人员具有重要的参考价值。据说,科技人员对科技报告的需求量约占其全部文献需求量的 10%~20%。但由于科技报告多是内部供应,外界较难获取,特别是属于军事、国防工业和尖端技术的科技报告均为密级以上报告,外界根本接触不到原文,只有经过一定年限等到报告解密之后,方能获知其内容。

第二次世界大战结束以后,美国政府为了推动科技报告的利用,对科技报告的收集、出版、发行和报道,做了大量工作,从而形成了著名的四大系列科技报告,现简介如下:

(1) PB 报告

早在 1945 年美国就在商务部下成立了出版局(Publication Board),负责收集、整理和报道来自德国等战败国的科技资料,并逐篇以 PB 字头编号,内部出版发行,统称 PB 报告。随着这批资料整理结束,报告来源逐渐以本国科研机构为主,内容也逐步从军事科学转向民用,并侧重于土木建筑、城市规划和环境污染等方面,每年约发行 1 万件。其报告号原由报告代号"PB"＋顺序号构成,从 1980 年起,由报告代号"PB"＋年号＋顺序号构成,如:PB2001—102980。

(2) AD 报告

原为美国武装部队技术情报局(Armed Services Technical Information Agency,简称 AS-TIA)收集出版的美国陆海空三军科研机构的报告,故以 AD 字头编号,表示 ASTIA Document 的意思。ASTIA 现已改名为 DTIC(国防技术信息中心),但 AD 报告的工作仍延续了下来。AD 报告除了收集出版美国国防军事科研机构的报告外,也收集来自美国公司企业及外国科研机构和国防组织的研究成果及一些译自前苏联等国的文献,因此其内容不仅包括军事方面,也广泛涉及许多民用技术,包括航空、电子、通讯、农业等 22 个大类。每年发行量约 2 万件。从 1975 年起,其报告号由报告代号"AD"＋密级程度代号＋顺序号构成,如 AD—A 259127,其中 A 即为密级程度代号,A 表示公开发行,其余代号有:B 表示非密限制发行,C 表示秘密、机密,D 表示美国军方专利及专利申请。

(3) NASA 报告

NASA 报告由美国国家航空航天局(National Aeronautics and Space Administration,简称 NASA)收集和出版发行,每年发行量约为 1 万件。其内容主要是空气动力学、发动机以及飞行器材、试验设备、飞行器制导及测量仪器等方面,但也涉及机械、化工、冶金、电子、气象、天体物理、生物等学科。NASA 报告号由报告代号"NASA"或"N"＋年号＋顺序号构成,例如:N20050131815。

(4) DOE 报告

由美国能源部(Department of Energy,简称 DOE)出版发行,又称 DE 报告。它涉及整个能源领域和与其相关的各个领域,如环境和安全等。其报告号由报告代号"DE"＋年号＋顺序号构成,如:DE2005828637。

我国用户查到美国政府四大报告的线索以后,可以通过下述途径索取全文:

➤ 向中国科学技术信息研究所、上海图书馆上海科技情报研究所、中国国防科技信息中心(侧重 AD 和 NASA 报告)、中国科学院文献情报中心(侧重 PB 报告)和中国核信息中心核科学技术图书馆(侧重 DOE 报告)等收藏单位发函,索取科技报告原文的复印件、缩微平片、电子文献或 CD。

➢ 若国内实在索取不到原文,可以通过清华大学图书馆馆际互借处或中国国防科技信息中心直接向美国 NTIS 订购原文,但价格将高于国内馆藏单位。

我国的科技报告系列也是由国防口有关部门率先建立起来的。先由国防口系统内各专业信息中心收集整理,例如中国船舶信息中心整理中国船舶科技报告(报告号由代号"CK"+顺序号构成,如 CK—01977),中国核信息中心整理中国核科技报告(报告号由代号"CNIC"+顺序号构成,如 CNIC—00496)等,最后由中国国防科技信息中心收集整理成中国国防科技报告(报告号由代号"GF"+顺序号构成,如 GF 89320)。我国国防科技报告系列按照 GJB 标准分为机密、秘密、内部和公开四个级别。

5.5.2　科技报告检索系统

1. 中国科技报告检索工具

我国不定期出版的纸本印刷版科技报告检索工具有:

(1)《中国国防科技报告通报及索引》

为纸本检索工具,由中国国防科技信息中心编辑出版,月刊。可以从分类、主题和作者三种途径检索有关的中国国防科技报告信息。检索后可按密级管理规则向中国国防科技信息中心索取原文。

(2)《中国船舶科技报告文摘通报》

亦为纸本检索工具,由中国国防船舶科技报告管理办公室编辑,不定期出版。可以从分类、单位名称和报告号三种途径检索有关的中国船舶科技报告信息。检索后可按密级管理规则向中国船舶信息中心索取原文。

(3)维普期刊资源整合服务平台

由于中国核科技报告定期汇总后,以《中国核科技报告》期刊的形式公开出版,故可通过维普系统检索中国核科技报告。检索时选择刊名字段,检索词"中国核科技报告",即可逐期浏览,下载全文。

2. 中国国防科技信息中心-文献服务系统

进入中国国防科技信息中心文献服务系统(lib. cetin. net. cn)主页(如图 5-18)后,如非注册用户,可以直接单击"登录"按钮,以访客身份登录,享受全部免费检索服务,只是在索取原

图 5-18　中国国防科技信息中心文献服务系统主页

件时,需填临时申请单及去邮局汇款,耗时较长。要成为注册用户,只要单击"我要注册"按钮,按提示申请并缴纳不少于 200 元的原件索取预付款,即可成为注册用户,以后在索取原件时可从预付款中逐次扣除费用,从而加快了原件传递的速度。

欲检索美国的 AD 报告、NASA 报告等文献资料,可在其主页的文献检索栏内选择"科技报告",并输入英文检索词,单击"检索"按钮即可。若检索词不只一个,中间可插入空格,系统优先显示包含全部检索词的记录(相当于 and),然后显示包含个别检索词的记录(相当于 or),若前后加有半角双引号,则按词组/短语处理。此外,也可单击"高级检索"按钮,检索条件更为灵活。

检索结果首先是命中文献清单,单击文献题名可显示包括摘要在内的详细记录,若想索取全文,可单击记录下方的"加入临时申请单"链接。

3. 国家科技图书文献中心《国外科技报告数据库》

国家科技图书文献中心(www. nstl. gov. cn)的国外科技报告数据库,主要收录 1978 年以来的美国 AD、PB、DE 和 NASA 研究报告以及少量其他国家学术机构的研究报告、进展报告和年度报告等。学科范围涉及工程技术和自然科学各专业领域,每年增加报告 2 万余篇,每月更新,可用报告名称、关键词和作者三种检索途径进行检索。

进入其主页后,选择"国外科技报告",并在下方的"查询条件设置"栏内输入英文检索词。检索结果首先是命中文献列表,单击文献题名可显示包括摘要在内的详细记录,若想索取全文,可单击记录上方的"加入购物车"链接,或记下下方的馆藏单位,发函联系。

4. 美国国家技术信息中心(NTIS)

美国国家技术信息中心(NTIS)网站(www. ntis. gov)的科技报告数据库以收录美国政府立项研究及开发项目的报告为主(即 AD 报告、PB 报告、NASA 报告、DOE 报告),少量收录西欧、日本及其他国家(包括中国)的科学研究报告。该网站 75％为科技报告,其余为专利、会议论文、期刊论文等文献。

NTIS 网站提供两种检索方式:即 Quick Search(快速检索)和 Advanced Search(高级检索)。进入网站主页(如图 5-19)后,首先见到的是快速检索方式,在输入框中输入检索词或带逻辑算符的检索式,单击"search"按钮,即可在全部字段中进行检索。

若在快速检索输入框下方,点击 Advanced Search 链接,则可打开 Advanced Search Tab (高级检索工具栏)(如图 5-20),点击 Search 下拉菜单,有 7 个可检字段供选,即 Search All (全部字段)、Product No(报告号字段)、Accession No(入藏号、存取号字段)、Keyword(关键词字段)、Title(报告题名字段)、Abstract(摘要字段)和 Author(作者字段),点击 Results 下拉菜单可限制检索结果的数量,点击 From Year 和 To Year 下拉菜单则可限制报告年代,最后勾选"Yes"复选框,在输入框中输入检索词或检索式,单击按钮"search",即可呈现完整的高级检索界面(如图 5-21),进一步补充完善。

NTIS 为题录数据库,若欲索取全文,可在检索结果的题录列表中,点击"select media and add to cart to buy this item",查看不同载体(电子文献型、CD 型和印刷型)的价格并提交购买申请。

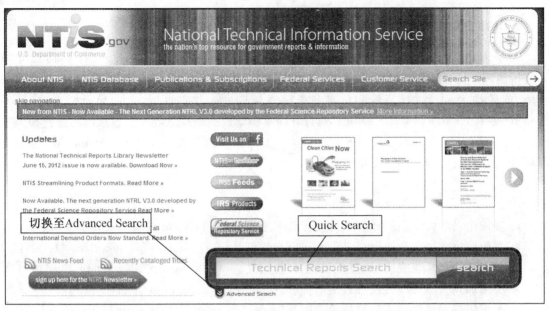

图 5-19　美国 NTIS 网站主页

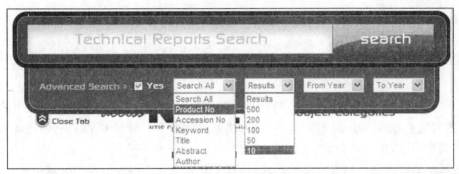

图 5-20　美国 NTIS 网站高级检索工具栏

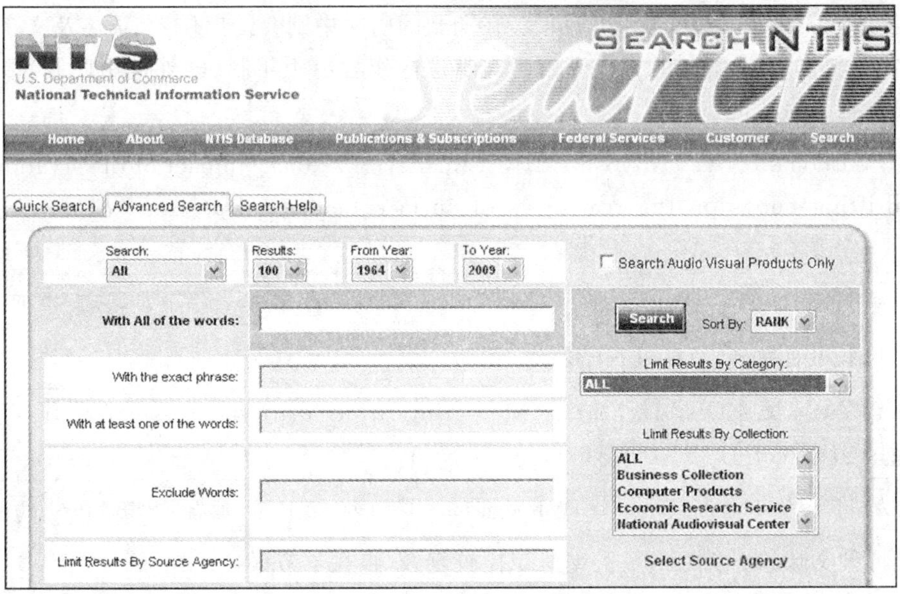

图 5-21　美国 NTIS 网站高级检索界面

5. DOE 网站或 DOE 信息桥网站

DOE 网站(www. doe. gov)或 DOE 信息桥网站(www. osti. gov/bridge)对于 1995 年以来美国能源部提供的研究和发展报告全文可免费提供检索。内容涉及物理、化学、材料、生物、环境、能源技术、工程、计算机和信息科学等领域。进入其主页后,单击导航栏中的"Easy Search"或"Advanced search",就可分别打开简单检索或高级检索界面。检索时可选择检索字段,也可选择"Full Text……",即全文检索。在检索结果清单中,单击"Document"列中的 PDF 图标,即可打开 PDF 格式的报告全文。

6. 其他有关网站

➢ 美国康乃尔大学联网计算机科技报告图书馆(NCSTRL)网站(www. ncstrl. org);
➢ 美国麻省理工大学协同科学中心研究报告网站(ccs. mit. edu/wpmenu. html);
➢ 美国环境科学研究所环境科学技术报告网站(www. cnie. org/nlecrsmain. html);
➢ 美国加州大学环境科技报告网站(elib. cs. berkeley. edu/docs/query. shtml);
➢ 美国华盛顿大学经济学科技报告网站(econwpa. wustl. edu/wpawelcome. html)。

5.6　外文特种文献辨识

5.6.1　文献辨识概述

有一种文献检索方法是把自己已拥有的文献作为起点,以文末参考文献列表中的引文作为线索,然后通过各种方法索取原文。这种方法的关键在于了解参考文献格式,正确辨识引文中的文献类型,从而才能找到原文的索取方向。

由于第 7 章将详述我国参考文献格式,故此处只重点介绍国外的参考文献格式。

外文图书、期刊等常规文献的格式及辨识比较简单,在图书的引文中一般会给出作者、书名(常用斜体)、出版社、出版地和出版年。在期刊的引文中则会给出作者、篇名及文章出处,包括刊名(常用斜体)、年、卷、期、页。若参考文献遵循作者出版年制(国外常用此制)格式,则出版年放在作者名后。例如:

> Inoue, J. , Enomoto. T. , Miyoshi, T. , Yamane, S. , 2009. Impact of observations from Arctic drifting buoys on the reanalysis of surface fields. *Geophysical Research Letters* 36(8), 1 - 5.

(上例为期刊论文,刊名为 Geophysical Research Letters,2009 年,第 36 卷,第 8 期,第 1~5 页)

若期刊采用通卷页码,也可省略期号,例如:

> Sun, H. , Shen, Y. , Qiu, D. , 2004. Measuring sea ice drift via cross-correlation of radar ice images. *Journal of Hydrodynamics* 16, 716 - 720.

(上例为期刊论文,刊名为 Journal of Hydrodynamics,2004 年,第 16 卷,通卷页码第 716~720 页)

外文特种文献的引文格式及类型辨识比较复杂,将在下节详述。

5.6.2　外文特种文献辨识

1. 会议论文

在国外文献的参考文献表中,若出现 Conference, Congress, Colloquium, Symposium, Seminar, Meeting, Workshop… 以及届次标志如 2nd,15th 等字样,即可确定为会议文献。例如:

> Heisele, B. , Neef, N. , Ritter, W. , Schneider, R. , and Wanielik, G. : Object Detection in Traffic Scenes by a Colour Video and Radar Data Fusion Approach; First Australian Data Fusion Symposium ADF—96, Adelaide, Australia, pp. 48 - 52, November 1996.

(上例中出现 Symposium 字样,可知为会议论文,会名为 First Australian Data Fusion Symposium ADF—96,会址为 Adelaide,Australia,会期为 November 1996,页码第 48～52 页)

> Kuglin, C. , Hines, D. , 1975. The phase correlation image alignment method. Proceedings of IEEE International Conference on Cybernetics and Society, pp. 163 - 165.

(上例中出现 Proceedings of…Conference 字样,可知为会议录中的论文,若 Proceedings 后面只有学会、研究所名称,而无会议名称,则属于期刊(会刊),并不是会议文献)

2. 学位论文

在国外文献的参考文献表中,若出现 Dissertation, Thesis, Ph. D, MS 等字样,基本可确定为学位论文。例如:

> 94. S. Lawson: "The sintering, mechanical and aging properties of transition Metal-oxide doped yttria-tetragonal zirconia polycrystals (Y-TZP)", PhD Thesis, University of Sunderland, UK, 1993.

(上例中出现 PhD Thesis 字样,可知为博士论文,学位授予单位为英国的 Sunderland 大学)

3. 科技报告

在国外文献的参考文献表中,若出现 Report 字样或报告编号,如 NASA—CR—186912,基本可确定为科技报告。例如:

> GIUNTA, A. A. 1997. Aircraft Multidisciplinary Design Optimization Using Design of Experiments Theory and Response Surface Modeling Methods, MAS Center Report 97 - 05 - 01, Virginia Polytechnic Institute and State University, Blacksburg, VA.

(上例中出现"Report"字样,可知为科技报告,报告编号为 MAS Center Report 97 - 05 - 01,报告收藏管理单位为美国的 Virginia Polytechnic Institute and State University)

4. 专利文献

国外参考文献表中,若出现 Patent 字样,基本可确定为专利文献。例如:

187. S. Kamiya and T. Muraki (Taiho kogyo Co. Ltd, Aichi, Japan)：US Patent 4,452,866.

（上例为美国专利,专利号 US4452866）

日本发明专利在公开时都要在《日本公开特許公報》中发布,故学术论文如果引用了日本专利,文后参考文献表中,会出现 Jpn Kokai Tokyo Koho 的字样（在 Jpn 后面的字是日语"公开特許公報"的英文译音）,例如,某条日本专利参考文献会这样著录：

［19］S. Yoshifusa and H. Yuji (Sumitomo Light Metal Industries Ltd)：Jpn Kokai Tokyo Koho，JP2000,153,387.

（根据本例特征,可知该参考文献为日本专利,专利号为 JP2000—153387）

5. 标准文献

国外标准多由标准学会制定,故作者项为标准学会的名称,多含有 Standard 字样。例如：

15. American National Standards Institute. ANSI T1—601—1988.

（本例为标准文献,制定单位为美国国家标准学会（ANSI）,标准号为 ANSI T1—601—1988）

练习与思考 5

1. 说出下列文献号码分别属于哪个国家或组织的什么文献类型。

文献号	国家或组织	文献类型
AD—A 244321		
BS 5609—1986		
CB/T 3676—1995		
CK—02312		
DIN 86027—1998		
GB 2494—2003		
GB 2422232A		
GF 89295		
GJB 770.201—89		
N 20050180724		
PB 93229714		
SJ 20521—1995		

US 184343

US 2006184343A1

2. 我国打火机的出口先后遭受了美国、欧盟 CR 法规的冲击,后又遭遇 ISO 9994 技术标准的壁垒。近几年来,我国打火机行业加强了技术研发,开发了防止儿童启动打火机的保护装置,请检索相关的技术标准和专利,并提供完整的题名。

3. 请下载以下两个国家标准的全文,供撰写毕业论文时参考。

GB/T 7713.1—2006　学位论文编写规则

GB/T 7714—2005　文后参考文献著录规则

4. 请根据本人研究课题,检索相关的国内外期刊、会议论文、学位论文、科技报告以及专利说明书。

第6章 文献信息资源的免费共享

The services of the public library are provided on the basis of equality of access for all, regardless of age, race, sex, religion, nationality, language or social status. ···The public library shall in principle be free of charge. The public library is the responsibility of local and national authorities. It must be supported by specific legislation and financed by national and local governments.

——from: IFLA/UNESCO　Public Library Manifesto 1994

　　每一个人都有平等享受公共图书馆服务的权利,而不受年龄、种族、性别、宗教信仰、国籍、语言或社会地位的限制。······公共图书馆原则上应该免费提供服务。建立公共图书馆是国家和地方政府的责任。必须专门立法维持公共图书馆,并由国家和地方政府财政拨款。

——摘自:联合国教科文组织/国际图联《公共图书馆宣言》1994年10月29日

6.1　公共图书馆数字资源免费共享

6.1.1　公共图书馆与数字图书馆简介

1. 公共图书馆简介

　　联合国教科文组织和国际图书馆联合会在1994年共同发表了《公共图书馆宣言》,在宣言中庄严宣告,联合国教科文组织坚信公共图书馆是传播教育、文化和信息的一支有生力量,是促使人们寻找和平和精神幸福的基本资源。联合国教科文组织因此建议各国和各地政府支持并积极参与公共图书馆的建设。

　　宣言强调说,每一个人都有平等享受公共图书馆服务的权利,而不受年龄、种族、性别、宗教信仰、国籍、语言或社会地位的限制。因此,宣言再次重申,公共图书馆原则上应该免费提供服务。建立公共图书馆是国家和地方政府的责任,必须专门立法维持公共图书馆,并由国家和地方政府财政拨款。

　　我国的公共图书馆共分三级,分别由文化部及各地文化厅、局领导管理,第一级为国家级公共图书馆,即中国国家图书馆(原名北京图书馆),第二级是省(直辖市)级公共图书馆,如首都图书馆(北京市)、南京图书馆(江苏省)、中山图书馆(广东省)、湖南图书馆(湖南省)以及以各省和直辖市名称冠名的图书馆,如河北省图书馆、四川省图书馆等,其他的公共图书馆则属于第三级(地、市、县级),如金陵图书馆(南京市)、长沙市图书馆等。

公共图书馆的收藏范围以图书专著、会议录、报纸和期刊为主,学科以综合性为主,有的馆还收藏有国外科技报告、专利说明书和技术标准等资料。

随着计算机技术的普及,图书馆界除了积极开展图书管理自动化以外,还积极研发图书资料的数字化技术,目前,许多公共图书馆都拥有了自建或外购的数字资源,成立了依附于实体图书馆的数字图书馆,向读者提供深层次的图书文献资料服务。

2. 数字图书馆简介

数字图书馆(digital library,简称 dlib)与实体图书馆不同,它拥有的只是数字化的、需要利用电子计算机才能阅读的电子信息资源,如电子图书、电子期刊、电子画册、电子音像等,所以也叫做电子图书馆(electronic library,简称 elib)。由于这些数字资源不需占用大量的实体空间,故有人夸张地说,一座美国国会图书馆中的文献,经过数字化转换压成光盘以后,只要一个手提包就可装走。如今这种“手提包中的图书馆”正在各国广泛兴起,成为信息资源的一个重要储藏方式;同时,它还通过对所储藏的电子资源进行提取信息、编制索引等加工处理,向用户提供图书检索功能,因此还是一个便捷的电子图书检索系统,可从书名、作者等检索途径查找所需图书,找到以后,即可在线阅览或是下载到本地电脑,离线阅读。

目前,有两类数字图书馆,一类是单独运营的数字图书馆,这种数字图书馆一般均要向用户收取一定费用,以维持正常运转,例如,我国的超星数字图书馆、书生数字图书馆、阿帕比数字图书馆等,还有各种商业性的文献数据库检索系统,也属于此类;另一类数字图书馆则依附在实体图书馆内,其数字资源起初是经过数字化处理后的本馆馆藏文献资料,后来通过外购商业性的文献数据库,其规模不断扩大,这种数字图书馆往往和其依附的实体图书馆共用同一个网站。

传统实体图书馆中的纸类文献经过数字化以后,其复制和传播就变得非常容易了,因此数字图书馆在发展中必须解决的一个问题,就是如何保护这些文献的知识产权。为了绕过知识产权的纠纷,许多国家的数字图书馆着重数字化已失去著作权的历史文献,以保证读者可免费(或部分免费)使用。例如,美国国会图书馆的 American Memory(American Memory from the Library of Congress,网址:memory. loc. gov),从 1990 年开始筹建,至 2005 年已完成 900 万件文献的数字化,包括手稿、录音、印刷品、音像制品等介质,通过互联网向美国青少年乃至全球读者免费开放。联合国教科文组织在各国大力支持下,也建成了多语言版本的世界数字图书馆(World Digital Library,中文版网址:www. wdl. org/zh/),可以按年代、地区、国别、文献介质等条件,免费浏览记载了人类文明发展历史的各国珍贵文献。我国国家图书馆也开发了记载我国历史珍贵文献的数字化资源,名为“华夏记忆”(Chinese Memory,网址:www. nlc. gov. cn/hxjy/)。

遗憾的是,科技文献的时效性很强,失去版权保护的老旧图书,多已无参考使用价值,而能跟上时代发展收录科技新版文献的数据库则基本上是要收费的。幸运的是,公共图书馆秉承原则上应该免费提供服务的宗旨,对自建或外购的科技文献数据库,利用公共数字图书馆的方式开展了免费服务的尝试。一种模式类似于高校图书馆,即以团体用户身份购进收费数据库的在线使用权,然后向馆内读者(持证读者或是注册读者)免费开放;另一种模式则是继承了图书馆参考咨询工作的传统,免费为读者代查文献和传递原文。有了公共数字图书馆的得力帮助,大学生即使走上了工作单位,脱离了学校图书馆的有利条件,也能够在需要的时候,及时地查询和获取所需的文献资料了。即使是在读的大学生,也可以通过访问已开放数字资源的公共图书馆,来弥补本校图书馆数字资源的不足。

6.1.2　免费开放数字资源的中国国家图书馆

1. 概述

中国国家图书馆建有中国国家数字图书馆,和国家图书馆共用同一个网站(www. nlc. gov. cn),提到中国国家图书馆时,自然也包括了国家数字图书馆在内,图 6-1 为其网站主页。

图 6-1　中国国家图书馆·中国国家数字图书馆网站主页

2. 注册方法

要想免费享用国家图书馆的数字资源,必须先进行实名制注册。

在国家图书馆网站主页右侧点击 登录注册 后,即会出现登录注册窗口。新用户应在该窗口右侧点击"注册新用户"按钮,进行实名制注册;已注册用户则可在窗口左侧直接输入账号、密码及验证码,点击"登录"按钮进行访问。

实名制注册共有 3 个步骤:

第一步　填写基本信息,所填的手机号码必须真实,以便能及时收取网站用短信发回的手机验证码,不然,注册将无法继续下去。

第二步　填写实名信息,包括身份证号码等信息,必须真实。

第三步　经审核通过,系统立即告知注册成功。

3. 国家图书馆免费开放的数字资源

以实名制注册用户身份登录成功后,即可免费享用以下数字资源:

(1) 电子图书

➢ 方正阿帕比电子图书;　　　　　　➢ 民国法律;

➢ 民国图书;　　　　　　　　　　　➢ 全唐诗分析系统;

- ➤ 全宋诗分析系统；
- ➤ 二十五史研习系统；
- ➤ Gale 虚拟参考图书馆；
- ➤ EAI 美国早期印刷品系列；

- ➤ ECCO 十八世纪文献在线；
- ➤ EEBO 早期英文图书在线；
- ……

 小贴士

什么是方正阿帕比电子图书？

　　阿帕比电子图书即方正阿帕比数字资源平台，又名阿帕比数字图书馆，由北大方正的阿帕比技术有限公司制作，阿帕比(Apabi)代表 Author(作者)、Publisher(出版者)、Artery(流通渠道)、Buyer(购买者，即读者)以及 Internet(网络)，换句话说，Apabi 追求以因特网为纽带，将传统的写作、出版、流通及阅读各个环节连成一体。

　　阿帕比数字图书馆中的电子图书可以下载，以便离线阅读，但它与实体图书馆一样，也有一定的借阅期限，过期必须续借，否则将自动归还所占复本数，资源不可再阅读，即下载的文件将打不开。阿帕比数字图书馆中的图书，如果复本数已用完，可以预约。

（2）电子期刊

- ➤ 维普中文科技期刊数据库；
- ➤ 万方数据知识服务平台；
- ➤ 清华同方知网——中国学术期刊全
  文数据库；
- ➤ 人大报刊复印资料；
- ➤ 中华医学会期刊全文数据库；
- ➤ 龙源电子期刊；
- ➤ 数字博看中文期刊；

- ➤ 民国期刊；
- ➤ ARL 学术研究图书馆；
- ➤ Academic Source Complete(ASC)；
- ➤ Business Source Complete(BSC)；
- ➤ East View Universal Database；
- ➤ Periodicals Archive Online；
- ……

（3）学术论文

包括万方中西文会议论文全文数据库、万方学位论文全文数据库。

（4）工具书

包括：中国大百科全书数据库、中国工具书资源全文数据库、中国年鉴资源全文数据库、Credo 全球工具书大全。

（5）数值事实数据库

包括万方商务子系统、万方科技子系统、中经网统计数据库。

（6）文摘数据库

包括万方外文文献数据库。

4.　检索方法

　　登录成功以后，自动打开中国国家数字图书馆读者门户窗口(如图 6 - 2)，左侧显示可用资源类别，在左侧点击某一类别后，就会在右侧列出已开放的该类所有资源，例如，欲使用维普，可在读者门户窗口左侧点选"电子期刊"，然后在右侧点选"维普中文科技期刊数据库"，即可进入维普系统的检索窗口。

图 6 - 2　中国国家数字图书馆读者门户窗口

　　打开维普窗口以后,其操作方法如第 3 章中所述,无需再作介绍了,只不过在电脑中最好事先安装有网际快车或迅雷等下载软件,当点击"下载全文"按钮却没有弹出下载窗口时,可在下载页面中右击欲下载的文献名,并在快捷菜单中选择"使用快车 3 下载"(如图 6 - 3),即可顺利地进行下载。

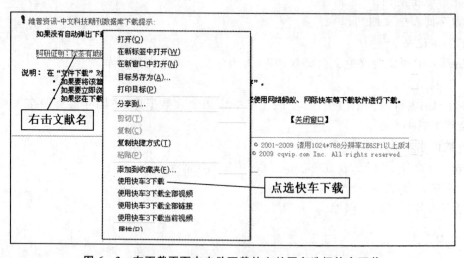

图 6 - 3　在下载页面右击欲下载的文献题名选择快车下载

6.1.3　免费开放数字资源的省市公共图书馆

1. 概述

我国各地省市公共图书馆在向公众免费开放数字资源方面,做了大量的研发工作。

最早开展此项服务的是广东省立中山图书馆,随后,天津市图书馆、无锡市图书馆、丽水市图书馆、澳门特区图书馆、河北省图书馆、南京图书馆……相继向馆内读者免费开放了馆藏或外购的数字资源。这个趋势还在不断发展之中,读者可随时关注所在地区公共图书馆的动向,也许在你不经意之间,就已经推出此项服务了。

凡是开放数字资源的公共图书馆,一般都需凭该馆读者借书证编号和密码进行登录,登录成功以后,即使读者不在公共图书馆所在地,也可以通过互联网远程访问进行检索,而且不需交付任何费用。当然,有个别数字资源,出于某些特殊原因,也可能会要求读者到馆,在指定的电子阅览室内上机才能查阅。

为篇幅计,本书只简要介绍几所有代表性的省市公共图书馆。

2. 南京图书馆

南京图书馆是江苏省的省级公共图书馆,简称南图,其网站地址是:www.jslib.org.cn,网站主页如图 6-4 所示,目前已开通持证读者的远程在线免费文献检索。凡是持有南图借书证的读者,打开南图网站主页后,即可在"我的图书馆"栏内,输入借书证证号和密码进行登录,对于初次访问的用户,初始密码统一为 999999,为防密码失控,登录成功后应尽早修改密码。

图 6-4　南京图书馆网站主页

南京图书馆持证读者可免费访问的数字资源如图 6-5～图 6-7 所示。

南图外购科技、经济类中文数据库	
	中国CNKI公众知识服务网络平台、中国学术期刊网络总库、中国博士论文全文数据库、中国优秀硕士学位论文、中国重要报纸全文数据库、中国重要会议论文、中国年鉴网络出版总库
	中文科技期刊数据库 中国科技经济新闻数据库
	中国标准数据库、外文标准数据库、中文商务系统数据库
	合同库、法规数据库、司法案例数据库、律师合同库
	统计数据库、报告数据库、专题研究报告
	国研网《世界经济专版数据库》
	国研网《世界经济专版数据库》
	中宏数据库政府版、中宏产业集群数据库、中宏经济数据库、中宏内参报告数据库、中国产业发展数据库、中国政策法规库、国家五年规划库、中国金融数据库、中国区域经济数据库、国家发展战略数据库
	全球产品样本数据库

图 6-5　南京图书馆已开放的科技、经济类中文数据库

试用数据库	
	国务院发展研究中心(DRC)行业景气监测平台
	战略新兴产业数据库简介
	中国资讯行、搜数网

图 6-6　南京图书馆已开放的科技、经济类中文试用数据库

图 6-7　南京图书馆已开放的科技、经济类外文数据库

3. 湖南图书馆

湖南图书馆是湖南省的省级公共图书馆,简称湘图,其网站地址是:www.library.hn.cn,主页如图 6-8 所示,目前已开通持证读者的远程在线免费文献检索。凡是持有湖南图书馆借书证的读者,打开湘图网站主页后,即可在"我的图书馆"栏内,输入借书证证号和密码进行登录,对于初次访问的用户,初始密码统一为 888888,为防密码失控,登录成功后应尽早修改密码。

登录成功以后,即可在湘图网站主页下方选择数字资源类别(图书、期刊……),然后选择检索途径,输入检索词,点击"搜索"按钮……,其操作方法一如前述。如欲表达较复杂的检索要求,可点击"高级搜索"按钮,填写检索表单。

湖南图书馆目前开放的科技、经济类数字资源,主要是维普公司的中文科技期刊全文数据库、外文科技期刊文摘数据库、中国科技经济新闻数据库以及 CNKI 的题录数据库(如图 6-9),相信今后还会不断扩大。

图 6 - 8   湖南图书馆网站主页

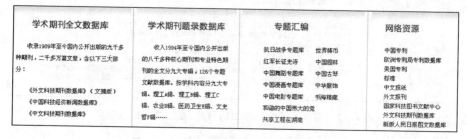

图 6 - 9   湖南图书馆已开放的数字资源

4. 河北省图书馆

河北省图书馆简称冀图,其网站地址是:www. helib. net,主页如图 6 - 10 所示,目前已开

图 6 - 10   河北省图书馆网站主页

通持证读者的远程在线免费文献检索。凡是持有河北省图书馆借书证的读者,打开冀图网站主页后,即可在"我的图书馆"栏内,输入借书证证号和密码进行登录,密码默认为办理读者借书证时所留的读者 8 位数生日密码。

使用数字资源前,还需获得数字资源使用卡的卡号和密码。欲获取卡号密码,可到馆参考咨询室免费申请,或通过电子邮件索取(索取方法在网站中有说明)。有了卡号和密码后,点击主页右下方"数字资源"图标,输入用户的资源卡号和密码,然后点击"登录"按钮,即可免费使用冀图提供的数字资源,进行检索了。

河北省图书馆目前已开放的数字资源有:

- ➤ CNKI 中国学术文献总库;
- ➤ 万方数据知识服务平台;
- ➤ 维普中文科技期刊库;
- ➤ 龙源电子期刊;
- ➤ 方正阿帕比电子图书;
- ➤ 超星读秀学术搜索;
- ➤ 国务院发展研究中心信息网;
- ➤ 中国宏观经济信息网。

5. 重庆图书馆

重庆图书馆简称渝图,其网站地址是:www.cqelib.cn,主页如图 6 - 11 所示,目前已开通持证读者的远程在线免费文献检索服务。

欲进行远程在线文献检索的用户,首先需要持渝图读者卡到图书馆总服务台经工作人员验证并登记后,免费领取一张网上读书卡。然后,还要在重庆数字图书馆网站首页上,双击 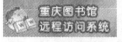图标,下载信达远程访问系统安装软件 setuo_3.37.exe。安装成功以后,每次访问重庆图书馆网站时,双击桌面上的远程访问系统图标,打开登录窗口,在服务器一栏内,填入服务器 IP 地址:222.177.231.240,在用户账号及登录密码栏内,输入用户网上读书卡的账号和密码。点击"登录"按钮后,会询问选择何种登录模式,建议选择快捷模式,即代理模式,速度较快,适用于访问超星、知网、万方等常规数据库。登录成功后,任务栏中将出现托盘图标,单击该图标会弹出相关功能选项,同时系统会弹出登录后的重庆数字图书馆页面,即可正常访问重庆图书馆的数字资源了。

重庆图书馆目前已免费开放的数字资源有:

- ➤ CNKI 期刊;
- ➤ 维普科技期刊;
- ➤ 人大复印资料;
- ➤ 万方数字化期刊;
- ➤ 万方硕博论文;
- ➤ 万方会议论文;
- ➤ 中宏政府决策支持系统;
- ➤ 国务院发展研究中心信息网;
- ➤ 中经网产业数据库;
- ➤ 读秀学术搜索。

图 6-11   重庆图书馆网站主页

6.1.4   面向全社会的图书馆参考咨询联盟

1. 珠江三角洲数字图书馆联盟

珠江三角洲数字图书馆联盟,是广东省公共图书馆、高校图书馆和科研图书馆于 2011 年联合创建的公益性文献资源共享服务平台。其前身是由广东省立中山图书馆创建的广东省数字图书馆。该联盟的全部数字资源都向全社会免费开放,没有账号或 IP 地址的限制,也不需注册,所有读者(包括珠三角以外地区)都可以通过互联网直接进行访问,图 6-12 为其网站(http://dlib.gdlink.net.cn)主页。

该联盟的数字资源不仅覆盖了广东省主要图书馆的馆藏数据,而且借助于互联网搜索引擎技术,建立了超大规模的元数据仓储,并可实现跨库检索。文献类型现已包括中外文的图书、期刊、论文、报纸、专利、标准、科技成果、法规等多种,数据量已达到中文图书 310 万种、中文期刊 5 800 万篇之多。

目前,读者通过该联盟网站检索到的文献,有的可以立即看到全文,若没有全文链接,则可以申请全文传递。联盟成员馆秉承公共图书馆免费向读者提供参考咨询服务的传统,可以应读者之需,通过 E-mail 快速高效免费地远程传递原文。

图 6-12　珠江三角洲数字图书馆联盟网站主页

检索实例 1　查找报纸中有关物业管理新模式的报道。

检索方法:选择"报纸"检索频道,输入检索词"物业管理新模式",再选择"标题"检索途径,最后点击"中文文献搜索"按钮即可,检索结果如图 6-13 所示,该图上部为所输入的检索条件,在检出的题录中点击图标,可打开全文在线阅读,如图 6-14 所示。

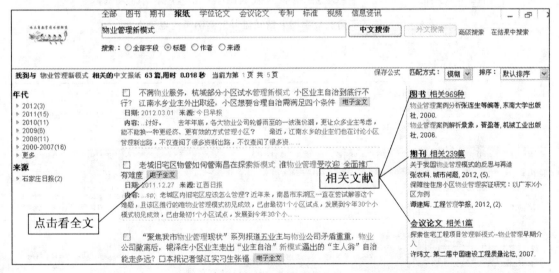

图 6-13　珠江三角洲数字图书馆联盟检索实例 1 的检索结果题录清单

检索实例 2　查找期刊中有关人脸识别系统设计的论述。

检索方法:选择"期刊"检索频道,输入检索词"人脸识别系统设计",选择"全部字段",点击"中文文献搜索"按钮即成,检索结果如图 6-15 所示。

期刊检索结果中不提供 电子全文 链接,但可提供文献传递服务,只要在题录清单中点击 邮箱接收全文 链接,即会打开云图书馆文献传递服务的申请单(如图 6-16),正确填入你的电子邮箱地址和验证码,点击 确认提交 按钮后,系统就会争取在 2 小时内,把用户所需要的文献发送到指定的邮箱中。

图 6－14　珠江三角洲数字图书馆联盟检索实例 1 的电子全文

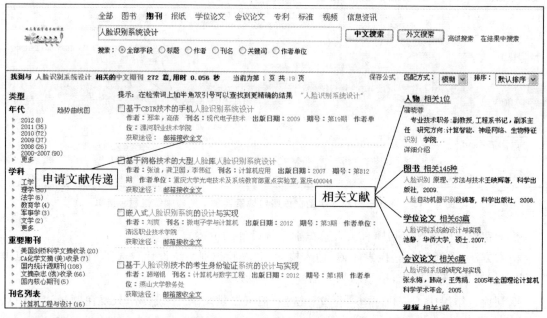

图 6－15　珠江三角洲数字图书馆联盟检索实例 2 的检索结果题录清单

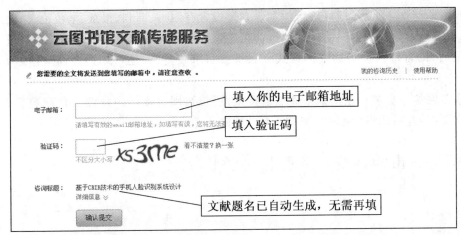

图 6-16　珠江三角洲数字图书馆联盟文献传递服务申请单

2. 全国图书馆参考咨询联盟

"全国图书馆参考咨询联盟"原名"联合参考咨询与文献传递网",系由广东省省立中山图书馆牵头,联合国内 30 余家公共图书馆共同建立,于 2005 年开始试运行。后在全国文化信息资源共享工程国家中心指导下,扩大至其他系统的图书馆,成为集我国公共、教育、科技系统图书馆的力量于一体的大型公益性服务机构,其宗旨是以数字图书馆馆藏资源为基础,以因特网的丰富信息资源和各种信息搜寻技术为依托,为社会提供免费的网上参考咨询和文献远程传递服务。

该联盟拥有大规模的中外文数字化资源库群,包括:电子图书 120 万种、期刊论文 4 000多万篇、博硕士论文 300 万篇、会议论文 30 万篇、外文期刊论文 500 万篇、国家标准和行业标准 7 万件、专利说明书 86 万件以及全国公共图书馆建立的规模庞大的地方文献数据库和特色资源库,可提供网络表单咨询、文献咨询、电话咨询和实时在线咨询等多种方式的服务。

"全国图书馆参考咨询联盟"网站(http://www.ucdrs.net)不需注册,全国各地的用户均可直接访问,图 6-17 为其网站主页。

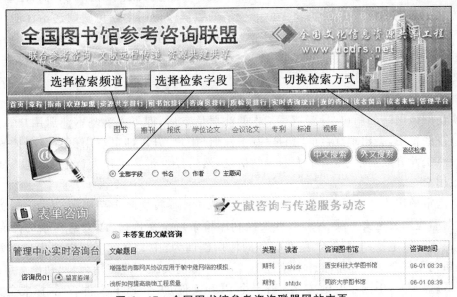

图 6-17　全国图书馆参考咨询联盟网站主页

打开联盟网站主页后,即可进行检索。系统设置有图书、期刊、报纸、学位论文、会议论文、专利、标准等检索频道。不同的检索频道会在检索词输入框下部显示不同的检索字段,选择好检索字段后,即可输入检索词或检索式。如检索需求较复杂,还可切换至高级检索方式进行检索。

在联盟网站主页填写完检索条件点击搜索按钮后,即自动转向珠江三角洲数字图书馆联盟的检索页面,此后的操作如上一小节,不再赘述。

6.2　部分省市的科技文献资源共享平台

6.2.1　概述

目前,我国各省市还涌现了一大批有着各种名称的资源共享平台,这些平台或是以各级科技情报研究所(有的现已更名为科技信息研究所或研究院)为基础,或是以地区内有实力的高校图书馆为依托,在省市科委的领导下,开展科技资源的公共服务,其中一个重要的项目就是科技文献资源的共建共享。其共享方式视平台的财力,可能是在本地区全免费,也可能是赠送一定的免费使用金额(用完后可再申请),或是以优惠价格适当收取一定费用。例如,绍兴市科技信息综合服务平台(www.sxinfo.org),只要是浙江省绍兴地区的用户,就可免费注册,免费使用平台的数字资源。

6.2.2　部分科技文献资源共享平台简介

1. 上海研发公共服务平台

上海研发公共服务平台由上海市科委牵头,组织协调全市科技资源拥有单位共同努力,于2004年7月建成并正式开通对外服务。平台拥有科技文献服务系统、仪器设施共用系统、试验基地协作系统、行业检测服务系统等十个子系统。在科技文献服务系统方面,由政府买单,购买万方文献数据库镜像产品,并将200元面值的数据库使用金额免费赠送给注册用户无偿使用;对于西文期刊则联合上海市多家图书文献单位作为全文传递保障体系,当接到用户提出的西文原文请求后,由十家全文传递服务单位在24个小时以内作出响应,凡注册用户均可免费享受10篇全文传递额度。

上海研发公共服务平台网址为:www.sgst.cn,其网站主页如图6-18所示。

首次访问该网站的用户,只要填写基本的注册信息后,即可成为基本注册用户。登录后,在欢迎登录的框中,会出现红色的"您是'基本注册'用户,升级即可享用更多服务!"的升级提示文字。点击此升级提示,填写个人的详细信息,然后经过平台工作人员电话核实,就可升级为已审核用户。

成为已审核用户后,即可完全享受平台提供的各种科技文献免费服务,主要有:文献查阅(万方数据库检索及全文下载、NSTL西文期刊库检索)、全文传递(西文期刊原文传递)、数字图书(方正Apabi电子图书)等。免费服务的使用额度为:中文文献下载资费累计不超过200元,西文期刊文献全文传递量累计不超过10篇。具体的文献下载费用为:期刊论文每篇3元,会议论文每篇6元,中国学位论文分为若干个PDF文件,每个PDF文件2元,标准全文每篇6元,法律法规全文每篇6元,均在每次下载时从使用额度中扣除。

图 6 - 18   上海研发公共服务平台网站主页

　　免费的使用额度累计用完后,还可通过以下方法免费充值续用:

　➤ 点击主页右上角的"帮助",在打开的帮助页面下部(如图 6 - 19),点击"充值续用文献服务"链接,然后在弹出的页面中,点击"请下载《服务反馈信息表》"链接(如图 6 - 20)下载反馈表,填写好服务反馈信息表后,发送至 callcenter@sgst.cn 电子邮箱,平台工作人员就会在一个工作日内完成充值工作,使用户再次获得原有免费额度。

　➤ 参加平台组织的有问必答等类活动获取文献充值卡,然后在线自助充值。

　　上海研发公共服务平台的数字资源主要是万方数据库和阿帕比电子图书。万方数据库的检索方法可参见本书第 3 章。

图 6 - 19   上海研发公共服务平台帮助页面右下部片断

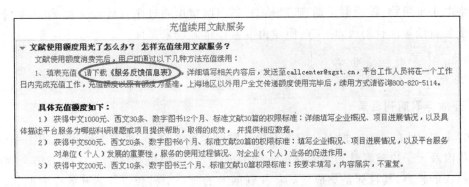

图 6 - 20   "服务反馈信息表"的下载链接

2. 长三角科技资源共享平台

　　长三角科技资源共享平台由上海研发公共服务平台管理中心、江苏省科技情报研究所、浙江省科技信息研究院及安徽省科技情报研究所 4 家单位联合共建,网址为:lib. csjpt. cn,其用户注册方法与上海研发公共服务平台相同,上海研发公共服务平台用户无需再注册,其账号密码通用。

长三角科技资源共享平台中的科技文献系统,旨在整合三省一市现有的科技文献资源,建立统一的数据标准和接口,通过综合集成,提供馆藏联合目录检索、全文检索、原文远程传递、虚拟咨询等服务。

3. 重庆市科技文献资源共享服务平台

重庆市科技文献资源共享服务平台是重庆市科委、市财政局和市教委共同建设的公益性科技文献服务平台。平台整合了重庆大学、西南大学、重庆医科大学、重庆市标准化研究院、西南信息有限公司、重庆摩托车(汽车)知识产权信息中心、重庆理工大学、重庆邮电大学等 8 个单位的所有文献资源。整合后,已拥有各类科技文献记录近 2.6 亿条,包括期刊论文 4 374 万篇、学位论文 167 万篇、中外专利 2 400 万项、中外标准 27 万项、会议论文 594 万篇、联合目录 400 万条、法律法规 40 万条、科技成果 58 万项等。通过集成服务平台,可提供文献检索、文献传递、文献阅览、待查待检、定题服务和科技查新、参考咨询等信息服务。

平台网址为:www. cqkjwx. net,新用户需注册,对新注册用户提供一定金额的免费文献服务,对第一年使用完免费服务金额的用户进行半价优惠。

6.3 开放存取学术资源

6.3.1 开放存取概述

开放存取(Open Access)是兴起于 20 世纪 90 年代末的一种网络出版模式,它的出现有着深刻的时代背景,一是出版商垄断和控制学术期刊等的出版,阻碍了正常的学术交流活动;二是互联网的发展使得低成本地快速推出电子出版物成为可能,为此,国际上一批热心于推动科研成果免费利用的学术界和图书情报界人士,于 2001 年在布达佩斯集会,通过了《布达佩斯开放存取倡议》(Budapest Open Access Initiative,简称为 BOAI),倡导自行出版可供读者免费使用的网络电子出版物(包括电子期刊等形式),其出版费用通过作者放弃稿费、作者支付发表费用或基金会赞助等途径解决,论文的质量由专家评审制度来保证。

6.3.2 开放存取学术期刊

1. 开放存取期刊目录

2002 年 10 月在哥本哈根召开的第一届北欧学术交流会上,来自北欧地区的图书馆馆员、研究人员以及大学决策者针对学术交流方面的问题,首次提出和讨论了由图书馆全面组织免费电子期刊的思路,其目标是集成散见在互联网上的所有学科和语种的开放存取期刊,并利用图书馆技术实施质量控制和提供检索平台。2003 年 5 月,瑞典兰德大学(Lund University)图书馆负责创建了涵盖全球的、可免费获取全文的、高质量的、科学和学术性开放存取期刊目录(Directory of Open Access Journals,简称 DOAJ),实现了这一目标。截至 2009 年 7 月 29 日止,已有 4 271 种开放期刊被收录,其中 1 598 种期刊可以进行文章级检索,共收录论文

299 468 篇。图 6-21 为 DOAJ 网站（www. doaj. org）主页，点击"Search journals"，可查询所收录的开放存取期刊目录，点击"Search articles"，则可直接输入检索词，搜索感兴趣的文章并查看全文。

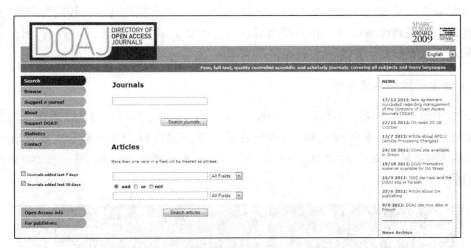

图 6-21　开放存取期刊目录（DOAJ）网站主页

2. 美国科学公共图书馆开放存取期刊

美国科学公共图书馆（Public Library of Science，简称 PLoS）建立于 2000 年 10 月，网站地址为 www. plos. org，这是一家为科技人员和医学人员服务的非营利性机构，旨在使全球范围科技和医学领域的文献成为可以免费获取的公共资源。PLoS 发起后，全球 175 个国家的 29 537 位科学家，共同签署了一封公开信，表达了对学术资源免费获取的支持。目前该馆已创建的开放期刊有：*PloS Biology*（PloS 生物学卷），*PloS Medicine*（PloS 医学卷），*PloS Computational Biology*（PloS 计算生物学卷），*PloS Genetics*（PloS 遗传学卷），*PloS Pathogens*（PloS 病菌学卷）等。其首份期刊 *PLoS Biology* 于 2003 年 10 月在网上发表后的头 8 个小时内，就有 50 万次读者访问量。PLoS 出版的期刊都经过同行专家评审，可以通过网络免费检索阅览，并可提供全文，作者亦可通过网络直接提交论文投稿。

3. 生物医学中心开放存取期刊

生物医学中心（BioMed Central，网址：www. biomedcentral. com）是一个独立出版商，提供 100 多种生物和医学领域的经过同行评议的开放存取期刊，现已经成为开放存取出版中的重要力量。用户只要注册，随时可在网上免费浏览这些期刊，不受任何限制，而且在 BioMed Central 刊物上发表的所有研究论文，都同时进入了 PubMed Central 的主题索引，查找颇为方便。

4. 斯坦福大学 Highwire 出版社免费全文网站

斯坦福大学 Highwire 出版社免费全文网站（网址：highwire. stanford. edu）是世界上最大的自然科学免费全文网站之一，于 1995 年由美国斯坦福大学 Highwire 出版社创立，内容涉及生命科学、医学、物理等学科。截至 2009 年 7 月 25 日，该网站收录了来自 140 个学术性出版社出版的 1 270 种期刊中的 6 044 142 篇全文，其中免费全文有 1 919 938 篇。在 1 270 种期刊中,有 71 种包括在世界被引频次最高的 200 种期刊之中。

6.3.3　开放存取学术论文

开放存取学术论文比开放存取期刊的出版周期更短,因而能达到尽快和同行交流的目的,其表现形式主要是预印本(Preprint),即指科研人员的研究成果还未正式发表前,出于自愿预先在互联网上发布的科研论文或科技报告等文章。

1. 美国电子预印本文献库

美国电子预印本文献库(e-Print archive,又名 arXiv)早在 1991 年 8 月,即在美国洛斯阿拉莫斯(Los Alamos)国家实验室建立,该项目接受美国国家科学基金会和美国能源部的资助,自 2001 年起,转由康乃尔大学(Cornell University)进行维护和管理,图 6 - 22 为该项目网站主页(网址:arxiv. org)。

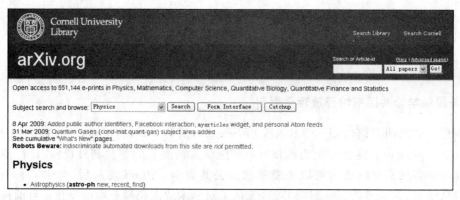

图 6 - 22　美国康乃尔大学电子预印本文献库

目前该库涉及的学科领域有物理学、数学、非线性科学、计算机科学、量化生物学、数量金融和统计等 7 个学科领域,截至 2009 年 7 月,收入的论文已达 549 890 篇。e-Print arXiv 文献库中的论文没有评审程序,研究人员按照一定的格式将论文排版后,按学科类别上传到相应的库中即可。论文作者在将论文提交给预印本库的同时,也可将论文提交给学术期刊,如果论文在期刊上正式发表,则在相应的论文记录中加入正式发表期刊的卷期信息。

2. 中国科技论文在线

中国科技论文在线(网址:www. paper. edu. cn)是经教育部批准,且由教育部科技发展中心主办的论文开放存取系统。该系统利用现代信息技术手段,打破传统出版物的概念,免去传统的评审、修改、编辑、印刷等程序,来稿只要符合基本投稿要求,即可在一周内发表,从而给科研人员提供了一个方便、快捷的交流平台,一条及时发表成果和新观点的有效渠道,使得新成果能得到及时推广,科研创新思想能得到及时交流。

6.3.4　开放存取学位论文

为了促进知识传播和研究生教育,1987 年在美国密歇根州安阿伯会议的 UMI 会议上,首次提出了 ETD (Electronic Theses and Dissertations,简称 ETD) 的概念。狭义的 ETD 是数字化的电子学位论文,广义的 ETD 是互联网环境下的开放存取电子学位论文共享系统。

1991 年开始,弗吉尼亚理工大学试行学位论文电子化;此后,ETD 即在全球逐步发展。

1. 网络博硕士学位论文数字图书馆

网络博硕士学位论文数字图书馆(Networked Digital Library of Theses and Dissertations,简称 NDLTD)是一个很有代表性的,由弗吉尼亚理工大学创立的,在 ETD 基础上发展起来的全球学位论文共建、共享开放联盟。NDLTD 的目的是创建一个支持全球范围内电子学位论文的创作、标引、储存、传播及检索的数字图书馆,任何人都可以通过网络免费检索浏览NDLTD 中收录的学位论文(NDLTD 收录学位论文需要得到作者的自愿授权),并以此来促进研究生教育的发展。该联盟得到了美国国家自然科学基金支持,目前在国际范围内被广泛认同。NDLTD 联盟中已有 200 个著名大学结点和 29 个研究机构,其中包括我国的上海交通大学和厦门大学。该联盟的主要成果除建立了相关组织且每年召开年会等外,还建立了电子学位论文联合目录系统(Electronic Thesis/Dissertation OAI Union Catalog)。

NDLTD 联合目录目前是基于 OAI 的试验性系统。通过该系统,可以浏览成员站点,进而利用成员单位的 ETD 资源,可以按作者姓名浏览库内 ETD 文摘,如有全文需求,则点击相关链接来下载已由学位论文作者授权的全文;此外,NDLTD 联合目录还是 NDLTD 成员单位和其他组织提供的博硕士学位论文的全球联合目录,可以利用此目录提供一个查找电子版博硕士论文的统一入口。使用联合目录查询时,用户只需提交一次检索词,就可以同时检索众多电子版博硕士学位论文项目成员单位的站点。

NDLTD 联合目录的网址为 http://thumper.vtls.com:6090。在该目录中,存储 ETD文摘的记录目前(2012 年 12 月)有 1 966 767 条。可为用户提供免费的学位论文文摘,还有部分可获取的免费学位论文全文(根据作者的要求,NDLTD 文摘数据库链接到的部分全文分为无限制下载、有限制下载、不能下载几种方式)。

2. 加拿大国家图书馆数字博硕论文系统

在图书馆数字技术的应用上,加拿大国家图书馆一直是弄潮儿,为推动世界数字图书馆的发展做了很多卓有成效的工作,也作出了突出贡献。加拿大国家图书馆目前的电子文献居世界前列。加拿大国家图书馆学位论文的收藏到 2002 年底,已有学位论文记录 220 000 余条,每年以 11 000 余条的速度增长,其中还有 PDF 格式的学位论文全文 45 000 余篇。该馆的数字博硕论文系统(网址:www.collectionscanada.ca/thesescanada/),可以让用户访问 AMICUS 书目数据库的所有记录,可以免费下载学位论文全文。由于学位论文的全文数据均在本地数据库,用户下载时方便而快捷。特别值得一提的是,该数据库的检索界面非常友好,提供了检索全部学位论文或仅检索数字学位论文的单选项。对检索结果的显示可以根据用户的选择,按时间的顺序或倒序均可。

3. 美国俄亥俄州图书信息网 ETD 中心

OhioLINK(Ohio Library and Information Network)是美国俄亥俄(Ohio)州大学和学院图书馆共同组建的一个覆盖全州的大型图书文献信息网络,也是世界最著名的地区电子文献资源共享网络。该系统利用俄亥俄州计算机和电信基础设施,在电子网络环境下,连接全州74 所大学和学院图书馆,实施按合作协议采购、联机编目,开展网上图书流通服务,实行馆际互借,共同开发馆藏资源和利用网上电子文献资源,进行情报检索服务。俄亥俄州图书信息网的 ETD 中心(OhioLINK ETD Center)是 OhioLINK 的一个子系统,为 OhioLINK 中心的学位论文提供情报检索服务,检索入口为:etd. ohiolink. edu。

4. 美国弗吉尼亚理工大学 VTD

弗吉尼亚理工大学是数字博硕论文的开创者。截至 2009 年 7 月,弗吉尼亚理工大学 VTD(VT ETDS,网址:scholar. lib. vt. edu/theses)为网络用户提供了博硕论文 14 783 篇。既可按作者姓名浏览,也可按作者的部门浏览。

6.3.5　开放式教学资源

随着网络的日益普及,网络教育也在世界各地蓬勃地开展起来。一种秉承知识共享精神和网络资源开放观念的开放课程也在世界范围内得到了长足的发展。比较著名的开放教学资源有:

1. 美国麻省理工学院开放式课程

1999 年,美国麻省理工学院(Massachttsetts Institute of Technology,简称 MIT)提出了"开放式课程网页"(Open Course Ware,简称 OCW)的概念,向全世界的学习者无偿提供世界级的优秀课程资源。MIT OCW(网址:ocw. mit. edu/index. html)早期目标是:到 2007 年,让校内所有的 2 000 门左右的课程的相关课件都能上网,免费地提供给世界各地的任何使用者。截至 2009 年 7 月,MIT 上线的课程已达 1 900 门。

2. 国家精品课程资源网

国家精品课程资源网(www. jingpinke. com)是由国家教育部主导推动的国家级精品课程集中展示平台;是全国高校依照"资源共建、成果共用、信息共通、效益共享"的原则合作建设,服务于全国广大高校教师和学生的课程资源交流、共享平台。国家精品课程资源网汇集了海量国内外优质教学资源,博览全球众多高校、企业开放课程,已形成国内覆盖学科、专业最完整,课程资源数量最大的教学资源库,并初步建成了适合各类优质教学资源存储、检索、运营的共享服务平台,该平台的主页如图 6-23 所示。

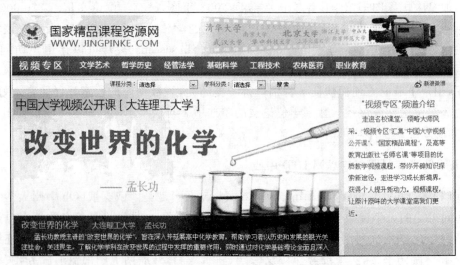

图 6-23　国家精品课程资源网网站主页

该平台的主要资源有：

➤ 视频专区：汇集"中国大学视频公开课"、"国家精品课程"及高等教育出版社"名师名课"等项目的优质教学视频课程。

➤ 课程中心：汇集了万余门各学科、专业精品课程，构建全国最大、最权威的高校课程发布展示平台。课程内容涵盖全国本科和高职院校各级精品课程、国家精品课程名师主讲的精品课程及建设培训课程、欧美亚高等学府的 4 000 多门开放课程、国内外知名企业优质课程。

➤ 资源中心：以精品课程资源为基础，构建按学科、专业分类的海量教学资源库，涵盖本科 73 个学科和高职高专 86 个专业类。目前已经汇集近百万条优质教学资源，包括：教学大纲、教学设计、教学课件、电子教案、教学录像、教学案例、实验实践、例题习题、文献资料、人物名词、术语、常见问题、试卷、媒体素材等多种类型。

练习与思考 6

1. 请在上海研发公共服务平台中注册一个账号，经该平台工作人员电话核实，升级为审核用户后，在该平台上下载一篇你所学专业的论文。

2. 德国青年 Kartheinz Brandenburg 被称作 MP3 之父，其博士论文中首次提出并详尽阐述了数字压缩音乐技术及其相关的压缩程序。请问：通过何种途径有可能检索到该篇论文？

3. 克隆羊多利（Dolly）首次克隆成功，揭开了生物工程史上新的一页，请利用开放存取资源，检索下载一篇关于克隆技术方面的论文。

4. 某生需要自学"中国传统文化"课程，请帮助该生找到"中国传统文化"国家精品课程课件的网址。

第 7 章　信息资源综合利用

> 书籍不仅对于那些不会读书的人是毫无用处,就是对那些机械地读完了书还不会从死的文字中引申活的思想的人也是无用的。
>
> ——19 世纪俄国教育家乌申斯基

人们谈到信息资源利用,特别是文献的利用时,往往理解为就是阅读而已,而且大学生谁不会阅读呢? 因此许多《信息检索与利用》教材都把有关"信息利用"的内容省略掉了,而事实上,文献利用绝不仅仅是阅读而已,除了阅读以外,它至少还应包括文献鉴别、文献管理、文献跟踪、文献分析及文献写作等环节。为此,本章取名为信息资源的综合利用,其内容着重在以工具软件来管理所搜索到的大量文献资料(见本章 7.1 节),以网络推送方法来进行文献跟踪(见 7.2 节),以现代方法来进行文献分析(见 7.3 节),以科学的方法来撰写学术论文(见 7.4~7.5 节)。至于已为人们熟知的读书方法在此不再赘述。

7.1　利用 NoteExpress 软件进行文献管理

7.1.1　NoteExpress 简介

NoteExpress(以下简称 NE)是北京爱琴海软件公司开发的一款专业级别的文献检索与管理系统,它功能齐全,设计理念先进,许多功能优于国外老牌劲旅 EndNote,是学术研究和知识管理的必备工具、发表论文的好帮手。NE 可以帮助用户收集、整理文献资料,可以随时在文献条目下记录笔记;撰写论文时,可在正文中的指定位置方便地添加文中注释,按照不同期刊的格式要求自动生成参考文献表。

NoteExpress 已与国内众多高校、研究所、公共图书馆签订了使用协议,2012 年 6 月推出了 v2.8.1.2024 版,购买了 NE 使用权的集团和个人用户可从 NE 官方网站(www. reflib. org 或 www. scinote. com)下载、安装和使用。

7.1.2　NoteExpress 工作界面

NE 与基于微软操作系统的软件界面类似,很容易上手。除工具栏和菜单栏外,NE 的工作界面主要分为三个区域,如图 7-1 所示。

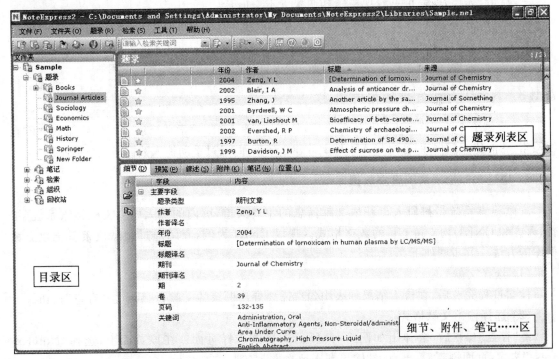

图 7 - 1　NE 工作界面

1. 数据库目录区

NoteExpress 工作界面的左侧为以树状视图的方式呈现的数据库目录区,如图 7 - 1 左侧所示。系统在安装时会自动创建一个示例数据库 Sample,即位于 D:\...\My Documents\NoteExpress2\Libraries\文件夹下的 Sample. nel,其下包括题录、笔记、检索、组织和回收站等五个子文件夹。在 NE 工作界面中,点击菜单"文件"→"新建数据库",并指定存放位置及数据库文件名,即可创建自己的数据库,用来管理自己感兴趣的文件资料。

2. 题录列表区

在数据库目录区点击各级文件夹,窗口右侧即会相应地展开该文件夹或子文件夹中的内容列表。例如,点击示例数据库 Sample 下的"题录"文件夹下的 Books, Journal Articles 等任一文件夹,即可在 NE 工作界面的右侧上部,展现当前文件夹下的所有文献题录,包括年份、作者、标题及文献来源等简单信息,用户也可以按照自己的需求,自定义题录列表的表头及字段的显示顺序。

3. 细节、附件、笔记区

该区位于题录列表区下方。在题录列表区选定某条题录后,即会在此区展现所选题录的详细信息或供用户添加有关内容。例如:

➢ 点击"细节"即会展现该题录的文献类型、作者、年份、标题、文献来源、关键词、摘要、分类、作者单位等信息。

➢ 点击"预览"即会展现该题录在所选格式下的参考文献样式。

➢ 点击"综述"即会重点展现题录和摘要等主要信息。

➢ 点击"附件"即会在此看到文献全文的链接地址,用户也可右击"链接"并选择"添加"→"文件",加入存储在本机中的文献全文链接。

➢ 点击"笔记"即会展现文本输入界面,供用户输入自己的阅读笔记等内容。

7.1.3　NoteExpress 数据库的创建

NE 提供了 4 种创建个人数据库的方法,分别是:通过文献检索系统建立数据库,通过 NE"在线检索"功能建立数据库,通过导入本地文件建立数据库,通过手动输入数据建立数据库。

1. 通过文献检索系统建立数据库

文献检索系统是科研人员获取文献信息的主要渠道,国内的三大中文文献检索系统(维普、万方和 CNKI)均支持 NE 的数据格式。现以 CNKI 为例,介绍通过文献检索系统建立数据库的方法。其步骤如下:

(1) 选择文献

检索过程完成后,在检索结果列表中勾选需要导出题录的文献,然后点击"存盘"按钮。

(2) 选择输出文献格式

经"存盘"操作后,会弹出如图 7-2 所示的格式选择页面。在该页面上,选择"NoteExpress"格式,页面刷新后,再点击"输出到本地文件"按钮。

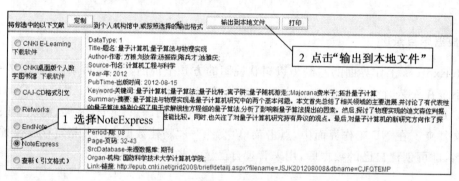

图 7-2　选择输出格式片段

(3) 保存文件

点击"输出到本地文件"按钮后,出现"保存文件"对话框,点击"保存"按钮,即可将选中的文献题录保存到本地计算机的磁盘中。

(4) 导入题录到 NE 系统

选择 NE 菜单栏中的"文件"→"导入题录"(或快捷键 Ctrl+M),即可打开如图 7-3 所示的"导入题录"对话框,在"题录来源"栏中,通过点击按钮 ，查找和指定欲导入的题录文件,然后在"选项"栏内的当前过滤器中选择"NoteExpress",并指定题录存放的位置,点击" 开始导入(I) "按钮,即可将保存的题录导入到 NE 系统中。

(5) 下载全文

题录导入成功后,用户即可方便地阅读到论文题名、作者、关键词和摘要等相关信息,如欲进一步保存全文信息,可在如图 7-4 所示的 NE"题录列表区"中,右击需要下载全文的题录,选择快捷菜单中的"下载全文"(或点击菜单栏"检索→下载全文"),选击"选择全文数据库……",并在全文数据库选择窗口中,选择所需下载的文献系统,如 CNKI,最后点击"确定"按钮即可。全文下载成功后,在题录列表栏中会增加全文链接标记"■"。需要特别注意的是,用户仅能在 NE 提供的有权限访问的全文数据库中下载全文文献。

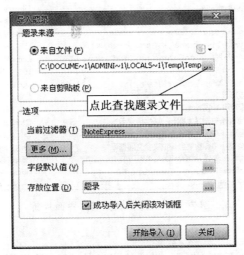

图 7-3　"导入题录"对话框

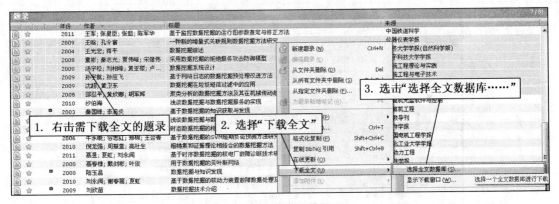

图 7-4　下载全文操作界面

2. 通过 NE"在线检索"功能建立数据库

在 NE 中,集成了国内外多个著名数据库,如 ScienceDirect、ISI、Willy、Pubmed、CNKI、万方、维普等。用户可以通过 NE 统一的检索界面,将检索结果直接保存到数据库中。现仍以CNKI 为例,介绍在线建库方法。

(1) 选择在线检索数据库

选择 NE 菜单栏中的"检索"→"在线检索"→"选择在线数据库……",或从工具栏中点击"在线检索"图标 ，然后选击"选择在线数据库……",即可打开选择在线数据库的窗口,如图 7-5 所示。在该窗口中,滑动数据库列表,选择"CNKI 中国知网",或直接在搜索框中输入"CNKI",回车后快速定位。

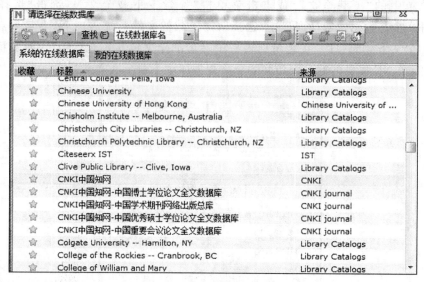

图 7-5　选择在线数据库界面片断

（2）在线检索

在如图 7-6 所示的检索对话框中，设置检索条件，输入检索词，如"量子计算机"，点击"开始检索"按钮。

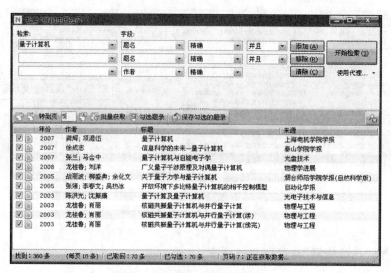

图 7-6　设置检索条件

（3）勾选和保存题录

检索完成后，NE 会在如图 7-6 所示的检索窗口下方的状态栏中，显示检索的结果和相关信息。用户可以根据需要选择数据获取方式（批量获取或勾选题录），勾选后再点击图 7-6 中的" 保存勾选的题录 "按钮，即可将勾选的题录保存到指定的 NE 文件夹中。

3. 通过导入本地文件建立数据库

如果用户在电脑中已经存储了若干全文文献，可以直接将这些文献导入到 NE 系统中，步骤如下：

（1）打开全文

点击 NE 菜单"文件"→"导入文件"，打开如图7-7所示的窗口。

图7-7　导入本地全文文献界面

在图7-7中，如需导入单个或多个文件，选择"添加文件"；如需导入某个文件夹，则选择"添加目录"。

（2）导入全文

在图7-7所示的导入选项中，选择导入文件的题录类型，比如"期刊文章"；同时，选择导入的目标文件夹，例如"题录"，点击"导入"按钮，可得如图7-8所示的结果。

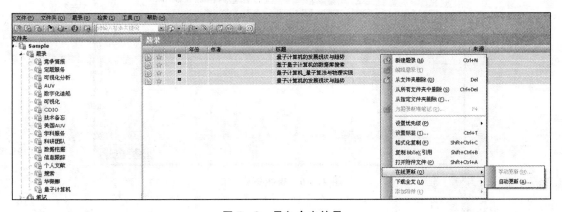

图7-8　导入全文结果

（3）补充来源信息

全文导入的数据，缺少作者、刊名、年期等来源信息（如图7-8中的4条记录）。NE提供了补全信息的功能。在图7-8中右击题录列表区所需要补充信息的题录，选择快捷菜单中的"在线更新"→点击"自动更新"（或点击菜单栏中的"检索"，选择"在线更新题录"→"自动更新"），打开"在线更新题录"窗口，如图7-9所示。

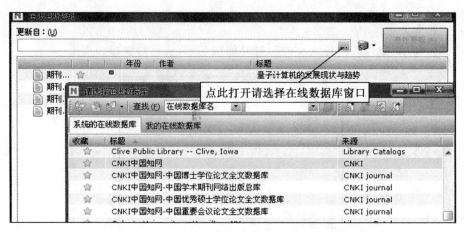

图 7-9　"在线更新题录"窗口

在图 7-9 中点击图标"…"，打开"请选择在线数据库"窗口，在该窗口中，选择数据库，如"CNKI 中国知网"，点击确定按钮后，如图 7-10 所示，"查找更新"按钮被激活。

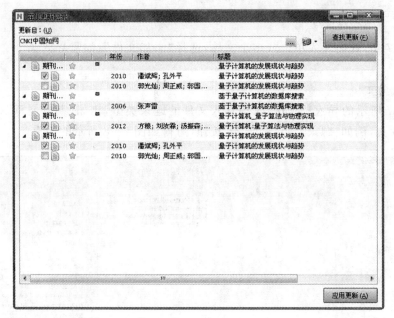

图 7-10　查找更新窗口

（4）查找更新

在图 7-10 中，点击 查找更新(F) 按钮，系统在指定的数据库中自动匹配所选全文的题录信息，成功匹配后，"在线更新题录"窗口显示检索到的题录信息，并使 应用更新(A) 按钮变亮，点击"应用更新"按钮，即可将查找的信息保存到 NE 数据库。

4. 通过手动输入，建立数据库

除了以上三种建立题录数据库的方法，NE 还提供了手动建库的方法。点击 NE 菜单栏"题录"，选择"新建题录"，或在题录栏空白处，点击鼠标右键，选择"新建题录"，启动"新建题录"窗口,输入必要的字段内容(如图 7 - 11)后,关闭"新建题录"窗口,在弹出的"是否保存题录?"对话框中选择"保存"。

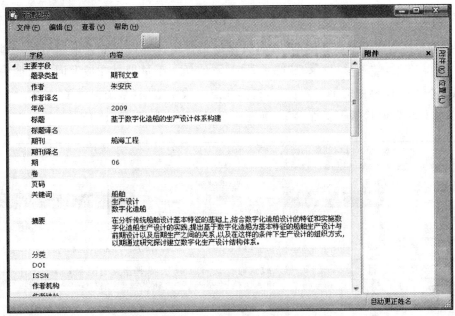

图 7 - 11　新建题录窗口

7.1.4　NoteExpress 数据的分析

对于科技工作者来说,挖掘文献背后的信息,结合自身的知识进行创新,是科学研究的重要目标。NE 提供了丰富的文献信息统计分析功能,如关键词统计分析、论文年份统计分析、刊载论文的期刊统计分析、论文作者统计分析等。

点击 NE 菜单"文件夹"→"文件夹信息统计",在弹出的窗口中,可根据研究需要选择不同的字段进行统计,如图 7 - 12 所示的论文年份统计。NE 还支持统计数据的导出,点击"另存为"保存数据后,即可导入至更加专业的文献分析工具进行信息挖掘。

字段: 年份	记录数	% (50)	图形
2012	2	4.000 %	
2008	3	6.000 %	
2005	5	10.000 %	
2006	5	10.000 %	
2007	5	10.000 %	
2010	9	18.000 %	
2011	9	18.000 %	
2009	12	24.000 %	

图 7 - 12　数字化造船论文年份分布示例

7.1.5　NoteExpress 数据的应用

1. 本地检索

NE 提供了检索本地电脑数据的功能,以帮助用户快速查找存放在电脑中的资料。步骤为:选定图 7-13 所示"题录"目录或"题录"目录下的任一子目录→在检索词输入框中输入检索词→点击"🔍▾"图标中的倒三角符号,选择并点击检索范围(系统提供了"检索全数据库"、"检索当前文件夹"和"检索子文件夹"三种选择范围)链接,如图 7-13 所示。

图 7-13　本地检索

2. 标识题录

同一主题下的不同文献对于科学研究的启发和帮助有所差异,引起科研工作者的关注程度也有所不同。因此,NE 提供了系列标识用于标识数据库中的文献。科研工作者可以根据文献的切题程度,通过右击图 7-14"题录列表区"中需要标记的文献条目→在打开的快捷菜单点击"设置优先级",将文献题录定义为"非常高"、"高"、"普通"、"低"、"非常低"等优先级。

3. 添加附件

NE 支持对每条题录添加多个附件内容,只要本地电脑支持的文件格式,NE 都予以支持,可以省去在电脑中寻找的麻烦。具体方法如下:

点击并选中要添加附件的题录,点击 NE 菜单"题录"→"添加附件"→选择添加的附件类型。附件可以是文件、文件夹、网络链接、题录、笔记等。选择类型后,根据需要找到准备添加的附件即可,成功添加后,在附件栏中即会显示文件链接,如图 7-15 所示。

4. 添加笔记

当整理和阅读导入的题录时,会经常闪现思想火花,需要随手书写,或者新建 Word 文档记录下来,但无论哪种方式,都削弱了想法与最初的文献题录之间的关联,一段时间后,可能很

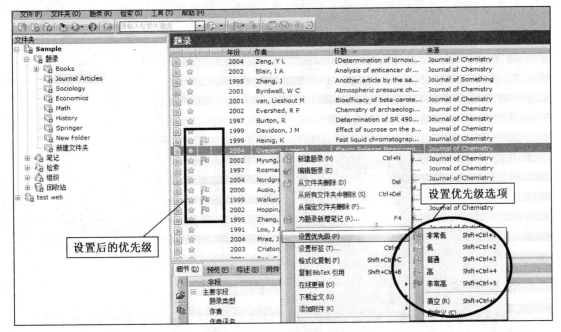

图 7－14　标识题录示意图

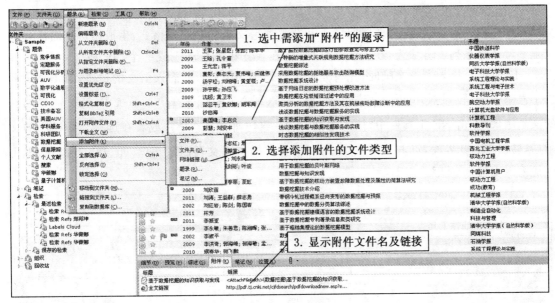

图 7－15　添加附件操作界面

难把记录的内容和具体文献联系起来,这对研究工作来说是一种损失。通过 NE 自带的笔记功能,可以在引起思维火花迸发的题录下记录笔记,笔记与题录会永远地"相依相伴"。同时,在写文章时可以方便地利用 NE 在 Word 中的插件点击插入笔记。具体方法如下:

点击选中要插入笔记的题录→点击"细节、附件、笔记……区"中的"笔记"→再点击该区工具条中的创建笔记按钮"□"→在笔记窗口输入笔记内容,如图 7－16 所示。如果需要一边看文献,一边记笔记,只需点击笔记窗口工具条上的打开图标 ☞ ,NE 就打开单独的笔记编辑窗口。对于已经添加了笔记的题录，NE 在标记列添加桃红色方块标记" ■ "。

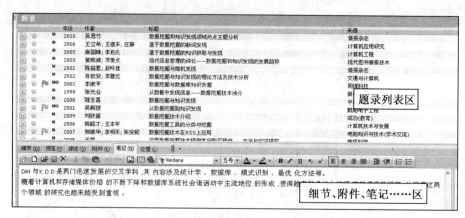

图 7－16　添加笔记方法

5. 插入参考文献

当研究工作有了一定的成果，论文逐渐成形，录入参考文献往往使许多科研工作者头痛不已。对于科研论文来说，参考文献的数量从一定程度上说明了文章写作的深度。一篇学术论文动辄几十条参考文献，逐条输入不但费时费力，一遇变动，参考文献的顺序将重新编排。

NE 的参考文献格式模板，内置了多种国内外学术期刊、学位论文的格式规范。用户在论文的写作过程中，可以根据需要随时插入和调整参考文献的顺序及格式，生成用户所需格式的文末参考文献系列。方法为：在安装 NE 后，将在 Word 中自动生成一个 NE 插件工具条，如图 7－17 所示。插入参考文献时，先将光标定位到 Word 文档要插入引文的位置，点击 NE 插件工具条中的"转到 NoteExpress"按钮 ，进入到 NE 系统。在 NE 系统中，选择需要插入的文献题录，点击 NE 工具栏中"插入题录"按钮 （如图 7－18），或者在选择需要插入的文献后，转回 Word 界面，点击 NE 插件工具条上的"插入引文"按钮 。重复以上操作，即可完成参考文献的插入。

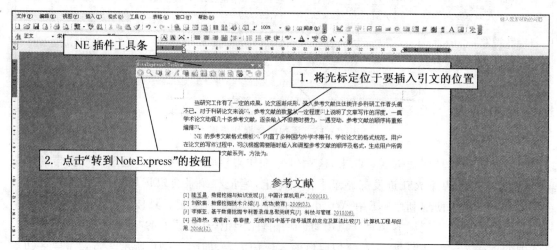

图 7－17　插入引文生成参考文献列表示意 1

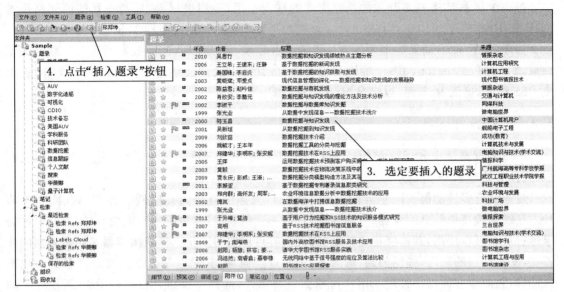

图 7 - 18　插入引文生成参考文献列表示意 2

如果默认情况下生成的参考文献格式不是自己需要的类型,可以点击 NE 插件工具条中的"格式化参考文献"按钮 ⬚𝐅 ,从"格式化"窗口中选择该期刊所需的样式。

NE 还提供了笔记、脚注和注释等插入功能,插入方法和插入参考文献基本相同,不再赘述。

7.2　利用 RSS 订阅功能进行文献跟踪

文献跟踪是科技人员保持知识更新和了解科研动态的重要手段,老一代科学家通常通过定期浏览本学科核心期刊的方法来了解本学科的发展动态。随着网络技术的飞速发展,具有针对性、主动性的信息推送服务应运而生,例如,早年国外流行的电子邮件提醒(Email Alert)和近年来风行的 RSS 订阅推送等服务,都为科研人员的文献跟踪提供了新的便捷手段。RSS 是 Really Simple Syndication 等词的缩写,可以理解为"聚合真的很简单",其实质是将互联网上分散而且不断更新的信息,按照用户的喜爱和需求聚合起来,发送到用户的电脑桌面,从而实现网页浏览方式从"拉"(Pull)到"推"(Push)的变革,用户也就不再需要多次重复查找信息了,既节约了时间,也不会错过新的变化,因此建议读者利用这项技术来进行文献跟踪。

7.2.1　RSS 简介

网景(Netscape)公司是 RSS 的先驱,在 1999 年即发布了第一个版本 RSS 0.90,主要用来建立一个整合各主要新闻站点内容的门户,故称为 Rich Site Summary(丰富站点概要,简称为 RSS),后因 Netscape 公司经营状况的恶化,于 2000 年停止了 RSS 的继续开发。

其后,博客写作软件开发公司 UserLand 接手了 RSS 0.91 版本的发展,并把它作为其博客写作软件的基础功能之一,定义为 Really Simple Syndication(简易信息聚合,仍称为 RSS),逐步推出了 0.92、0.93 和 0.94 版本。随着网络博客的流行,RSS 作为一种基本的功能也受到越来越多的网站和博客软件的支持。2002 年 9 月 UserLand 公司发布了 RSS 2.0 版本,形成了 RSS 0.9x/2.0 系列。

另一个接手 RSS 技术开发的是非商业的联合小组,他们根据 W3C 新一代的语义网技术 RDF,把 RSS 定义为 RDF Site Summary(资源描述概要),形成并发布了 RSS 1.0 版本。

如今,尽管 RSS 尚无一个为各方认可的统一标准,但在美国,RSS 技术已进入互联网主流领域,Yahoo!,Amazon,Ebay 等网站纷纷把自己的新闻、产品信息等栏目的网页文件,转换成 RSS 格式,提供 RSS 源,以满足 RSS 用户的需求。

7.2.2　RSS 阅读器

RSS 阅读器是和 RSS 文档相伴而生的一个特定平台。通过这个平台,用户可以定制、获取、阅读和管理 RSS 文档。

目前已有多种功能大同小异的 RSS 阅读器,大体上可分为在线阅读器和离线阅读器两种。在线阅读器如谷歌阅读器、有道阅读器等,不受机器限制,也不需要安装软件,只要联网登录通过后就可以使用,其速度也比较快,阅读内容可以实时同步。离线阅读器又叫做桌面阅读器,需安装专门的软件,如周伯通、看天下、新浪点点通等,其优点是可以将文章下载到本地离线阅读,同时也方便操作管理。用户可根据自身条件,选择一款适合自己的 RSS 阅读器。如果上网时间没有限制,推荐使用在线 RSS 阅读器,因为只要用户有账号,就可以在任何计算机终端上,随时随地地阅读用户定制的资源。例如,有道阅读器,用户可以使用网易产品的任一账号(如 126、163 电子邮箱的账号)登录使用。

1. 谷歌阅读器

谷歌阅读器(Google Reader)是 Google 公司旗下一个基于网络的聚合器,用来收集、管理和阅读 RSS 源。英文版 Google Reader 于 2007 年 9 月 17 日正式发布。中文版谷歌阅读器在 2007 年 9 月发布。此后,Google 公司对阅读器进行了多次改版和优化。

(1) Google 阅读器的启动

① 英文版

点击 Google 主页"more"下拉菜单中的"Reader"链接或在浏览器地址栏直接输入网址 www. google. com/reader。

② 中文版

在浏览器地址栏直接输入网址 www. google. com. tw/reader。

注意:香港版 Google 主界面"更多"菜单中没有阅读器的链接,也无相应网址。

启动后,可利用 Google 产品的任一账号进行登录,阅读器的默认主页如图 7-19 所示。

图 7-19　Google 阅读器首页

（2）Google 阅读器的主要功能

Google 阅读器秉持 Google 产品的一贯风格，简洁易用，被一些老用户认为是最好的 RSS 阅读器，其主要功能有：

① 订阅功能　点击图 7-19 左侧的"　　订阅　　"按钮可启动订阅操作，既可直接输入 RSS 源的 URL 网址，也可以通过搜索功能来添加订阅。订阅后的 RSS 源会展示在阅读器左侧，如图7-20所示。

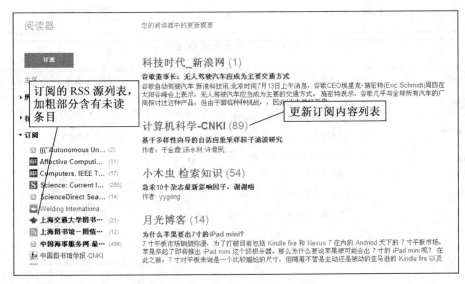

图 7-20　Google 阅读器订阅界面片段

② 阅读功能　在阅读器首页就可以一览所有未读条目的列表，通过点击条目列表，可阅读条目的内容摘要，如需要阅读全文，点击阅读器的相关图标，进入到发布 RSS 源的网站即可实现。

③ 提醒功能　Google 定期扫描和更新每个订阅源，阅读器的左列加粗显示含有未读记录的订阅源名称，在主页中显示上次关闭阅读器以来更新的订阅列表（如图 7-20）。

④ 管理功能　Google 阅读器有三个层次的管理功能：阅读器首页"使用偏好"的设置、"订阅源"的管理和组织、文献条目的标记等。

2. 有道阅读器

有道阅读器是网易推出的一个中文在线 RSS 阅读器，虽然目前功能还比较单薄，但是整体速度比较快。其界面和外观很像 Google Reader，大部分快捷键也和 Google Reader 一样，

（1）有道阅读器的启动

点击有道（www.yodao.com）主页"更多"下拉菜单中的"有道阅读"链接，打开有道阅读器主页（如图 7-21）后，利用网易通行证账号（即网易邮箱账号）进行登录，或在浏览器地址栏直接输入网址 reader.yodao.com，利用网易通行证账号登录。

在已打开网易产品（如 126 邮箱）的情况下，打开"有道阅读"后不再需要登录。

第一次启动有道阅读器（如图 7-22）时，系统会提示先要订阅。可以点击右上角的"精品推荐"或"热门文章"选项进行订阅，也可点击左上角的"添加订阅"按钮，直接输入 RSS 源的网址进行订阅。

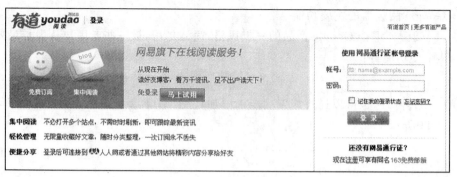

图 7－21　有道阅读器主页

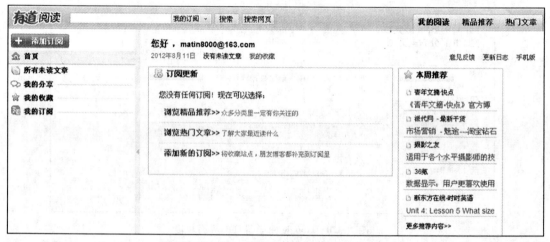

图 7－22　第一次启动有道阅读器后的页面

　　如已进行过订阅，则启动有道阅读器并登录后，即直接进入到"我的阅读"界面（如图7－23），系统显示订阅范围中尚未阅读的文章标题，点击标题即可打开文章进行阅读。

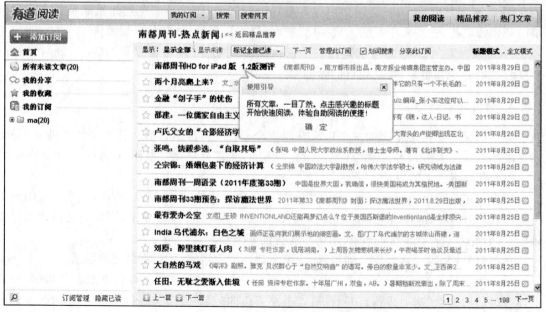

图 7－23　已订阅启动有道阅读器后的页面

（2）有道阅读器的主要功能

与 Google Reader 相同，只是没有阅读统计和趋势分析功能，也没有共享功能。

7.2.3 RSS 跟踪方法

1. 寻找 RSS 源

RSS 源（RSS Feed）是网站中以 XML 标准定义的欲发布信息的网页，在网站中有特殊的标记对其进行标识，其中，橙色标记""、" RSS "和" XML "的使用最为普遍。

当用户所登录的网站有 RSS 源且 RSS 源所在网站的头文件中添加了相关 RSS 源文件链接的语句时，IE8.0 以上版本、Firefox 等支持 RSS 订阅的浏览器能自动找到 RSS 源，且将浏览器工具栏上的 RSS 按钮定义为橙色，如图 7-24 所示。

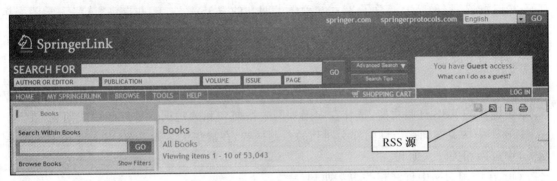

图 7-24 RSS 源的识别标志

有的网站尽管提供了 RSS 源，但由于缺少 RSS 源文件的说明语句，浏览器工具栏中""仍为灰色状态，还有的网站 RSS 源嵌制较深，尤其是文献数据库，大部分在下层页面或检索结果页面，需要用户主动识别。

随着 RSS 源的增多，近几年已有 RSS 源搜索引擎问世。

2. 常用文献数据库提供的 RSS 源

目前不少商业数据库都可以提供 RSS 源订阅服务，读者可以通过该项服务功能获得期刊最新内容通报，有的数据库还支持关键词/主题订阅服务。

各个文献系统提供的订阅信息不一，有的提供期刊订阅，有的提供关键词订阅，有的提供热点论文订阅，有的同时提供多种途径的信息订阅，常用中外文文献数据库目前提供的 RSS 源见表 7-1 所示。

表 7-1 常用文献数据库/系统 RSS 源一览表

数据库/系统	期刊订阅	关键词/主题订阅
中国知网	√	√
Engineering Village		√
ScienceDirect	√	√
EBSCOhost	√	√

续表

数据库/系统	期刊订阅	关键词/主题订阅
HighWire Press	√	
IEEE/IEE	√	
Nature	√	
Science Online	√	
SpringerLink	√	√

学术文献的 RSS 源除各个数据库商提供的以外,还有一个重要渠道是图书馆整理的 RSS 源,其中清华大学图书馆提供的 RSS 源最为实用和全面。该馆为方便教学科研人员快速把握本学科领域的最新动态,将分散在不同网络平台中的 RSS 源地址,经过汇集整理后集中发布。截至 2012 年 7 月,网站上汇总了 23 639 种学术期刊的 RSS 源地址,并提供"清华大学图书馆电子期刊 RSS 订阅服务"。

3. 订阅 RSS 源

以跟踪"数据挖掘"的中外文研究动态为例。订阅策略:根据跟踪课题的学科属性及数据库/系统提供的 RSS 订阅功能,选择在中国知网中按期刊和关键词途径订阅中文期刊,在 ScienceDirect 中按关键词途径订阅外文期刊的专题摘要,在清华大学图书馆《电子期刊 RSS 订阅服务》中订阅相关外文期刊。

(1) 在中国知网中订阅相关中文期刊

① 搜索期刊

进入中国知网后,打开"期刊导航"页面,并在文本输入框中输入感兴趣的期刊刊名,例如《计算机科学》(如图 7 - 25),然后点击检索按钮进行搜索。

图 7 - 25　中国知网期刊导航页面片段

② 复制期刊订阅地址

在返回的检索结果页面(如图 7 - 26)中点击期刊封面,并在随后出现的界面中,点击"RSS 订阅"按钮,则《计算机科学》的订阅地址就会自动复制到剪贴板中。

③ 在 RSS 阅读器中粘贴期刊订阅地址

现以有道阅读器为例,启动有道阅读器后点击左侧的" ＋ 添加订阅 "按钮,打开订阅输入框,在输入框中粘贴上一个步骤所取得的 RSS 源地址,然后点击输入框右侧的 订阅 按钮,有道阅读器便会自动查找该 RSS 源,显示在输入框下部,并出现 ＋订阅 按钮,点击即可完成本

图 7 - 26 订阅中国知网期刊页面片段

次订阅(如图 7 - 27)。

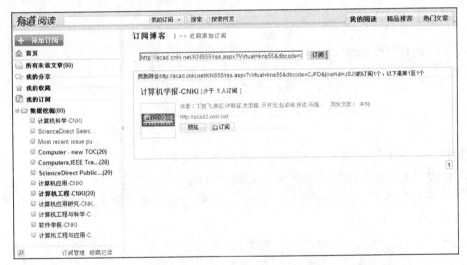

图 7 - 27 有道阅读 RSS 订阅页面

(2) 在 ScienceDirect 数据库中订阅"data mining"专题的外文文献

按前面章节所叙方法进行检索,得到检索结果页面,如图 7 - 28 所示。

图 7 - 28 ScienceDirect 检索结果页面片段

点击图 7 - 28 中的 🔊 RSS Feed ，如图 7 - 29 所示。

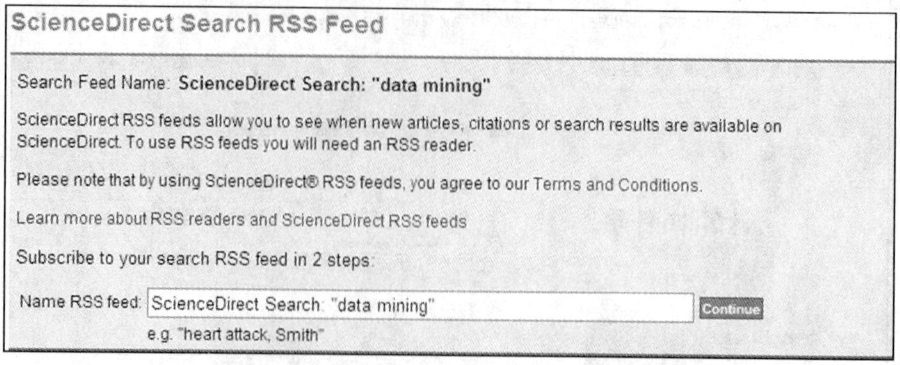

图 7 - 29 ScienceDirect"RSS feed"操作页面片段

点击图 7 - 29 中的" Continue "按钮，如图 7 - 30 所示。

图 7 - 30 ScienceDirect"RSS feed"地址页面片段

复制图 7 - 30 中的 RSS 源地址，并添加到有道阅读器中即可。

（3）在清华大学图书馆电子期刊 RSS 订阅中订阅外文期刊

进入清华大学图书馆电子期刊 RSS 订阅页面，按页面提供的浏览或检索途径找到所需订阅的期刊，如图 7 - 31 所示。

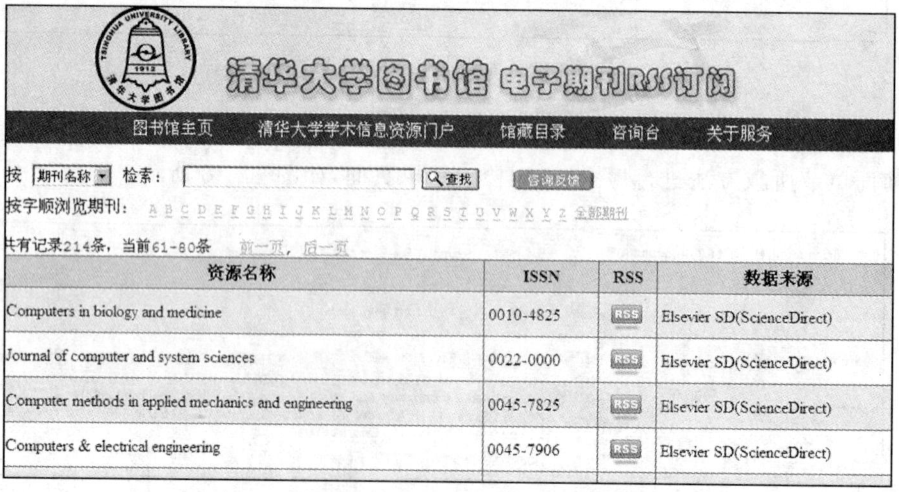

资源名称	ISSN	RSS	数据来源
Computers in biology and medicine	0010-4825	RSS	Elsevier SD(ScienceDirect)
Journal of computer and system sciences	0022-0000	RSS	Elsevier SD(ScienceDirect)
Computer methods in applied mechanics and engineering	0045-7825	RSS	Elsevier SD(ScienceDirect)
Computers & electrical engineering	0045-7906	RSS	Elsevier SD(ScienceDirect)

图 7 - 31 清华大学图书馆电子期刊订阅页面片段

点击感兴趣的资源名称右侧的"RSS"按钮,复制链接,然后加入到 RSS 阅读器中即可。

4. 阅读 RSS 源

登录阅读器后,用户所订阅的内容如有更新,阅读器会有更新提示,不同的阅读器更新提示的方法略有不同,例如,有道阅读器用粗体标识 RSS 订阅的名称,若点击选择阅读器左下角的"隐藏已读"标志,就只显示更新的尚未阅读的 RSS 订阅内容。用户可以在阅读器中阅读到作者、标题和摘要等内容,如要阅读全文且用户有数据库全文的阅读权限,则顺着阅读器提供的链接进入相关的数据库系统,点击全文链接就可直接阅读全文了。

7.3　利用 RefViz 软件进行文献分析

7.3.1　RefViz 简介

在以往资料缺乏的情况下,人们可以用手工方法对少量的文献资料进行阅读和分析,而目前通过现代信息检索手段,只要敲敲键盘,立刻涌现成千上万的相关文献,在这种情况下,不仅手工分析无法进行,就是想全部阅读也有困难,因此各种文献分析工具软件应运而生,RefViz 就是其中的一种(其他还有 Quosa,Histcite 等)。

RefViz 软件由美国的 Thomson 和 OmniViz 两家公司联合开发,其文献分析原理和 NoteExpress 等文献管理软件有很大区别。文献管理软件虽然也可进行分析,但那多是基于关键词进行的简单的词频统计,线性表达统计结果;而 RefViz 则是模仿人类大脑的阅读分析过程,利用数理统计原理,识别和标记文献中的关键信息,并通过 K-means 聚类方法将一批文献分成若干类组,再用图形方式揭示文献类组的分布以及各个类组之间的相互关系,从而可以帮助用户在大量杂乱的资料面前,快速了解某一领域的整体研究情况、发现研究热点、确定研究方向、开拓研究思路、寻找新的解决方案和突破口。

7.3.2　RefViz 工作界面

初次运行软件,程序会自动打开一个 Sampleview 文件,显示其分析的结果,如图 7-32 所示。初学者可借助此样例,快速掌握 RefViz 的原理和操作。

图 7-32 所显示的工作界面包括互相关联的 4 个区。各区功能如下:

(1) Galaxy/Matrix 视图区(图中①区)

此区位于 RefViz 窗口的左上部,用可视化的图形方式,将 RefViz 文献聚类分组后的结果,以 Galaxy(星系)视图和 Matrix(矩阵)视图两种方式显示(可通过点击标签进行切换)。

系统默认打开的是星系视图,图中用单个小点 █ 代表某篇具体论文,用图标 █ 代表文献聚类后的一个分组(Group),也可以理解为一个文件夹。图标 █ 越大表示该分组(文件夹)中的文献数量越多,而图标 █ 之间越靠近则表示文献内容越相近,因此,图标 █ 密集处就是这批文献当中的研究热点。若要掌握具体信息,还可移动鼠标指向某一个 █ ,这时会出现浮动窗口,说明该组文献所属组别(Group)的标号、相关文献(References)的篇数以及排在前 3 位的关键词(Top Keywords)。

点击 Matrix 标签可切换至矩阵视图,其界面如图 7-33 所示。

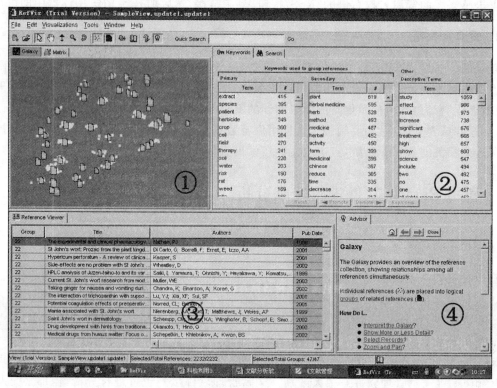

图 7-32　RefViz 工作界面

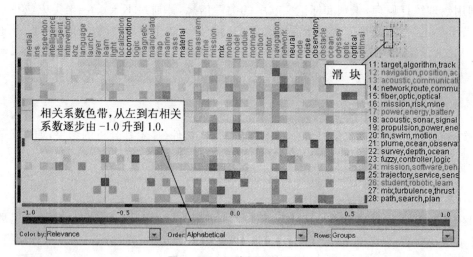

图 7-33　矩阵视图的界面

　　矩阵视图右侧为行标题,即文献分组的标号及其前 3 位关键词;矩阵视图顶部则为列标题,即所有关键词的字顺列表。行列之间的交点用带色小方块标记,表明某组文献和某个关键词之间的相关关系,相关程度从深红到深蓝依次降低,红色表示正相关,蓝色表示两者没有相关性,故从色块的颜色可以大致判断相关程度(不同颜色所代表的相关系数可参见图 7-33 底部的相关系数色带)。如需精确量化,可用鼠标指向某个小方块,会有浮动窗口显示 Group(文献分组标号)、Keyword(该列所处关键词字顺列表中的关键词)、Relevance(相关系数)以及

Counts(相关文献篇数)。

上下左右拖动矩阵视图右上角的滑块可调整矩阵显示的内容,还可以通过矩阵视图底部的三个下拉选择框调整视图的属性。

(2) Topics/Search 工具区(图中②区)

此区位于 RefViz 窗口的右上部,提供两种控制分析结果的工具,包括 Topics(主题)和 Search(检索)两部分,可点击切换。

Topics 即通过文献的关键词(Keywords)来揭示的文献主旨或主题(故 Topics 和 Keywords 两者含义相通)。RefViz 通过阅读文献的标题和摘要来抽取关键词。

Topics 工具区显示的内容和 Galaxy 视图区相关联,在 Galaxy 视图区拖动鼠标选择某个或某几个文献分组后,在 Topics 工具区就会显示所选文献分组的关键词列表,因此通过 Topics区中的内容即可知道所选择文献分组的大致内容,反过来,若调整 Topics 工具区的关键词级别,也就可以控制文献分析的结果,故称之为工具。

如图 7 - 32 所示,Topics 区包括 Major topic(主词),Minor topic(辅词)和 Descriptive term(描述词)三部分。主词即占前 3 位的主要关键词,是系统对文献进行分类的主要依据;辅词为前 3 位以外的其他关键词,其对系统分类的影响要弱于主词;描述词包含除主词、辅词以及禁用词(stopwords)以外的其他词汇,它们对系统的分类没有影响。若认为系统划分的主词、辅词不准确,选中该关键词后即可通过栏中的 ◄ Promote 或 Demote ► 按钮调整其位置。例如,在 Major topic 列中点选某个关键词,再点击 Demote ► 按钮后,该词即会右移(降级)至 Minor topic 列;而在 Minor topic 列中点选某个关键词,再点击 ◄ Promote 按钮后,该词即会左移(升级)至 Major topic 列,调整好关键词级别后,点击 Reprocess 按钮,系统就会相应调整 Galaxy 区的视图,分析结果得以准确控制。

Search 工具区为用户提供进一步进行文献检索的工具。它以导入的全部文献为检索范围,以检索表单的方式供用户提出检索条件。表单中 Field 为可检字段,Parameter 为与检索字段相呼应的检索参数,例如,选择 Pub Date 字段时,会出现 From:＿＿＿ to:＿＿＿,即可填入起止年份。所填入的检索条件会自动反映到下部的 Query(检索式)框中,核对无误后,点击"Search"按钮即可,系统会将检索结果自动反映到其他几个工作区。因此,当用户知道某一篇文献是自己非常感兴趣的,就可通过 Title 字段检索功能找到这篇文献,而这篇文献所在的文献分组中的其他文献,对用户也可能具有较高的参考价值。

用户也可以按年份检索所导入的全部文献在各年度的发表数量,并通过 Galaxy 视图的分布状况,来了解该领域的发展趋势。

用户还可以按作者检索其发表的文章在视图中的分布,以此来发现该作者的研究兴趣所在,或者该作者研究内容与你研究课题之间的关系。

(3) Reference Viewer 列表区(图中③区)

此区位于 RefViz 窗口的左下部,提供相应的文献清单,显示内容包括 Group(分组标号),Title(标题),Authors(作者)和 Pub Date(发表年份)等信息,并可通过菜单 Edit→Reference Viewer→Choose Fields 来添加需要显示的字段。此区所显示的内容和其他各区的状态相关,可动态显示 Galaxy 视图区当前所选文献的内容,或者显示检索区的检索结果。双击该区中任一记录后,即可打开新窗口显示所选记录的完整信息,或者选择菜单 Window→Show Reference View Preview Pane,即可在列表区底部打开文献详细信息预览窗格,其内容与列表区中所选文献相呼应。

（4）Advisor 帮助区（图中④区）

RefViz 窗口的右下部为 Advisor（帮助）区,针对用户当前的操作提供解释或建议。

7.3.3　RefViz 星系/矩阵视图的创建

可直接用于 RefViz 进行分析的数据来源有以下三种,可视条件选择之。

1. 通过 RefViz 联网检索的数据

点击 RefViz 的 File→New View 菜单,可打开如图 7-34 所示的选择界面。

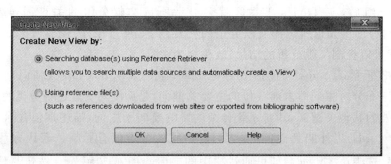

图 7-34　联网检索选择界面

选择图 7-34 中的 Searching database(s)using reference Retriever,点击"OK"按钮,即可打开如图 7-35 所示的检索窗口。

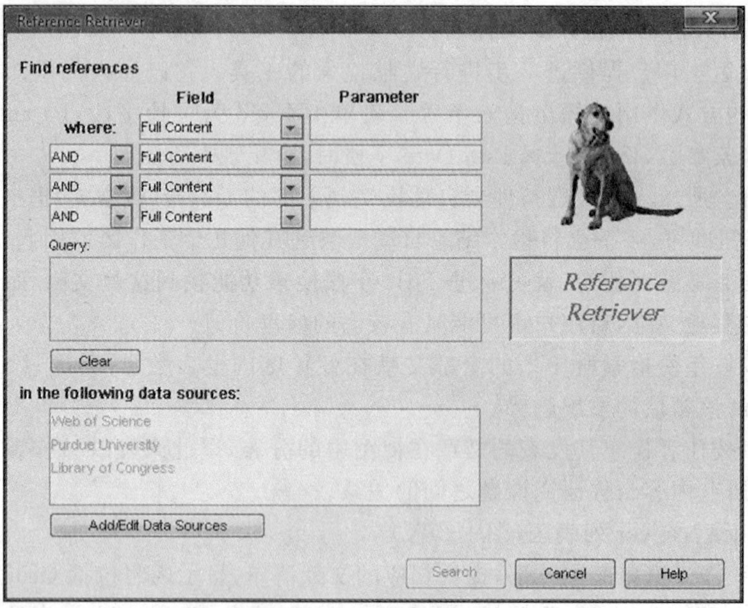

图 7-35　联网检索界面

系统提供了 Web of Science,PubMed,Purdue University,Library of Congress 等 9 个备选数据库,通过点击图 7-35 中的" Add/Edit Data Sources "按钮,即可打开数据库列表窗口,用户可根据需要添加和设置数据库。

9 个数据库能否顺利使用,可在数据库列表窗口中,通过点击" Test All Checked "按钮进行测试,一般说来,数据库的使用权限取决于用户所在网络的权限。

2. 文献管理软件中已有的数据

用户的计算机中如果安装了文献管理软件 EndNote 7 及其以上的版本,或者 Reference Manager 11 及其以上的版本,由于这些软件可以与 RefViz 实现无缝链接,故可以通过在 End-Note 的工作窗口中,执行 tools→data visualization 操作,或者在 Reference Manager 的工作窗口中,执行 Reference→data visualization 操作,就一键完成从文献管理软件到 RefViz 文献分析视图的创建。

3. 预先存盘的数据

如果用户的计算机上没有安装能够和 RefViz 无缝链接的文献管理软件,可将文献数据库中的检索结果按照系统要求的格式(txt 或 ris)先保存在磁盘中,然后点击 RefViz 工作窗口中的 File→New View 菜单,启动如图 7-34 所示窗口,并选择图 7-34 中的 Using reference file(s),再依照系统提示将 txt 或 ris 格式文件导入,亦可创建 RefViz 分析视图。

7.3.4　RefViz 应用实例

1. 分析对象

分析对象:美国自主式潜水器(Autonomous underwater vehicles,简称 AUV)的研发现状。

背景知识:AUV 是无人潜水器中的一种。美国为了保持海上霸主的地位,自 20 世纪 50 年代以来,研发无人潜水器就一直是美国国防部的科技发展战略之一。近年来,我国加大了"走向深海大洋"的步伐,AUV 随之也成为我国的热点研究项目,国家自然科学基金连续多年支持 AUV 系列项目的研究,因此,研究和分析美国 AUV 研发项目的进展状况具有重要的现实意义和参考价值。

2. 文献导入

先在 Engineering Village 中,检索美国 2007～2011 年发表的有关"Autonomous under-water vehicles"或"AUV"的论文,共得数据 399 条,以 ris 格式保存在本地磁盘中,然后按照以上操作步骤导入 RefViz,即可得到如图 7-36 所示的分析结果。

3. 整体分析

通过图 7-36 可知,399 篇文献被划分为 19 个类目,居前 10 位的关键词是:autonomous,auvs,auv,sensor,ocean,model,time,acoustic,environment,water 等,如图 7-37 所示。

4. 热点分析

在图 7-36 所示的星系视图中,可见有 3 个区域的图标 密度较大,集合了大部分的文献,如图 7-38 所示。通过拖动光标,选择某一区域,可以进一步了解选定区域的主要关键词、

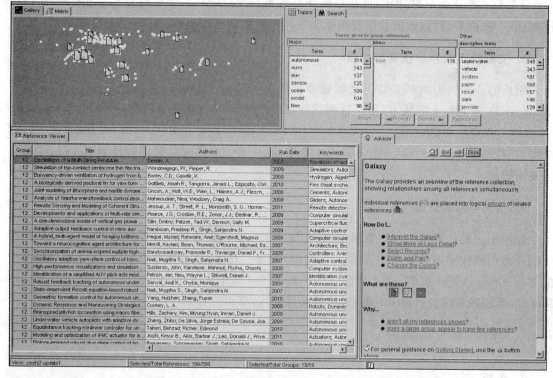

图 7－36　利用 RefViz 对美国 AUV 研发状况进行分析的结果

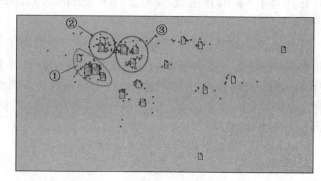

图 7－37　399 篇记录的主词列表　　　图 7－38　2007～2011 年美国 AUV 学术论文星系视图

作者和年份分布情况。现以选定区域③为例进行分析。选定区域③后，星系视图中的相关区域高亮显示，与此关联的主题区和列表区的内容会同步发生变化，显示区域③的内容，如图7－39 所示。

由图 7－39 的列表区可知区域③聚集了第 10、14 和 17 等 3 组文献，共 94 篇，占全部文献399 篇的 23.3%；Topic 主词栏内排在前位的关键词是：autonomous(86)，operate(39)，navigation(39)，sensor(38)，auvs(38)，auv(38)，surface(37)……，可见，文献中与分析对象 autonomous，auvs 和 auv 共现的且出现次数最多的关键词即热词是：operate(39)，navigation(39)，sensor(38)，这就是 AUV 研究的热点所在。

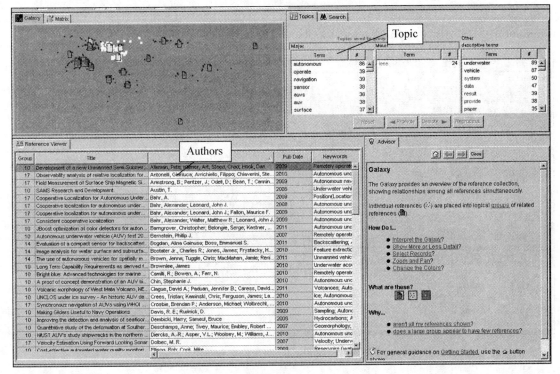

图 7-39　选定区域③后的分析界面

5. 趋势分析

在图 7-36 中, sensor 是紧随 AUV 之后的最具实质意义的关键词, 现即以 sensor 为主题进行研发趋势分析。

在图 7-36 中打开 Search 工具窗口, 按年度输入检索词 sensor, 检索结果见表 7-2 所示。

表 7-2　sensor 主题论文的年度分布

年度	2007	2008	2009	2010	2011	合计
文献篇数	19	23	28	40	22	132

表 7-2 中, 2007 的论文为 19 篇, 此后 sensor 的研究论文数量随时间轴逐步上升至 2010 年的 40 篇(2011 年度论文数量减少是由于研究数据为 2011 年 4 月下载, 故只是部分数据, 不能作比较), 说明美国在 AUV 领域关于 sensor 的研究正在成为重要方向。

6. 作者分析

在图 7-36 中的列表区单击列名"Authors", 可将所有文献按作者姓名排序, 从而可以得知发文数量较多的主要作者是 Smith, Ryan N. ; Leonard; John J. ; Bahr, Alexander; Goodman, Louis 等人, 其中 Smith, Ryan N. 作为第一作者发文量最多, 占 8 篇, 时间集中在 2009~2011 年, 是值得进一步分析的作者。

在图 7-36 的 Search 工具窗口中, 选择作者字段检索 Smith, Ryan N. 或 Smith, R. N. , 所得结果如图 7-40 所示。

图 7-40 的星系图中, 高亮度显示的就是检出的 Smith, Ryan N. 论文所在类目, 主要分布

在第 11 组,在第 8 和第 9 组各有一篇;主题区的 Major Term 中,排在前 5 位的关键词是:autonomous,trajectory,sensor,ocean,plan。

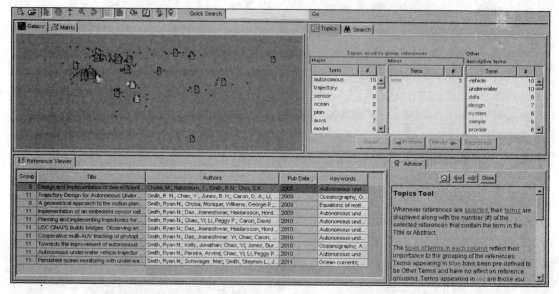

图 7-40　Smith,Ryan N 论文分布图

从论文列表中可知,Smith,Ryan N. 于 2008 年与人合作发表了第一篇 AUV 论文,此后,论文逐步增多。双击文献条目打开详细信息窗口还可从 Address 字段知晓其工作单位。可知:Smith,Ryan N. 所撰写的 10 篇论文分为两个阶段,第一阶段为 2008~2009 年期间参与夏威夷大学相关研究的成果,主要合作者为夏威夷大学的 Chyba,M. ;第二阶段为 2009~2011 年,反映 Smith,Ryan N. 在南加州大学机器人嵌入式系统实验室(CINAPS)做博士后研究期间的研究成果,即有关南加州海岸海洋观测系统中自主机器人水下采样的轨迹规划研究。

读者还可以根据需要自行开展年度研究热点分析、综合分析等多种分析,限于篇幅,此处不再展开。

7.4　通过科技写作实现信息资源增殖

7.4.1　科技论文的种类

按照写作目的和发挥的作用,可把科技论文粗略地分成以下几类:

1. 综述与述评

综述与述评是情报研究的成果,是就某一课题,收集大量相关文献信息,再经过整理、分析、研究、综合之后才写成的。由于它的信息量大(引用的参考文献数量一般应在 40 篇以上),故参考价值较高,但因为综述缺乏作者本人的试验研究,只是综合他人的成果,故严格意义上还不能算是论文(也有人称为综述性论文)。当然,如果经过深入的信息分析研究,能发现某种规律,或得出某种预测,从而形成新的观点,这种情况下写成的"述评",就带有论文的特征了。

科技人员通过撰写综述,既可以锻炼总结前人文献的能力,也可以熟悉科技论文的写作格式,故不少大学在《文献检索与利用》课程中,都要求学生在课程结束前撰写一篇综述。

2. 学术性期刊论文

学术性期刊论文主要指在学术性期刊(如学报等)上登载的论文。在技术性期刊中也可能会登载一部分科技论文,但其学术程度较低。期刊论文由于受到篇幅限制(一般每篇在 8000 字以内),故文笔简练。

3. 学术会议论文

这是指在各种学术会议上发表的科技论文,一般均为作者本人近期在科学研究方面取得的进展,拿来在会议上交流。学术会议上发言的时间很短,但对论文篇幅的限制稍宽,内容可充分展开。

学术性期刊论文和学术会议论文总称为学术论文,在内容和格式上具有相同的特点。

4. 学位论文

学位论文是大学生和研究生在毕业前为了表明对所学知识掌握的深广度和其研究工作能力而撰写的论文,供学位评审之用。按照国家标准 GB 7713—87 的要求:

➢ 学士论文应能表明作者确已较好地掌握了本门学科的基础理论、专门知识和基本技能,并具有从事科学研究工作或担负专门技术工作的初步能力。

➢ 硕士论文应能表明作者确已在本门学科上掌握了坚实的基础理论和系统的专门知识,并对所研究课题有新的见解,有从事科学研究工作或独立担负专门技术工作的能力。

➢ 博士论文应能表明作者确已在本门学科上掌握了坚实宽广的基础理论和系统深入的专门知识,并具有独立从事科学研究工作的能力,在科学或专门技术上取得了创造性的成果。

学士论文的篇幅一般在 8 000 字到 2 万字之间,对独创的要求稍低,可以参考前人的研究思路、研究方法,甚至部分重复前人的研究工作,但必须通过自己亲自动手进行试验研究、解决问题、得出结果。硕士论文和博士论文对独创的要求较高,因此用来阐述其研究工作成果和理论分析的篇幅也就较长,硕士论文的篇幅一般达 2 万~5 万字,博士论文的篇幅一般达 5 万~10 万字。为了反映掌握知识的深广度,国外还要求硕士论文应该有总结前人 100~150 篇文献的文献总结,博士论文应该有总结前人 150~200 篇文献的文献总结。

5. 科学技术报告

科技报告是科研人员在科研进展中或科研完成取得结果后,向科研资金赞助单位提交的报告。它因为是科研过程的如实记载,故没有篇幅限制,可以包括详尽的试验数据和琐碎细节,也可以包括正反两方面的结果,因此严格意义上说也不是论文,不过,如果能取得好的研究成果,得出有新意的结论,能提出新的创意,则这样的报告也可以看做是论文。

7.4.2　科技论文的特点

现在有一种误解,以为只要是包含了科技内容的文字材料都可以叫做科技论文,其实,文章并不能等同于论文,因此在撰写科技论文之前,一定要了解科技论文与其他科技文章的区别,以免写出来的文章不像论文。

总的说,科技论文与其他科技文章(例如,试验报告、阶段报告、工作总结、新技术介绍等)

虽然都是研究结果的文字记载,但是分别有着不同的特点。作为论文,不但必须是作者自己对科技发展和社会进步有推动作用的创造性研究成果的文字记载,而且必须将写作材料进行科学的、逻辑的加工,从而形成有论点的文章,因此科技论文中一般不会包含众所周知的知识,也不会对一般性的试验过程进行琐碎的叙述。至于试验报告或工作总结等材料,虽然也是对研究试验工作的如实记载,但作为报告,它可以包括试验过程的详细叙述和具体、琐碎的观察所得,可以有重复前人工作的叙述,可以不限于只描述创新的内容,也可以不要求有明确的论点。至于新技术的介绍或解说性文章,虽然也具有新意,但那只是对该刊读者群来说的相对新意,事实上,所介绍或解说的内容都是客观上已经存在和被采用的新技术,并不是作者自己的创造性研究成果,更谈不上有什么新的论点,因此都不能算是论文。

科技论文与社科论文也有区别。由于在社会科学领域要进行一项新的试验是非常不容易的,也不是在短时间内就能看到结果的,所以有不少社科论文往往是提出论点或建议的多,佐证论点的实践事例少,而这种做法在科技论文中一般是不允许的。在撰写科技论文之前,必须先取得试验研究或理论计算的结果,然后才能动笔写作,因此在科技论文中,一般都用相当篇幅来介绍试验或计算的方法以及试验或计算取得的结果,然后在此基础上进行分析,从中引出结论,这个过程是非常严谨的。

总起来说,一篇像样的科技论文至少应该具备下述三个特点:

① 科学性　有实践内容,而不是主观臆想、胡编乱造。

② 学术性　有理论水平,而不是罗列现象、简单拼凑。

③ 创新性　有创新见地,而不是人云亦云、模仿抄袭。

7.4.3　科技论文的写作要求

从上述科技论文的特点出发,对科技论文的写作一般有着下列要求:

1. 内容要有新意

所谓"新",也就是说要有独创性,亦即是前人所没有的,是未公知公用的。当然对"新"的这一要求也是相对的。例如有些新技术在国外已经出现,但其关键技术对外保密,如果你能研究出来,可以填补国内空白,这当然也是创新。又如将国外新技术结合本国国情和资源条件进行改进,使之更易应用和推广,这也是创新。还有将某一学科或研究领域的理论、思想、研究或实验方法移植到另一学科或研究领域的研究中来,使之能快出成果,这种做法当然也是创新。再退一步来说,对不同层次的作者为不同场合所写的论文,创新性也应该有不同的要求。例如,大学生在毕业前撰写的毕业论文(学士论文),其目的是检验大学生所学知识的深广度和运用所学知识解决本专业实际问题的能力,因此允许作者参考前人的研究思路、研究方法,甚至部分重复前人的研究工作,只要是通过自己亲自动手研究,解决问题,则根据所得出的见解和结论写出的论文也应算是有新意的。还有,工科大学生毕业前也可能是通过完成毕业设计来检验其解决实际工程问题的能力,对于毕业设计来说,只要是能凭借自己的能力来独立完成设计,那也可以算是有独创性。

2. 数据客观公正

科技论文作为科技活动的文字记载,总是会伴随着或多或少的数字记录。这些数据必须精确可靠,才能得出正确的实验结果和结论,更不允许按照主观意向对数据任意取舍,甚至篡改,以得出符合主观意向的结论。任意修改数据,就是学术造假,就是学术腐败,应该严格禁止。

3. 实验可以再现

科技论文提出的结论都是通过科学实验得出的,这种实验应该能够经得起别人的复验,即具有再现性,因为只有能够再现的实验其取得的结论才真实可靠。所谓再现性即在任何地点、任何时间、任何他人以相同的实验条件,可以得出相同的结果,因此为了让读者确信论文的可靠度,科技论文在文中一般都会交待试验的方法、设备、材料等内容,以备读者复验。

4. 逻辑结构严谨

科学是要讲究严谨的,同样科技论文也要讲究严谨,不但在写作目的和写作态度上要严谨,就是在文章的组织结构上也要讲究严谨,要符合逻辑思维的规律,清清楚楚,环环相扣,不能混乱,更不要讲空话,讲废话。

5. 文字简练可读

作为一篇文字作品,科技论文也要讲究修辞,要做到通顺、简练、严谨、准确,要有可读性。要强调的是,科技论文不是文学作品,不必也不应在文中使用文学描写语言。科技论文要实事求是,是什么样就写成什么样。那种极力用华丽的辞藻或形象生动的描写句来哗众取宠的做法是不可取的,其效果往往会适得其反。

7.4.4 科技论文的写作技巧

1. 文先于题

一篇文章的标题常常起着画龙点睛的作用,很有讲究,但是在撰写之初,不必花费过多精力去推敲,只要有一个大概的写作意图就可以先写起来再说,等写好以后再推敲也不迟,那时根据写出来的结果更易找到最确切的标题。

2. 无纲不写

科技论文讲究严谨,不可能一挥而就,因此在写作之初,就应该根据写作意图反复思考,拟定一份令自己满意的写作提纲,然后根据提纲收集和整理有关的实验数据和参考资料,分段进行撰写。当写作提纲未定之时,千万不要动笔,否则返工修改之处比比皆是,效率必然很低。当然,最初拟定的提纲也不一定就很好,在写作过程中,若发现原来拟定的提纲不合适,还可以再次调整或增删修改。

3. 趁热打铁

如果提纲是经过深思熟虑的,那么提纲拟好之时,思维一定还处于积极活跃的兴奋状态,这时趁热打铁,一鼓作气,马上开始撰写,效果一定会很好。如果过一段时间再动笔,原有的一些思想火花,可能已消失,写起来就不会那么顺手了。

4. 修改不急

初稿写就以后,如果时间允许,倒不必急于修改,可以放一放再说,等到头脑兴奋期过了,这时再来审视原稿,更易发现问题或谬误。改稿时应该换位思考,要站在读者的立场,从读者的角度来审读,这样才能发现问题。

5. 三稿定案

改稿不但不要急,而且更不要期望一次修改就能交稿。一篇论文从初稿到定稿,一定要经过几次修改,才能做到尽善尽美。一般说来至少要经过三稿才能稍微像样。

7.5　遵循国家标准写出规范的学位论文

在撰写科技论文时,必须遵循《GB 7713—87 科学技术报告、学位论文和学术论文的编写格式》、《GB/T 7713.1—2006 学位论文编写规则》和《GB/T 7714—2005 文后参考文献著录规则》等国家标准中的有关规定和通行做法。这些标准的全文都可以从网上下载,故下面只作一扼要介绍。

7.5.1　论文的结构和编号

科技论文的结构一般分为:前置部分、主体部分和附录三个部分。学位论文因篇幅较大,故分为:前置部分、主体部分、参考文献表、附录和结尾部分共五个部分。

期刊论文和会议论文的前置部分较为简单,只包括题名、作者、摘要和关键词几部分。学位论文和科技报告因为是作单行本印刷,故前置部分应包括:封面、题名页、摘要及关键词页、目次页、插图和附表清单、符号标志缩略词的注释表等(如图 7-41)。

科技论文的主体部分一般包括:引言、正文、结论、致谢以及参考文献表。引言编号为 1(也有用 0 的),正文根据需要可再分为若干部分,编号从 2 开始(如引言为 0,则正文从 1 开始编号),上下级编号之间用小数点分开,例如 2,2.1,2.1.1,2.1.1.1……,结论的编号接续正文的编号,致谢和参考文献表不再编号。论文的附录部分并非必要成分,如附录超过两个,分别以附录 A、附录 B……为编号。学位论文的参考文献表、附录和结尾均为必要的独立部分(如图 7-41)。

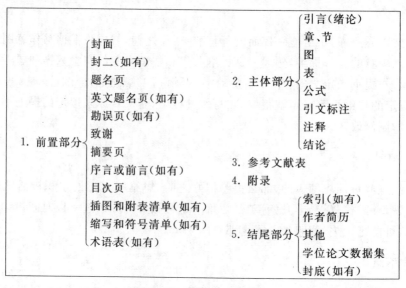

图 7-41　学位论文结构图

7.5.2　封面和题名页的格式

期刊论文和会议论文无封面和题名页,学位论文和科技报告应该有单独的封面和题名页,封面只需包括题名页中的主要信息(如题名、作者),而题名页的内容则较详尽,学位论文题名页中包括:

①　分类号　标注在左上角,按照《中国图书馆分类法》(第 4 版)或《中国图书资料分类法》(第 4 版)的分类体系选取分类号进行标注。

②　UDC 号　即《国际十进分类法》(Universal Decimal Classification)分类号,如不熟悉,可访问 www.udcc.org,点击 outline 进行查询。

③　密级　根据需要在封面右上角标注密级,按照国家标准 GB/T 7156—2003 标注。

④　学位授予单位　单位名称应采用规范的全称。

⑤　题名　用大号字标注于封面中央显著位置。题名应该用最恰当、最简明的词语反映论文中最重要的特定内容(一般不超过 25 个汉字),所用词语必须有助于选定关键词。在题名中应该避免出现不常见的缩略词、首字母缩写字、字符、代号和公式等。如题名意犹未尽,可用副题名补充,题名和副题名之间用破折号或冒号连接。学位论文题名页中的题名应中英文对照,外文题名一般不宜超过 10 个实词。第一个词的首字母及其后每个重要的词的首字母均应大写。那种"Study of …"、"Investigation of …"、"A Few Observations on …"等写法国外多已省略,而是提倡直截了当,是什么就是什么。

⑥　责任者姓名　责任者包括:研究生姓名,指导教师姓名、职称等,以及申请学位、学科专业、研究方向等项。

在期刊或会议上发表的论文,由于没有封面页,责任者只限于论文作者,如为多人合写,只需列出直接参加全部或主要部分研究工作并作出主要贡献的人员,并按照贡献大小排列名次,如要加入导师姓名,应列于最后。工作中的一般合作者但未参加编写的可列入致谢部分。必要时应标明作者工作单位全称、所在城市名及邮政编码,以供读者联系。

7.5.3　论文摘要和关键词的格式

1. 中文摘要和关键词

学位论文和科技报告的摘要可用另页置于题名页之后,摘要页内容包括题名、作者、摘要和关键词。期刊论文和会议论文的摘要和关键词紧接在题名和作者之后,正文之前。

摘要是对论文内容不加注释和评论的简短陈述,应具有独立性和自含性,即不阅读全文就能获得必要的信息。为了简练,不必采用"本文讨论了……"、"作者通过试验得出……"这样的语气,直接写成"讨论了……"、"通过试验得出……"即可。

摘要有两种写法。一种是指示性摘要,着重于论文的主题范围和结论,这种写法字数较少,约 100 字左右。另一种是资料性摘要,基本要具备四个要素:目的(主题范围)、方法(所用的原理、工艺、材料、手段、仪器设备或装备等)、结果(实验结果、数据、效果、性能等)和结论(对结果的分析、评价、建议等),这种写法由于要列举关键性的数据材料,因此字数较多,可达 200~300 字,但最多也不宜超过 500 字。摘要用第三人称,不分段。摘要中不应包含图、表、化学结构式、非公知公用的符号和术语,也不要出现"如图 3"、"见表 1"、"文献[6]"等字样,因为这样就违反了摘要的独立性原则了。

学位论文为了评审的需要,应写成资料性摘要,且字数可以稍多,一般中文摘要字数为300～600 字,外文摘要实词在 300 个左右。

关键词位于摘要的左下方,它应是从论文中选取出来用以表示全文主题内容的单词或术语。要求作者标注关键词的目的,是为了帮助信息检索系统在建立数据库时进行正确的文献标引,因为只有作者本人才最了解该文主题的关键词是什么。标引时如有可能,应尽量采用《汉语主题词表》中提供的规范词。每篇论文可标注 3～8 个关键词。

2. 外文摘要和关键词

学位论文的外文摘要用另页置于中文摘要页之后,外文摘要页的内容(外文题名、作者、摘要、关键词)应与中文摘要页保持一致。期刊论文和会议论文的外文摘要(连同外文题名、作者、关键词等)可置于正文之前,亦可置于正文之后。

外文摘要中的作者署名采用汉语拼音方案,姓在名前,复姓或双名各连成一词,中间不加连字符,不缩写。例如,欧阳大同的汉语拼音应写成:Ouyang Datong,而不要写成 Datong Ouyang 或 D. T. Ouyang。

外文摘要字数一般不宜超过 250 个实词,因此也不必用"This paper ……"起头,可省略主语或改用被动语态。时态要统一,采用第三人称。

7.5.4　正文前的引言及正文、图、表、公式、结论的格式

1. 引言

引言又称前言。撰写引言的目的是为了引出正文,也是为了吸引读者对本文产生阅读兴趣,故引言应简要说明本研究工作的背景和意图,即该领域内前人的工作、现存的问题、本研究课题的目的、范围和打算等。引言不宜长,也不要罗列人所共知的事情。当论文较短时,可以不打出"引言"标题,不占标题编号,只用几行文字交待一下也可。学位论文为了表明学识渊博,引言部分可作为绪论写得长一些,可以多引用一些前人的著作,进行历史回顾。

2. 正文

正文应该分成若干部分,并给予醒目的标题(一级标题),在一级标题下还可以有二级标题、三级标题……。对于单独印刷的学位论文和科技报告来说,由于篇幅较大,一级标题就相当于图书中的章,二级标题相当于节,三级标题相当于小节,但除了一级标题可以用章名(第一章 ……)外,二级标题和三级标题仍应采用 1.1……和 1.1.1……的编号式样。论文中各级标题的名称无统一规定,视论文的内容而定。例如,对于实验研究性质的论文,多数为实验方法、实验设备、实验材料、实验结果、分析讨论等。

论文中量的符号用斜体,计量单位符号用正体。量应该采用法定的名称、符号及单位。例如,"重量"以 kg 为单位时应该称为"质量",符号为 m;"重量"以 N 为单位时应该称为"重力",符号为 W;只有在人民生活和贸易中才允许使用习惯用语"重量"。欲了解有关量和单位的国家规定,可查阅国家标准《GB 3100～3102—93 量和单位》。

3. 图

在正文中不要罗列数据,尽量用线图或表格来说明,以充分揭示数据间的内在规律。

每张插图包括图、图号和图题三部分(图号和图题位于插图下方)。线图的坐标上要标明采用国际单位制即公制的量和单位(量和单位的符号之间用斜线连接,如 m/kg)。必要时在图题下方还可附上图注(图例),以保证"自明性",即不用参照文字叙述部分,即可理解图意。正文中用"如图××所示"或"见图××"来呼应,不要用"如下图"的写法,因为排版时为避免插图跨页,图的位置可能会移后,这样就不一定能保证插图仍在该段文字正下方了。学术论文的图号按全文内的顺序编号,如图 7、图 8。学位论文和科技报告因为篇幅较大,图号可以按各章内的顺序编号,如图 4-5、图 6-10,或图 4.5、图 6.10,图号中的头一位数字为章的编号。图中再分小图时,用小写英文字母编号并加圆括号,如(a) 或 a)。为了国际交流,在中文图题下还可有英文的图号与图题。

4. 表

每张表格也包括表、表号和表题三部分,必要时也可有表例,表号和表题位于表格上方,表例放在表格下方。为了国际交流,在中文表题下也可有英文的表号与表题。表号和图号的格式应该统一,即学术论文的表号按文内顺序编号,学位论文和科技报告当篇幅较大时按章内的顺序编号。表格应该精心设计。一般将项目横排于表头,各次试验所得数据按项目依次填入各行,每一行即为一条试验记录,方便读者由左至右横读。表头各项目应附量纲单位,这样表内数据的数字后面就可不再附注单位。填写数据时不得使用"同上"、"同左"或"ibid"等字样,即使相同也要逐项填写,如果测量结果为零,应填写"0",不得留空,留空表示未测。

科技论文的表格建议用三线表,不用卡线表,更不要用带斜线表头的卡线表,以方便排版,而且醒目。三线表的特征是只用横线,不用竖线和斜线。三线表的横线也不局限于三条,必要时也可增加辅助线。表 7-3 为卡线表式样举例。表 7-4 为同样内容的表格用三线表式样编排的结果。如果是用 Office 的 Word 字处理软件制表,可先制卡线表,然后利用格式菜单中的设置边框和底纹格式的功能,隐去竖线即成为三线表。

表 7-3　母材和焊材的成分及性能

试验材料	化学成分(质量分数 / %)						σ_b/ MPa
	Cu	Mn	Al	Fe	Ni	Zn	
ZQAl12-8-3-2(母材)	余量	12	8	3	2	<0.3	≥735
ZQAl12-8-3-2(焊材)	余量	12	8	3	2	<0.3	≥735
ERCuAl—A2(焊材)	余量	2	9	1.5	—	—	≥440

表 7-4　母材和焊材的成分及性能

试验材料	化学成分(质量分数 / %)						σ_b/ MPa
	Cu	Mn	Al	Fe	Ni	Zn	
ZQAl12-8-3-2(母材)	余量	12	8	3	2	<0.3	≥735
ZQAl12-8-3-2(焊材)	余量	12	8	3	2	<0.3	≥735
ERCuAl—A2(焊材)	余量	2	9	1.5	—	—	≥440

5. 数学式

正文中的数学式应编排序号,编号规则与图号、表号相同。式号用圆括号括起后置于该式所在行的最右边。式应居中编排,较长的式只能在数学运算符处连同运算符一同转行,上下行尽可能在等号处对齐。

6. 结论

结论是论文的重要组成部分,故应接续正文的标题编号次序给结论部分的标题编号。写结论时要注意和引言首尾呼应,做到卒章显志。如果一时不能导出结论,也可以改用"讨论"或"结束语"这样的标题,在讨论或结束语中提出进一步的研究设想、仪器设备的改进意见、尚待解决的问题以及有关建议等。

7.5.5　文后参考文献表的格式

1. 文后参考文献表的作用

文后参考文献表中所列文献限于作者亲自阅读过并在文中直接引用者。科技论文在文后列出参考文献的目的有三:一是表示对前人的尊重和资料来源的可靠性;二是向有兴趣的读者提供进一步阅读的文献线索;三是表示作者的文献拥有量和文献综合能力。

2. 参考文献表的编排体制

文后参考文献表的标题统一为"参考文献"四字。

参考文献表的编排有顺序编码制和著者－出版年制两种体制,我国习惯上都采用顺序编码制,即凡在文中引用的前人文章、数据、论点、材料等,均按在文中出现的先后顺序标明数码序号,注在文中引用内容文句后的右上角并加方括号,或注在引用文献作者姓名后的右上角并加方括号,如参考文献编号为文中组成部分,则与其他文字同排一行,例如:

……瞬间液相连接法[1]。……另有王大同[2]指出……。文献[3—7]研究了……。

在文后参考文献表中,各参考文献也按引用顺序依次排列。文后参考文献表中的序号要和文中引用处标注的引用序号相呼应。

国外论文的文后参考文献表多采用著者－出版年制。文献正文中在引用段的后面用圆括号标注著者和出版年,著者姓名要调整为姓在名前的格式。在文后参考文献表中,各篇引用文献先按语种集中,然后按著者和出版年的字顺依次列出,如果有两篇参考文献其作者和出版年相同,但内容各异,为了区别起见,可在出版年后添加 a、b 等后缀。

3. 参考文献表的著录格式

按照《GB/T 7714—2005 文后参考文献著录规则》的要求,顺序编码制参考文献条目的著录格式如下:

(1) 整本文献(图书、汇编、会议录、标准、学位论文)的著录格式

[引用序号]主要责任者. 书名[文献类型标志代码]. 其他责任者. 版本. 出版地:出版者,出版年.

主要责任者指图书的作者(包括著者、编著者或编者)、汇编的编者、会议录的编者或会议召集单位、标准的起草或提出单位、学位论文的作者。责任者超过一人,姓名之间加逗号,超过3 人时只著录 3 人,后标注",等",外文用",et al."。外国人姓名改用姓在名前的格式,名用缩写,姓和名之间留空格,字母全用大写。责任者不详时中文可著录"佚名",外文可著录

"Anon",或不著录。

　　会议录书名包括：会议录名,会址,会期。

　　文献类型标志代码为：图书 M,汇编 G,会议录及会议论文 C,标准 S,学位论文 D,期刊 J,专利 P,科技报告 R。

　　其他责任者如译者等。

　　版本项如为第一版则不著录,中文第二版著录"2 版",外文第二版著录"2nd ed.",或"1998 ed.",余类推。

　　出版地不详时中文可著录"出版地不详",外文可著录"S.l.",并置于方括号内。

　　出版者不详时中文可著录"出版者不详",外文可著录"s.n.",并置于方括号内。

　　出版年不详时可采用版权年、印刷年或估计年,表示方法如：c1988、1995 印刷、[1941]。

　　学位论文的出版者及出版地即学位授予单位及其所在地,出版年为学位授予年。

　　例如：

[1] 赵凯华,罗蔚茵.新概念物理教程：力学[M].北京：高等教育出版社,1995.

[2] 米哈依洛夫等.科学交流与情报学[M].徐新民,张国华,孙荣科,等,译.北京：科学技术文献出版社,1983.

[3] ROSENTHALL E M. Proceedings of the Fifth Canadian Mathematical Congress,University of Montreal,1961[C]. Toronto：University of Toronto Press,1963.

[4] 全国文献工作标准化技术委员会. GB 7713－87.科学技术报告、学位论文和学术论文的编写格式[S].北京：中国标准出版社,1987.

[5] CALMS R B. Infrared spectroscopic studies on solid oxygen[D]. Berkeley：Univ. of California,1965.

　　(2) 析出文献(会议论文、期刊论文)的著录格式

　　[引用序号] 作者.会议论文题名[C]//会议录编者.会议录书名(包括会址,会期).会议录出版地：出版者,出版年.起止页码.

　　[引用序号] 作者.期刊论文题名[J].刊名,年,卷(期)：起止页码.

　　外文期刊刊名若采用缩写,必须用标准的缩写名称,不能杜撰。文献类型标志代码 J 表示期刊。若该期刊采用通卷页码,也可省略期号。

　　例如：

[3] FOURNEY M E. Advances in holographic photoelasticity[C]//American Society of Mechanical Engineers. Applied Mechanics Division. Symposium on Applications of Holography in Mechanics,August 23－25,1971,University of Southern California,Los Angeles,California. New York：ASME,c1971：17－38.

[4] 桂劲松,康海贵.结构可靠度分析的智能计算法[J].中国造船,2005,46(2)：28－34.

[5] MICHAEL Y W,WANG XIAOMING,GUO DONGMING. A level set for structural topology optimization [J]. Computer Methods in Applied Mechanics and Engineering,2003,192：227－246.

　　(3) 专利文献的著录格式

　　[引用序号] 专利申请人.专利题名：专利国别,专利文献号[P].公告日期或公开日期.

　　格式中的 P 为文献类型标志代码,表示专利文献。

例如：

> [6] TACHIBANA R,SHIMIZU S,KOBAYSHI S,et al. Electronic watermarking method
> and system:US,6915001[P]. 2002-04-25.

（4）科技报告的著录格式

［引用序号］报告作者或提出单位. 报告题名,报告号[R]. 出版地:出版者,出版年.

文献类型标志代码 R 表示科技报告,若该报告未经收集公开出版,则出版项为报告作者所在单位名称及所在地。

例如：

> [7] U. S. Department of Transportation Federal Highway Administration. Guidelines for
> handling excavated acid-producing materials,PB 91—194001[R].
> Springfield : U. S. Department of Commerce National Information Service,1990.

（5）电子文献的著录格式

电子文献的著录格式基本参照上述有关文献类型,只是在文献类型标志代码后还要加上文献载体标志代码（电子文献的类型码和载体码见表7-5）,其著录格式如下：

［引用序号］主要责任者. 题名:其他题名信息[文献类型标志码/文献载体标志码]. 出版地:出版者,出版年（更新或修改日期）[引用日期]. 获取或访问途径.

表7-5 电子文献类型代码和载体代码

文献类型	标志代码	载体类型	标志代码
数据库	DB	磁带(magnetic tape)	MT
计算机程序	CP	磁盘(disk)	DK
电子公告	EB	光盘(CD-ROM)	CD
		联机网络(online)	OL

例如：

> [11] PACS-L:the public-access computer systems forum[EB/OL]. Houston,Tex: Uni-
> versity of Houston Libraries,1989[1995-05-17]. http://info. lib. uh. edu/pacsl. html.
> [12] CHRISTINE M. Plant physiology:plant biology in the Genome Era[J/OL]. Science,
> 1998,281:331 – 332[1998-09-23]. http://www. sciencemag. org/cgi/collection/anat-
> morp.
> [13] 萧钰. 出版业信息化迈入快车道[EB/OL]. (2001-12-19)[2002-04-15]. http://www.
> Creader. com/news/20011219/200112190019. html.

参考文献

[1] 谢天吉.高校理工科科技情报检索课程教材(初稿).第一篇 情报检索基础知识[M].西安：全国高校图书馆工作委员会,西安交通大学图书馆,1983.

[2] 谢天吉,等.高校理工科科技情报检索课程教材(初稿).第二篇 科技文献检索[M].西安：全国高校图书馆工作委员会,西安交通大学图书馆,1984.

[3] 华薇娜.网络学术信息资源检索与利用[M].北京：国防工业出版社,2002.

[4] 黄如花.网络信息组织模式与评价[M].北京：北京图书馆出版社,2003.

[5] 祁延莉,赵丹群.信息检索概论[M].北京：北京大学出版社,2006.

[6] 蒋永新.自然科学技术信息检索教程[M].上海：上海大学出版社,2006.

[7] 张振华,等.工程信息检索与论文写作[M].北京：清华大学出版社,2009.

[8] 杜慰纯,等.信息获取与利用[M].北京：清华大学出版社,2009.

[9] 黄如花.英文参考源的检索与利用[M].北京：海洋出版社,2010.

[10] 袁曦临.信息检索[M].第 5 版.南京：东南大学出版社,2011.

[11] 吴长江,等.现代信息资源检索案例化教程[M].武汉：华中科技大学出版社,2011.

[12] 马光雄,王苏海,吴小穗,等.关于大学生情报能力培养问题的研究[J].大学图书情报学刊,1993(1):25 - 31.

[13] 颜惠.新时期文献检索课变革的思考[J].中国图书情报科学,2004(4):28 - 29.

[14] 冯进.对我国高校文献检索课教学工作的思考[J].情报探索,2005(3):37 - 38.

[15] 袁丽芬,朱德金.面向创新人才的专利文献检索教学思考[J].江苏科技大学学报:社会科学版,2006(3):105 - 108.

[16] 林春实,等.汉语文献自动分词与标引技术发展浅析[J].情报学报,1997 增刊:30 - 33.

[17] 周满英.百度和谷歌的中文分词技术浅析[J].中国索引,2011(2):44 - 46.

[18] 维普期刊资源整合服务平台(V6.5)用户使用手册[EB/OL].(2010-10-28)[2012-3-30].http://bbs.cqvip.com/showtopic-652754.aspx.

[19] 万方检索语言入门新手指南[EB/OL].(2008-12-19)[2010-5-30].http://wanfang.lib.bnu.edu.cn:8088/Help/cqlpq.html.

[20] 王胜海.知识脉络分析服务的研究与实现[EB/OL].(2012-3-30)[2012-4-28].http://wenku.baidu.com/view/39be44c39ec3d5bbfd0a74c4.html.

[21] CNKI 专业检索表达式语法[EB/OL].[2012-5-30].http://epub.cnki.net/grid2008/help/jiansuoyufa/help_yufa.htm.

《实用科技信息资源检索与利用（第四版）》读者信息反馈表

尊敬的读者：

感谢您购买和使用南京大学出版社的图书，我们希望通过这张小小的反馈卡来获得您更多的建议和意见，以改进我们的工作，加强双方的沟通和联系。我们期待着能为更多的读者提供更多的好书。

请您填妥下表后，寄回或传真给我们，对您的支持我们不胜感激！

1. 您是从何种途径得知本书的：
   □ 书店　□ 网上　□ 报纸杂志　□ 朋友推荐

2. 您为什么购买本书：
   □ 工作需要　□ 学习参考　□ 对本书主题感兴趣　□ 随便翻翻

3. 您对本书内容的评价是：
   □ 很好　□ 好　□ 一般　□ 差　□ 很差

4. 您在阅读本书的过程中有没有发现明显的专业及编校错误，如果有，它们是：＿＿＿＿＿
   ＿＿＿＿＿＿＿＿＿＿＿＿＿＿＿＿＿＿＿＿＿＿＿＿＿＿＿＿＿＿＿＿＿＿＿＿＿＿＿
   ＿＿＿＿＿＿＿＿＿＿＿＿＿＿＿＿＿＿＿＿＿＿＿＿＿＿＿＿＿＿＿＿＿＿＿＿＿＿＿

5. 您对哪些专业的图书信息比较感兴趣：＿＿＿＿＿＿＿＿＿＿＿＿＿＿＿＿＿＿＿＿＿
   ＿＿＿＿＿＿＿＿＿＿＿＿＿＿＿＿＿＿＿＿＿＿＿＿＿＿＿＿＿＿＿＿＿＿＿＿＿＿＿

6. 如果方便，请提供您的个人信息，以便于我们和您联系（您的个人资料我们将严格保密）：

   您供职的单位：　　　　　　　　您教授或学习的课程：

   您的通信地址：　　　　　　　　您的电子邮箱：

请联系我们：

电话：025－83596997

传真：025－83686347

通信地址：南京市金银街 8 号　210093

南京大学出版社高校教材中心